中国特色高水平高职学校项目建设成果系列教材

高等职业教育教学改革特色教材·市场营销专业

U0648854

Brand Planning and Promotion

品牌策划与推广

马玲　主编

刘岩　于猛　副主编

东北财经大学出版社

Dongbei University of Finance & Economics Press

大连

图书在版编目（CIP）数据

品牌策划与推广 / 马玲主编 . 一大连 ：东北财经大学出版社，2025.8.—（高等职业教育教学改革特色教材·市场营销专业）. —ISBN 978-7-5654-5634-3

Ⅰ.F273.2

中国国家版本馆CIP数据核字第2025PS3370号

品牌策划与推广

PINPAI CEHUA YU TUIGUANG

东北财经大学出版社出版

（大连市黑石礁尖山街217号　邮政编码　116025）

网　　址：http://www.dufep.cn

读者信箱：dufep@dufe.edu.cn

大连永盛印业有限公司印刷　　　东北财经大学出版社发行

幅面尺寸：185mm×260mm　　　字数：333千字　　　印张：14.25

2025年8月第1版　　　　　　　2025年8月第1次印刷

责任编辑：张晓鹏　惠恩乐　　　　　责任校对：何　群
　　　　　韩敌非　赵宏洋

封面设计：原　皓　　　　　　　　　版式设计：原　皓

书号：ISBN 978-7-5654-5634-3　　　定价：45.00元

中国特色高水平高职学校项目建设成果系列教材
编审委员会

主　任：王　骞　哈尔滨职业技术大学党委书记
　　　　刘建国　哈尔滨职业技术大学校长

副主任：金　淼　哈尔滨职业技术大学宣传（统战）部部长
　　　　杜丽萍　哈尔滨职业技术大学教务处处长
　　　　徐翠娟　哈尔滨职业技术大学国际学院院长

委　员：黄明琪　哈尔滨职业技术大学马克思主义学院党总支书记
　　　　栾　强　哈尔滨职业技术大学艺术与设计学院院长
　　　　彭　彤　哈尔滨职业技术大学公共基础教学部主任
　　　　单　林　哈尔滨职业技术大学医学院院长
　　　　王天成　哈尔滨职业技术大学建筑工程与应急管理学院院长
　　　　于星胜　哈尔滨职业技术大学汽车学院院长
　　　　雍丽英　哈尔滨职业技术大学机电工程学院院长
　　　　赵爱民　哈尔滨电机厂有限责任公司人力资源部培训主任
　　　　刘艳华　哈尔滨职业技术大学质量管理办公室教学督导员
　　　　谢吉龙　哈尔滨职业技术大学机电工程学院党总支书记
　　　　李　敏　哈尔滨职业技术大学机电工程学院教学总管
　　　　王永强　哈尔滨职业技术大学电子与信息工程学院教学总管
　　　　张　宇　哈尔滨职业技术大学高建办教学总管

编写说明

中国特色高水平高职学校和专业建设计划（简称"双高计划"）是我国为建设一批引领改革、支撑发展、中国特色、世界水平的高等职业学校和骨干专业（群）的重大决策建设工程。哈尔滨职业技术大学入选"双高计划"建设单位，对学院中国特色高水平学校建设进行顶层设计，编制了站位高端、理念领先的建设方案和任务书，并扎实开展了人才培养高地、特色专业群、高水平师资队伍与校企合作等项目建设，借鉴国际先进的教育教学理念，开发中国特色、国际水准的专业标准与规范，深入推动"三教改革"，组建模块化教学创新团队，实施"课程思政"，开展"课堂革命"，校企双元开发活页式、工作手册式、新形态教材。为适应智能时代先进教学手段应用，学校加大优质在线资源的建设，丰富教材的信息化载体，为开发工作过程为导向的优质特色教材奠定基础。

按照教育部印发的《职业院校教材管理办法》要求，教材编写总体思路是：依据学校双高建设方案中教材建设规划、国家相关专业教学标准、专业相关职业标准及职业技能等级标准，服务学生成长成才和就业创业，以立德树人为根本任务，融入课程思政，对接相关产业发展需求，将企业应用的新技术、新工艺和新规范融入教材之中。教材编写遵循技术技能人才成长规律和学生认知特点，适应相关专业人才培养模式创新和课程体系优化的需要，注重以真实生产项目、典型工作任务及典型工作案例等为载体开发教材内容体系，实现理论与实践有机融合。

本套教材是哈尔滨职业技术大学中国特色高水平高职学校项目建设的重要成果之一，也是哈尔滨职业技术大学教材建设和教法改革成效的集中体现，教材体例新颖，具有以下特色：

第一，教材研发团队组建创新。按照学校教材建设统一要求，遴选教学经验丰富、课程改革成效突出的专业教师担任主编，选取了行业内具有一定知名度的企业作为联合建设单位，形成了一支学校、行业、企业和教育领域高水平专业人才参与的开发团队，共同参与教材编写。

第二，教材内容整体构建创新。精准对接国家专业教学标准、职业标准、职业技能等级标准确定教材内容体系，参照行业企业标准，有机融入新技术、新工艺、新规范，构建基于职业岗位工作需要的体现真实工作任务、流程的内容体系。

第三，教材编写模式形式创新。与课程改革相配套，按照"工作过程系统化""项目+任务式""任务驱动式""CDIO式"四类课程改革需要设计四种教材编写模式，创新新形态、活页式或工作手册式教材三种编写形式。

第四，教材编写实施载体创新。依据本专业教学标准和人才培养方案要求，在深入企业调研、岗位工作任务和职业能力分析基础上，按照"做中学、做中教"的编写思路，以企业典型工作任务为载体进行教学内容设计，将企业真实工作任务、真实业务流程、真实生产过程纳入教材之中。并开发了教学内容配套的教学资源，满足教师线上线下混合式教学的需要，本教材配套资源同时在相关平台上线，可随时下载相应资源，满足学生在线自主学习课程的需要。

第五，教材评价体系构建创新。从培养学生良好的职业道德、综合职业能力与创新创业能力出发，设计并构建评价体系，注重过程考核和学生、教师、企业等参与的多元评价，在学生技能评价上借助社会评价组织的1+X考核评价标准和成绩认定结果进行学分认定，每部教材均根据专业特点设计了综合评价标准。

为确保教材质量，学院组建了中国特色高水平高职学校项目建设系列教材编审委员会，教材编审委员会由职业教育专家和企业技术专家组成。学校组织了专业与课程专题研究组，对教材持续进行培训、指导、回访等跟踪服务，有常态化质量监控机制，能够为修订完善教材提供稳定支持，确保教材的质量。

本套教材融入课程思政内容和课堂革命理念，既具积累之深厚，又具改革之创新，凝聚了校企合作编写团队的集体智慧。本套教材的出版，充分展示了课程改革成果，为更好地推进中国特色高水平高职学校项目建设做出积极贡献！

哈尔滨职业技术大学

中国特色高水平高职学校项目建设成果系列教材编审委员会

2025年

前　言

随着中国特色高水平高职学校和专业建设计划（简称"双高计划"）的推进，在党的二十大报告关于"统筹推进教育、科技、人才三位一体发展战略"的指引下，社会对工匠型人才需求的不断增长与高等职业教育教学改革的深化形成同频共振。特别是党的二十大报告提出了"推进职业教育数字化转型升级、深化产教融合、校企合作"的要求，在信息技术飞速发展的时代背景下，打造具有高等职业教育特色的新形态一体化教材已成为当前高等职业院校落实立德树人根本任务、培养高素质技术技能人才的重要载体，更是贯彻党的二十大精神、培育新时代大国工匠的创新实践。

本教材主要针对行业企业品牌创建、运营和管理的需要，培养高端技能型人才，强化岗位应用的能力来安排和选取内容。书中采用了大量真实案例，生动地诠释了理论知识，能助力学生快速将抽象概念具象化，进而高效地理解复杂的专业内容，以适应现代学徒制课程教学的需要。本教材共六个项目，分别是品牌元素设计、品牌形象塑造、品牌战略规划、品牌传播基础分析、品牌传播策划、品牌推广活动策划，所有项目均来源于岗位实际。

本教材打破了传统教材理实分开的编写方式，采用项目式、"教、学、做"一体化编写模式，注重培养学生品牌创建、运营和管理的实践应用能力，实现了理论创新。

教材以职业岗位需求为导向，遵循中国特色现代学徒制试点实施教育理念，选取典型案例项目进行编写，并融入了职业资格考试和职业技能大赛的内容。纸质教材、在线课程和资源共享课、课堂教学三位一体同步设计，整体研发；支持线上线下混合教学，以智慧树平台为支撑，在教学中实现翻转，实现了模式创新。

本教材是市场营销专业核心课程"品牌策划与推广"的配套教材，既承担学生课程考核的任务，同时又是该专业学生考取商务管理师、连锁经营管理师、数字营销师等职业资格证书的重要课程。教材中每个项目均融入了职业资格考试的内容，课程考核采取项目—任务式多元考核方法，为学生职业能力的培养起到了至关重要的作用。

本教材是"双高计划"电子商务专业集群市场营销专业课程体系改革和建设的成果，以零售业职业岗位需求为导向，按照"一体双元三师四融合"的人才培养模式，遵循中国特色现代学徒制试点实施教育理念，融入了职业资格考试的内容，本着"学生主体、工学结合、项目导向"的开发思路，重在培养学生的实践应用能力。

本教材配有大量多媒体教学课件、教案、教学录像、微课及相关的立体化教学资源，学生扫描书中的二维码即可获得在线资源进行学习，也可以登录东北财经大学出版社"财济书院"（www.idufep.com）下载，且教学内容可以实时更新。

　　本教材由哈尔滨职业技术大学的骨干教师，哈尔滨中央红小月亮超市有限责任公司、黑龙江维壹房地产经纪有限责任公司的市场营销专家校企合作开发编写；校内教师全部通过了国家的信息化教学能力培训，获得了初中级培训等级证书，完全胜任新形态一体化教材的编写。

　　全书由哈尔滨职业技术大学马玲担任主编，哈尔滨职业技术大学刘岩、于猛任副主编，参加编写的还有哈尔滨职业技术大学的戴风林、吕秀英、金曼、丁一琳。其具体编写分工如下：马玲编写了项目一、项目二；刘岩编写了项目三；于猛编写了项目四；戴风林、金曼编写了项目五；吕秀英、丁一琳编写了项目六。全书最后由马玲统稿。

　　编者在编写过程中参考了大量的相关书籍，查阅了大量的网络资源，还得到很多一线企业运营人员的大力支持与帮助，在此表示深深的敬意和感谢！

　　尽管编者本着认真的态度、专业的水准、实用的角度、实效的要求进行教材的编写，但由于市场瞬息万变，涉及的内容具有较强的时效性，加之编者理论与实践水平有限、时间仓促，书中难免有疏漏之处，真诚地期望广大读者提出宝贵的意见和建议，以便我们未来更好地完善教材。

编　者

2025 年 4 月

目 录

项目一

品牌元素设计

学习目标

★ 知识目标

（1）能够掌握品牌命名的原则；

（2）能够描述品牌常用的命名方法；

（3）能够掌握品牌命名的步骤；

（4）能够应用品牌命名的策略；

（5）能够描述品牌标志的内涵及作用；

（6）能够陈述品牌标志的设计原则。

★ 能力目标

（1）能够运用所学知识给品牌命名；

（2）能够对品牌命名进行决策；

（3）能够运用所学知识设计品牌标志。

★ 素养目标

（1）具备良好的交流沟通能力和较强的市场意识；

（2）具有信息素养和学习能力以及品牌思维。

项目导入

　　威旺食品是一家拥有30多年历史的食品企业，但近几年，由于受到多种因素的影响，企业经营面临困境。领导者决定实施改革，且认为原有品牌已不是理想品牌，今天企业间的竞争由产品竞争、价格竞争、广告竞争、服务竞争进入了品牌竞争时代。品牌与产品一样，有着自己的生命周期，唯有不断地年轻化迭代，才能保持品牌活力，不被用户抛弃。

　　时代变了，消费者也变了，传统的营销思路也得改变。威旺食品一直采用传统的宣传方法，在移动互联网时代，传统的广告投放方式逐渐失灵，年轻消费者在手机上消费的是内容而非广告。

　　"互联网+品牌"的"聚粉"和"平台化"扩大了品牌传播的地域范围，缩短了品牌培育的周期，改变了品牌培育方式，同时推动了以品牌为核心的商业模式的创新。

　　在数字化时代，品牌需要年轻化。品牌年轻化的一大重点就是用年轻人的语言和年轻人沟通，这样才能打动、影响年轻人，让品牌与消费气质快速变化的年轻人共鸣。可以看到许多传统品牌在新媒体下的人格化表达，这就是品牌年轻化的明显标志。

威旺食品如何年轻化，如何与年轻消费者互动，如何进入年轻消费者的消费场景中？

【项目实施】

任务一　品牌名称设计

【任务解析】

对企业来说，品牌命名是非常重要的第一步。品牌命名是创立品牌的基石，名字既要体现出整个品牌和企业的精神，又要能够给用户留下深刻的印象。除易记外，如果还能有画面感，能关联企业的产品与服务，有美妙的故事，甚至是品牌理念和文化，那就是锦上添花了。起一个好名字，就等于节约了一半广告费。本任务旨在通过学习品牌命名的基本原则、程序和策略，为企业确定一个有利于消费者认知、能传达品牌发展方向和价值理念的品牌名称。

微课 1-1

品牌命名的
原则

【知识链接】

一、品牌命名的原则

品牌是用于识别产品的名称、术语、符号或设计及其组合，以与其他竞争者的产品和劳务相区别。它由品牌名称和品牌标志组成。

品牌名称是品牌构成中可以用文字表达，并能用语言进行传播与交流的部分。好的品牌名称提供了品牌联想，最大限度地激发了消费者的直接联想力，是成功品牌的基本特征之一。品牌名称对产品的销售同样有着直接的影响。

【品牌故事分享 1-1】

阿里巴巴（Alibaba）名称的由来你知道吗？

马云在创建阿里巴巴之初，就针对公司的命名征求了社会各界人士的意见。在一家美国餐厅就餐时，马云问服务员："你知不知道阿里巴巴这个名字？"服务员回答说知道，并且还对马云说，阿里巴巴打开宝藏的咒语是"芝麻开门"。之后，马云又在各地反复询问其他人同样的问题。经过这个测试，马云发现，阿里巴巴的故事被全世界的人所熟知，并且不论语种，发音也近乎一致。

马云认为，将公司取名为阿里巴巴（见图1-1），是为了公司长久的发展。他从创办公司的一开始就不仅为了赚钱，而是要创建一家全球化的优秀公司。不过，"阿里巴巴"的域名在当时已经被一个加拿大人买下。马云拿出了1万美元，买下了这一域名。

图1-1 阿里巴巴网站标志

资料来源 作者根据网络相关资料整理.

企业进行品牌命名需从市场营销、法律及语言三个层面综合考量。

（一）市场营销层面

品牌命名，首先应该重点考虑品牌名称是否有利于产品的市场营销。具体而言，需要在以下七个方面对品牌的销售与传播产生积极的作用：

1.兼顾各国文化

世界各国、各地区的历史文化、风俗习惯、价值观念等存在一定的差异，其消费者对同一品牌的看法也会有所不同。有些词语在一个国家有非常美好的意思，可是到了另一个国家其含义可能完全相反。例如，"蝙蝠"在我国，因"蝠"与"福"同音，被认为有美好的寓意，因此在我国有"蝙蝠"电扇；而在英语里，"蝙蝠"（bat）却是"吸血鬼"的意思。

我国的绝大多数品牌，由于只以汉字命名，在走出国门时，便让外国人不知所以。有一些品牌采用汉语拼音作为变通措施，被证明也是行不通的，因为外国人并不懂拼音所代表的含义。例如：长虹以其汉语拼音"CHANGHONG"作为附注商标，但"CHANG-HONG"在外国人眼里却没有任何含义。而海信则具备了全球战略眼光，注册了"Hi-sense"的英文商标，它来自"high sense"，有"高灵敏度、高清晰"的意思，这非常符合其产品特性。同时，"high sense"又可译为"高远的见识"，体现了品牌的远大理想。

当前，品牌名称已成为国内品牌全球化的一道门槛，在我国品牌的国际化命名中，由于对国外文化的不了解，一些品牌出了洋相。芳芳牌化妆品在国外的商标被翻译为"FangFang"，而"fang"在英文中是指"有毒的蛇牙"，如此一来，还有谁敢把有毒的东西往身上抹，芳芳化妆品的受挫也就是情理之中的事情了。当然，除了国内品牌，部分国际品牌在进入不同的国家和地区时，也有犯错的时候。Whisky是世界知名的酒类品牌，进入我国时译成了"威士忌"，最初被认为"威严的绅士忌讳喝它"，所以"绅士们"自然对它有所顾忌。而Brandy译成"白兰地"，被认为是"洁白如雪的兰花盛开在大地上"，意境优美之极，"绅士们"自然更愿意喝它。

2.考虑长远发展

品牌在命名时就要考虑未来的延展，即无论品牌发展到任何阶段，其名称也能够适应。对于一个多元化品牌，如果品牌名称和某类产品联系太紧，就不利于品牌今后扩展到其他产品类型。通常，一个既无具体意义又不带任何负面效应的品牌名，比较适合品牌延伸。例如，索尼（Sony），不论是中文名还是英文名，都没有具体的内涵，仅从名称上，不会让人联想到任何类型的产品，这样，品牌可以扩展到任何产品领域而不受限制。

3.表示产品的类别

许多品牌之所以能够在市场上取得成功，原因之一便是这些品牌都有一个可以表示产品类别的名称，这大大方便了消费者对品牌商品的识别与记忆。一旦消费者产生对某类商品的需求，可以表示产品类别的品牌名称自然会有更多的优势，这种将品牌名称与商品类别直接关联的命名策略十分有利于消费者对品牌的识别与记忆，如爱乐乐团、五粮液、味全食品等著名品牌。

4.暗示产品属性

如果品牌名称能够直接反映商品的性能特征，无疑有助于目标消费者对商品的主动寻求与购买。有一些品牌，人们可以从名字一眼就看出它拥有什么类型的产品，如脑白金、五粮液、雪碧、高露洁、创可贴等。又如："劲量"用于电池，恰当地表达了产品持久强劲的特点；"固特异"用于轮胎，准确地展现了产品坚固耐用的属性。它们中的一些品牌，甚至已经成为同类产品的代名词，让后来者难以超越。曾几何时，"商务通"的命名，使得它几乎成为掌上电脑的代名词，消费者去购买掌上电脑时，大多数人会直接指名购买商务通，甚至很多消费者以为商务通即掌上电脑，掌上电脑即商务通。此方面做得好的品牌还有标致、波音、佳能、捷豹、汰渍、飘柔、海飞丝等。

不过，由于《中华人民共和国商标法》（以下简称《商标法》）不允许商标直接反映商品的质量、主要原料、功能、用途、重量、数量以及其他特点，因此，企业只能通过巧妙的想象和大胆的创意，含蓄、间接地表现商品的性能特征。比如，白加黑（感冒药）、背背佳（矫姿带）、好记星（学习机）就是通过品牌名称将商品的使用方法和特征形象生动地告知目标消费者，有助于目标消费者对品牌的性能特征产生准确的认知和理解。

需要指出的是，与产品属性联系比较紧密的这类品牌名称，大多实施专业化策略。如果一个品牌需要多元化发展，那么品牌名称与产品属性联系越紧，对其今后的发展越不利。

5.体现产品利益

有些品牌名称从字面上就可以了解到产品的功能，并暗示产品利益。例如，汰渍洗衣粉的品牌"汰渍"，就有"淘汰污渍"的意思，消费者很容易就能联想到洗衣粉。金嗓子喉宝，一看名字，就知道是用来保护喉咙的，让人想拥有金嗓子。奔驰汽车，一下子就让人联想到速度与激情。

6.指明商品的目标对象

如果品牌名称能直接表明其目标消费者的范围（如性别、年龄等），自然可以大幅提升品牌信息的传播效果，有助于目标消费者主动消费。如针品牌对儿童市场的娃哈哈、针对女性市场的太太口服液、针对中青年男性市场的七匹狼服饰等，都是通过品牌名称直接指明其商品使用对象的，从而使目标消费者与商品之间形成直接关联，有利于目标消费者对商品产生认识和记忆。

7.促销和说服

有些品牌名称设计得比较讨巧，具有促销和说服的作用，在不知不觉中提升了产品的销量。夏日炎炎，雪糕主要用来消暑，然而雪糕品牌众多，消费者一般不会花很多时间和精力去研究不同品牌之间的差异。当被询问想吃哪个品牌的雪糕时，人们往往脱口而出

"随便吧"。在这一背景下，蒙牛"随变"雪糕应运而生，由于"随变"与"随便"谐音，因此蒙牛"随变"雪糕从众多品牌中脱颖而出，销量大增。

【品牌故事分享1-2】

红豆集团名字的由来

《相思》

红豆生南国，春来发几枝。

愿君多采撷，此物最相思。

红豆集团从初创起，领导者就对品牌有着极强的敏感性。在20世纪70年代集团前身的港下针织厂时期，就因电影《山花》风靡全国而将产品取名为"山花"牌，这是红豆集团品牌意识最初觉醒的象征和标志。

1983年，周耀庭临危受命，出任港下针织厂厂长，当时厂里内外交困，资不抵债。面对困境，周耀庭大胆改革、果断决策，创造了当年上任、当年扭亏为盈的奇迹。做出业绩的同时，周耀庭认为"山花"已不是理想的品牌名称，不具备更深层次的文化内涵。他坚信，要想把厂办好，必须有好产品，好产品则需要一个好名字。周耀庭苦思冥想，决心将产品名称与民族文化相结合，又因地处无锡，由临近的顾山千年红豆树想到了王维的《相思》，他坚定了用"红豆"为企业产品命名的想法。

1985年，一个蕴含中国传统文化，充满诗意的服装品牌——"红豆"正式注册；1989年，红豆集团在中央电视台投资160万元做广告，在20世纪80年代，百万广告费可谓天价，但周耀庭的品牌营销决断力令人钦佩，红豆成为全国首家在央视做广告的服装企业；1992年，红豆护士衫风靡全国，连《新闻联播》主持人也穿上走进演播厅，各地供货都卖断……就这样，红豆走进了千家万户。

资料来源　作者根据网络相关资料整理.

（二）法律层面

在为品牌命名的过程中，企业相关人员应对《商标法》及相关法律进行深入研究，以保证品牌名称符合相关法律、法规的要求。

品牌名称具有专享性，品牌一旦注册，品牌的拥有者就拥有了对品牌名称独占的权利并受到法律的保护。如果使用者未经品牌拥有者的同意或授权而使用品牌名称，就构成了对品牌拥有者的侵权行为。在为品牌命名的过程中，不应将精力仅集中在如何取名上，还应高度重视为品牌名称进行注册，以获得法律保护，以防给企业今后的发展带来隐患。

合法是指能够在法律上得到保护，这是品牌命名的前提，再好的名字，如果不能注册，得不到法律保护，也不是真正属于自己的品牌名称。在2000年的保暖内衣大战中，"南极人"品牌就是由于缺乏保护，被数十个厂家共用。大量厂家对同一个品牌进行掠夺性的开发使用，使得消费者不明就里、难分彼此，面对同一个品牌，却是完全不同的价格、完全不同的品质，最后消费者把账都算到了"南极人"这个品牌上，逐渐对其失去了信任。

美乐（Miller）公司曾经推出一种淡啤酒，取名为"Lite"，即"淡"字的英文"light"的变异。由于销量大涨，其他啤酒厂纷纷仿效，也推出了以"Lite"命名的淡啤酒。由于"Lite"是直接描绘某类特定产品的普通词汇，法院判决不予保护，因此美乐公司失去了对"Lite"的商标专用权。由此可见，一个品牌（名称）能够在法律上得到保护是多么重要。

除此之外，很多品牌命名的纠纷（如大唐电信与大唐足浴的"大唐"、新东方培训与新东方厨师的"新东方"、镇江的百年企业恒顺醋业的"恒顺"被人抢先注册、"小南京"和"小蓝鲸"的谐音纠纷等）都是企业对品牌的法律保护不够重视造成的。

（三）语言层面

1.易读

品牌名称的发音要铿锵有力、干脆、有韵律、朗朗上口、不含糊。例如，关于吉普（Jeep）汽车品牌名的来源，一种说法是吉普汽车的车身都带有GP标志，并标明是通用型越野车，Jeep即通用型的英文General Purpose首字母缩写GP的发音。另一种说法称"吉普"来源于一部连环画中的一个怪物，这个怪物总是发出"吉——普，吉——普"的声音。这个名称非常容易发音，且易于传播。这方面做得好的品牌还有曹操（Cao Cao）、米老鼠（Mickey Mouse）、唐老鸭（Donald Duck）、海尔（Haier）等。

2.易写

可口可乐（Coca-Cola）公司大家都很熟悉，无论是中文还是英文，其简单的笔画让人很容易写下来。IBM是全球十大品牌之一，曾为世界上最大的电脑制造商，被誉为"蓝色巨人"。它的全称是"国际商业机器公司"（International Business Machines），这样的名称不但难记忆，而且不易读写，在传播上首先就形成了一些障碍，于是，国际商业机器公司设计出了简单的IBM字体造型，也塑造了其高科技领域的领导者形象。

3.易记

为品牌取名，也要遵循简洁的原则，要含义清晰、容易记忆和传播。今天，公众耳熟能详的一些品牌莫不如此，青岛、999、燕京、白沙、小天鹅、方太、圣象、吉普、吉利、美的、肯德基、QQ等，都非常简单好记。

4.语义启发积极联想

这方面做得好的国内品牌有春兰空调、杏花村、美加净等，国外品牌有Coca-Cola（可口可乐）、Benz（奔驰）、Nestlé（雀巢）等。

5.表达对社会各界的良好祝愿

受中国传统文化的影响，凡是在品牌中出现寓意吉祥、富贵、和谐、健康等的词语，就很容易赢得消费者的好感和喜爱。如健民、万家乐、乐百氏、喜盈门、红双喜、金六福等品牌均是如此。

【品牌故事分享1-3】

奥迪（Audi）名字的由来

奥迪的创始人奥古斯特·霍希（August Horch），31岁时离开奔驰汽车公司，建立了自己的公司——奥古斯特·霍希汽车公司。那一年是1899年。

很快，霍希就用产品和发明展现出他的天赋，霍希作为汽车品牌也逐渐有了知名度。霍希本人还曾在若干项汽车比赛中亲自上阵，获得了很多荣誉。但1906年6月，一次发动机试验的失败，导致了霍希和霍希汽车公司其他投资者的激烈争吵，生性桀骜的霍希一怒之下离开了以他的名字命名的公司。

不到一个月，又一家霍希汽车公司在原来的霍希汽车公司的马路对面开张了。这当然是霍希本人另起的炉灶。两家同名公司很快对簿公堂，互相告对方侵权。尽管那时没有"无形资产"这个名词，但双方都明白，霍希作为品牌是值钱的。大半年官司打下来，霍希本人败诉。

当霍希得知自己的公司必须改名时，懊恼至极，急忙找他的铁杆追随者们商量。但讨论了很久，霍希仍没有找到公司能用的名字。这时，一直在角落里写拉丁文作业的霍希的儿子突然喊出来："爸爸，奥迪！为什么不叫霍希·奥迪呢？"在座诸人茅塞顿开。原来，霍希（Horch）德文本身的意思是"听"，而拉丁文的"听"则念作"奥迪（Audi）"，实际意思是一样的，但奥迪更干脆、更响亮。

鼎鼎大名的奥迪就这样从孩子的嘴里喊出来了。从此，霍希汽车公司和奥迪汽车公司走上了各自的发展道路，但在1932年，两家公司最终还是走到了一起。

资料来源　佚名.带你穿越到过去，探索"奥迪"的由来！[EB/OL].[2025-03-12].https://baijiahao.baidu.com/s?id=1660960269422272170&wfr=spider&for=pc.

二、品牌命名的程序

（一）战略思考阶段

在为品牌命名的过程中，首要的工作是必须从市场竞争、未来国内市场及国际市场的发展趋势、企业的战略、消费者心理、消费文化等不同层面对品牌的整合传播进行战略思考。其包括：商品的基本性能和独特卖点是什么？商品的目标消费对象是哪些人？这些消费对象有什么样的消费心理和消费行为？商品的市场前景如何？将来是否有可能运用品牌延伸策略？哪一品牌名称更有助于品牌形象的塑造与传播？商品是否有可能进入国际市场？需要命名的品牌与企业其他品牌之间是一种什么样的关系？企业未来的发展战略及品牌文化是什么？这些实际上也成为衡量品牌名称优劣的标准，能为品牌命名工作顺利及富有成效地开展奠定坚实的基础。

微课1-2

品牌命名的程序

（二）提出备选方案阶段

此阶段是从不同角度为品牌名称构思不同的方案，方案越多，筛选的余地越大，获得令人拍案叫绝的品牌名称的可能性也就越大。构思的方法因人而异，但一般而言，使用头脑风暴法更有效率。

头脑风暴法是由美国学者阿列克斯·奥斯本提出的，其原意为两个或两个以上的人聚在一起，针对某条广告的诉求主题共同构思创意的过程。

头脑风暴法往往是灵感喷涌的源泉，若想成功地运用这种方法，必须遵循以下两条原则：

第一，任何创意均不得受他人干涉。

第二，所有想法都应记录在案，以备将来参考。把所有的灵感都记录下来，用心理学家的话说，这是一个"自由联想"的过程，应该给每一个新想法启迪他人的机会。

头脑风暴法是利用团体环境刺激创意者的创作灵感，用个人的灵感甚至是不着边际的"胡言乱语"去刺激其他人思考，群体思维的合力又将刺激衍生出更多的灵感，这会远远多于个人独自思考所能构想出来的创意。

头脑风暴法的秘诀在于允许相反或不同的意见，消极保守的认识会破坏随意不拘的氛围，而随意不拘的氛围正是产生原创性想法的必要条件。

（三）测试与评估阶段

此阶段是对品牌名称的备选方案进行筛选和评估。一般而言，筛选过程是放弃那些明显不符合要求的备选名称，使备选名称保留在10个左右，然后对保留下来的名称进行评估。评估工作除了组织相关专家、学者等进行内部评审之外，还可以对企业市场部的资深人员、销售渠道的相关人员以及有代表性的目标消费者进行调查。这两种方法又分别称为专家分析法和消费者调查法。

1.专家分析法

运用专家分析法对品牌名称进行评审，关键是必须组建一个人员构成和学科面较广的合理的评审小组。该评审小组的成员最好包括语言学、心理学、美学、社会学、市场营销学等方面的专家，专家人数以 7～9 人为宜。具体评审工作大致包括四项：初步审议、讨论评议、修改润色、达成共识。

2.消费者调查法

消费者调查法涉及问卷调查、投射技术、焦点小组等方法。调查的内容主要包括以下几个方面：

（1）词语联想。品牌名称能引发目标消费者的哪些联想？目标消费者的这些联想是否与企业的目标相符？是否会引发目标消费者的负面联想？在调查的过程中，调查人员应尽量避免采取直接提问的方式询问被调查者。例如，"你喜欢这个品牌名称吗？"应该间接或侧面地询问被调查者，如："你认为这个品牌名称有什么含义？""它是否可以代表某一品类的产品？""你认为哪一类产品绝不会使用这个品牌名称？"

（2）记忆测试。调查人员将备选的品牌名称清单交给被调查者，经过一段转移注意力的时间之后，请被调查者写出能够回忆起的刚刚看过的品牌名称。此种测试不仅可以判断哪些品牌名称更易识记，也可以测出哪些品牌名称更易写出。

（3）定位测试。调查品牌名称与其所属产品类别的相关性及其在市场中所处的相应位置。

（4）偏好测试。调查品牌名称能否引发被调查者的情感反应及其强弱程度，品牌名称能否引发被调查者对其产生偏好和后续行为。如果通过测试分析发现消费者并不认同测试的品牌名称，那么不管专家或企业老板多么偏爱这个品牌名称，都应该考虑重新命名。

（四）法律检索阶段

经过上述阶段对品牌名称进行筛选和评估之后，可供使用的品牌名称一般在5～6个，此时进入品牌名称的法律检索阶段。这一阶段虽然既花钱又费时，却是一个绝对不能忽略的至关重要的阶段。再好的品牌名称，如果已经被人注册，那么企业只有两个选择：要么放弃此品牌名称，要么向此品牌名称的持有人购买，两者必择其一。通过法律检索，可以排除那些在市场上已经被使用或已经被人注册或与本品牌名称相近的名称，以确保自己所确定的品牌名称的专有性。

此阶段的工作也可视具体情况提前开展。上述所有工作直到最后确定下来的品牌名称得到法律注册方才告一段落。

【品牌故事分享1-4】

力士（LUX）品牌名称的诞生过程

1899年，联合利华公司向市场推出香皂，命名为Monkey（猴牌）。香皂商标用"猴牌"，不仅与产品没有任何联系，还会让人有不洁的感觉；之后，联合利华改用Sunlight（阳光牌），但仍落俗套。

第二年，利物浦区域专利代理人汤普生向公司提议采用LUX（力士）作为品牌名称。LUX作为香皂商标，令人耳目一新，立即得到董事会同意。商标更换之后，香皂销路大开，很快成为世界名牌。虽然香皂品质并无多大提高，但其名称的革新作用巨大。

首先，LUX只有三个字母，简洁明晰，易读易记，在所有国家的语言中发音一致，具有国际品牌特性；其次，这一名称来源于古拉丁语Lux，但比英文Sunlight更富典雅、高贵的气质；最后，其拼写和读音令人联想到Luxury（豪华）和Lucky（幸运）。

LUX至今堪称品牌命名的经典之作。

资料来源　作者根据网络相关资料整理.

三、品牌命名的策略

微课1-3

（一）目标市场策略

目标市场策略是指根据品牌目标消费者的特征为品牌命名的策略。在具体的做法上，就是尽可能使品牌名称可以暗示或直接反映目标消费者所处的特定文化背景和心理需求，以使品牌名称能够在一定程度上产生市场营销的效果。

品牌命名的
策略

以品牌名称来体现商品与目标消费者在人口统计特征上的对应关系并非难事，只要在品牌名称上表现出目标消费者的性别或年龄特征即可。

比如，我国的劲霸男装、太太口服液等都是通过品牌名称非常清楚地体现商品的目标消费者的，有利于目标消费者对此类商品的识别、记忆和购买。

以品牌名称来彰显目标消费者的心理和文化因素则是较为困难的，至少目前国内的品牌用此种策略命名的仍属空白。有少数国外公司用此种策略为品牌命名取得了成功。比如，法国的Christian Dior品牌于1985年推出一款香水，取名为Poison（毒）（见图1-2），大受市场欢迎。该名称迎合了西方女性追求解放、独立意识增强的心理需求，触动了许多女性追寻梦想、超凡脱俗、冒险刺激的心理，该品牌香水在市场上受到年轻女性的青睐就不足为奇了。

（二）产品定位策略

产品定位策略是指企业希望通过品牌名称直接引发目标消费者对产品的特征、产品为消费者所能提供的利益、产品在使用过程中所体现的社会意义等有利于产品销售的内容的联想。

运用产品定位策略为品牌命名的成功之作当属宝洁公司的海飞丝洗发水（Head & Shoulders，意为"头和肩"），该品牌名称十分巧妙地向消费者传达了产品"去头屑"的定位。宝洁公司的其他品牌也都具有产品定位的传播效果，如帮宝适（婴儿纸尿裤）、舒肤佳（杀菌香皂）等。

图1-2　Poison香水广告创意作品

使用产品定位策略为品牌命名固然有助于目标消费者对产品的功能属性产生积极的联想，并有可能促使其产生购买意愿，但是此类品牌名称所涵盖的范围过于狭窄，不利于企业实施品牌延伸和多元化经营战略。

（三）描述性与独立性策略

在对市场上大多数的品牌名称进行深入分析之后可以发现一个基本规律，即无论采用哪种品牌命名策略，企业希望通过品牌名称达到的目的只有两个：有助于目标消费者识别产品或服务，有助于向目标消费者传递更明确的产品信息。对于前者，品牌名称越是由独立的词生造组合，越是不与其他常用词相似，其识别作用越显著；对于后者，品牌名称越是采用有明确内涵的词，或越是采用常用词，其发挥的信息传递作用越突出。品牌名称在不同情况下所产生的不同作用，必然导致品牌命名在思路上采取完全相反的两种策略：描述性策略和独立性策略。

1.描述性策略

描述性策略是指企业在为品牌命名的过程中，注重品牌名称对产品的物质属性的基本概括，以有助于目标消费者对品牌商品的认知。采用这种命名策略的品牌，名称本身基本上就可以起到广告传播的作用，从而节省传播费用。但其缺点也很明显，即这类品牌名称会演变为同类所有产品的通用名称，会失去商标注册的保护作用。如西南地区生产的"麻辣烫"食品就是典型的描述性品牌名称，很难注册商标并得到相应的保护，会导致消费者对品牌名称记忆上的混乱。相对而言，由于受广告传播费用的限制，小公司更愿意采用此种品牌命名策略。

2.独立性策略

独立性策略是指企业在为品牌命名的过程中，注重品牌名称与众不同的独特性，以有助于目标消费者对品牌商品的识别。总体而言，采用这种策略命名的品牌，其名称大都充满个性，商标也很难被后来者模仿，不足之处是需要借助大规模的传播才能取得比较理想的效果。如索尼（Sony）就是典型的具有独立性的品牌名称，该品牌名称与其产品之间没有任何必然的关联，目标消费者对它的理解自然会产生一些障碍，但是进行较大规模的传播之后，目标消费者就会对该品牌名称与产品产生一对一的深刻记忆。一般来说，大公司在广告传播预算比较充裕的情况下更倾向于采用此种品牌命名策略。

【品牌故事分享1-5】

索尼（Sony）的命名

索尼（Sony）最初有一个不太吸引人的名称——"东京通信工业株式会社"，创办者盛田昭夫与井深大认为，RCA与AT＆T这样的名字简短有力，于是决定将公司名称改成由四五个英文字母拼成的名字。由于这个名字要用作公司名称与产品名称，因此一定要令人印象深刻。

经过长期的研究，盛田昭夫与井深大觉得拉丁文Sonus（表示"声音"之意）还不错，与公司的产品性质相符。他们将它英语化，同时受到盛田先生最喜欢的歌《阳光男孩（Sunny Boy）》的影响，他们将其改成Sonny，其中也有可爱之意。但是日文发音的Sonny意思是"赔钱"，为了适应日本文化，两人决定把第二个"n"去掉，Sony的大名终于诞生了，它念起来像英文又不是英文。

选用从字典里找不到的名字，后来被证实是先见之明：一来其他厂商绝对不会使用，二来在全世界都不会出现商标重复的问题。

资料来源　作者根据相关资料整理.

（四）联想策略

品牌命名的描述性策略与独立性策略在创意思路上是两个极端，各有利弊。一种将两者的优缺点加以调和、折中，达到鱼和熊掌兼得效果的品牌命名策略为一些营销专家所推崇，它就是联想策略。

联想策略是指企业在为品牌命名的过程中采取的既有利于目标消费者理解品牌商品的基本属性，也强调品牌名称的个性，以获得商标注册保护进而形成市场竞争优势的一种命名方法。采用这种品牌命名策略的优点更多且风险更小，因此，越来越多的企业倾向于采用这种品牌命名策略。我国一些比较知名的品牌，如白猫、旺旺、金嗓子、健力宝、养生堂等都是运用此种策略为品牌命名的成功案例。

20世纪70年代后期，缤乐美（Paper Mate）将一种具有革新意义的可擦性圆珠笔引入美国市场。起初，该公司运用描述性策略将这种可擦性圆珠笔命名为"EraserMate"（橡皮伙伴），但由于该名称过于写实而缺乏想象力，市场反应平淡，销售远远达不到预期效果。该公司在对产品销售不畅的各种因素进行分析之后，认为品牌名称是导致销售受阻的主要原因，因此，果断地采取联想策略将该产品重新取名为"Replay"（意为重新进行、重赛、重放），使该商品一改以往的销售颓势，很快被越来越多的消费者所接受。

同样的商品，不同的品牌名称，产生了完全不同的市场销售效果。究其原因，采用联想策略将商品重新命名为"Replay"，名称新颖别致、朗朗上口且兼具一定的个性，更容易受到商标法的保护，也向目标消费者暗示了商品的基本属性，有助于目标消费者对品牌商品独特性的认知与理解，为该品牌商品赢得市场打下了坚实的基础。

【任务实施】

（1）自由分组，每6人一组。

（2）讨论品牌命名的原则、品牌命名的程序、品牌命名的策略。

（3）每一组组建一家模拟公司，创建模拟品牌，根据品牌常用命名方法为模拟品牌命名。品牌命名分析模板参见表1-1。

表1-1　　　　　　　　　　　　　　　**品牌命名分析模板**

步骤	内容
第一步：命名分析	思考品牌名称与产品、市场、消费者、竞争、公司战略各个方面的问题。比如： 1. 本品牌的性能和独特卖点是什么 2. 本品牌产品的目标消费者是谁 3. 本品牌与竞争品牌的关系如何
第二步：选择命名途径	在完成对品牌命名的分析之后，即可考虑通过哪些途径进行命名： 1. 是否可以品牌创始人的名字命名 2. 是否可以动植物的名称命名 3. 是否可以数字命名
第三步：提出备选方案	按确定的命名途径，采用集思广益的策略尽可能多地征集品牌名称备选方案。具体的征集方法包括： 1. 发动公司的所有员工参与命名，激发每个人的想象力 2. 采用头脑风暴法邀请专业人士命名 3. 邀请消费者代表参与命名
第四步：初步筛选	由公司内部专业人士（营销、传播、产品开发）组成的团体根据相关要素对所有备选名称进行审核，去除有语言障碍和明显法律纠纷以及品牌定位有明显冲突的名称，得到备选名称的初步筛选名录。具体筛选原则如下： 1. 营销原则：是否暗示或突出了产品特征？是否切中了目标市场的需求？是否有助于传播？是否与品牌形象相匹配？能否进行品牌延伸 2. 语音原则：是否容易发音？是否听读悦耳 3. 语意原则：受众对品牌名称能否产生正面联想 4. 可保护原则：能否在法律上得到保护？能否注册
第五步：复选审查	对初步筛选出的备选名称进行评价。评价方法有以下两种，最理想的做法是两者结合使用： 1. 专家分析法。评价可采用SOCK-IT判断标准 合适性（Suitability）：品牌名称对产品功能、特性、优点的描述是否恰如其分 独创性（Originality）：品牌名称是否与众不同、独一无二 创造力（Creativity）：品牌名称能否吸引人，令人产生愉快的心情 能动价值（Kinetic Value）：品牌名称能否引起丰富的联想，具有营销说服力 识别力（Identity）：品牌名称是否有助于记忆 发展力（Tempo）：品牌名称是否适合目标市场以及未来的发展 2. 消费者调查法
第六步：法律审查	通过法律审查排除那些在市场上已被使用或与之相近的名称，确保所定名称的专有性
第七步：确定名称	从最后的几个名称中选定最终的名称，然后正式注册该名称

（4）任务评价（见表1-2）。

表1-2
品牌名称设计任务评价表

评价指标	评价标准	分值	评估成绩
品牌名称设计完成效果	1.理解品牌命名的原则、品牌命名的程序、品牌命名的策略	20	
	2.能识别品牌名称设计易犯错误	20	
	3.能灵活运用品牌名称设计的各种策略	20	
	4.态度认真，讨论积极	15	
	5.效果明显，汇报得当	15	
	6.遵守时间	10	
小组综合得分			

【知识拓展1-1】

从产品到品牌

"产品是工厂所生产的东西，品牌是消费者所购买的东西。产品可以被竞争者模仿，品牌却是独一无二的。产品极易过时、落伍，但成功的品牌能持久不衰。"现代企划鼻祖史蒂芬·金的这段话明确地界定了产品与品牌。

更具象地说，产品是具体的，消费者可以触摸、感觉、耳闻、目睹、鼻嗅；产品是物理属性的组合，具有某种特定的功能，以满足消费者的使用需求；品牌则是抽象的，是消费者对产品的一切感受的总和，它贯注了消费者的情绪、认知、态度及行为。显然，当产品之间的差异性越来越小时，品牌将向消费者提供购买的理由与保证。过去那种纠缠于产品之间使用功能的低端竞争必将演变为品牌之间精神层面的高端竞争。

不过，对大多数企业而言，其品牌发展并不是一个简单的、必然的过程，或者说，每个品牌之下都有一个产品，却不是每个产品都能成就一个品牌。

太多的产品寂寞地躺在商店的货架上无人问津，落满灰尘。它们当中不乏品质杰出者，不乏功能独到者，却都籍籍无名。当然，它们也有一个品牌名称，但有多少消费者认识并记得它们呢？

品牌的建立实在不是一个自然的、简单的过程，春华未必秋实，这需要企业主、营销人员的努力，消费者的认可以及时间的锤炼。

资料来源 作者根据网络相关资料整理.

任务二　品牌标志设计

【任务解析】

企业塑造品牌的根本目的是希望借助品牌，具体而言，是借助品牌形象的视觉识别系统（其中包含品牌标志）这一特殊的载体，向目标受众传递企业或品牌商品的相关信息。

这些信息由一定的语言符号构成，但更主要的是由大量的非语言符号构成。本任务旨在通过学习品牌标志设计的基本原则和设计方法、利用非语言符号向目标受众有效地传递品牌信息的基本策略，进行品牌标志设计。

【知识链接】

微课1-4

品牌标志的内涵、作用及设计原则

一、品牌标志的内涵及作用

（一）品牌标志的内涵

品牌标志是指品牌中可以被识别但不能用语言表达的部分，即运用特定的造型、图案、文字、色彩等视觉语言来表达或象征某一产品的形象。品牌标志分为标志物、标志色、标志字和标志性包装，它们同品牌名称等都是构成完整品牌概念的基本要素。

【品牌故事分享1-6】

永久自行车的标志设计

对"60后"而言，永久自行车可以说是家喻户晓。"永久"牌诞生于1940年年底。1957年，著名画家、工艺美术大师张雪父设计了家喻户晓的"永久"牌标志，其构思精准巧妙，将"永久"两个汉字变化组合成自行车的形态，形神兼备，直观明了，对"永久"牌的传播推广起到了很大的作用，堪称标志设计的经典，见图1-3。

随着时代的变迁，自行车日渐势弱，永久股份有限公司于2010年推出全新品牌"永久C"，"C"的含义包括China、Classic、City、Colorful、Cycle和Culture，目标消费群体定位为自由、独立、环保、热爱生活、百无禁忌的"轻客"，见图1-4。

图1-3　永久自行车标志

图1-4　永久自行车新标志

资料来源　作者根据网络相关资料整理.

（二）品牌标志的作用

品牌标志的作用主要体现在以下三个方面：

1.引发联想

引发联想指引发消费者的品牌联想，尤其是让消费者产生有关产品属性的联想。例如：兰博基尼的公牛会让人联想到运动车大马力、高速度的特性；康师傅方便面的胖厨师使人联想到厨房里的煎炒烹炸，增进食欲。

2.引起兴趣

引起消费者的兴趣，使消费者产生喜爱的感觉，如 Hello Kitty 歪戴蝴蝶结的无嘴猫、骆驼牌香烟中的骆驼、卡帕（Kappa）服装上背靠背的男孩女孩等。这些标志形象可爱、线条简单、易读易记，容易引起消费者的兴趣，并对其产生好感。消费者都倾向于将自己喜爱或者厌恶的情感从一种事物上传递到与之相联系的另一种事物上，所以，如果品牌的标志设计使消费者产生好感，在某种意义上可以转化为积极的品牌联想，有利于企业开展品牌文化营销活动。

3.识别品牌

在历史上，标志往往比名称更能发挥识别作用。据考古发现，早在公元前，在古罗马的庞贝古城，如果外墙上画着一个壶把，就表示这里是茶馆；画牛的地方则表示这里是牛奶店或牛奶厂等。当然，这些标志还是比较具象的。现代的品牌标志更为简约和抽象。

二、品牌标志的设计原则

如果我们将世界众多知名品牌的标志放在一起，便能找到一些共同的特点，这些特点正是它们成功的因素。

（一）简洁明了

物质丰富的社会，品牌多如牛毛，人们不会特意去记忆某个品牌，只有那些简单的标志才会留在人们的脑海中。

苹果（Apple）电脑是全球五十大驰名商标之一，其"被咬了一口的苹果"标志非常简单，却让人过目不忘。创始人当时以苹果为标志，是为纪念自己在大学读书时一边研究电脑技术、一边在苹果园打工的生活。这个偶然得来的标志非常有趣，让人一见钟情。苹果电脑作为最早进入个人电脑市场的品牌之一，一经面市便大获成功，这与其简洁明了、过目不忘的标志设计密不可分（见图1-5）。

耐克（NIKE）品牌的红色一勾（见图1-6），可以说是最简单的标志了，但它无处不在，给人以丰富的联想。小时候，学生做完作业，等着的就是老师那红色的一勾，它代表着正确、表扬和父母的笑脸；长大了，这一勾仍然如影相随，开会签到、中奖了领奖，甚至在小小的记事本上，都要在已经来的人或已经完成的事前打上一个勾，代表着顺利、圆满。当年设计出这个标志的一名大学生只得到了 35 美元的报酬，但今天，这一勾已经价值近千亿美元。

图1-5　苹果品牌标志

图1-6　耐克品牌标志

（二）表达准确

品牌的标志归根到底是为品牌服务的，标志要让人们感知到这个品牌是做什么的，它有哪些特征。例如，食品行业的特征是干净、亲切、美味等，房地产行业的特征是温馨、人文、环保等，药品行业的特征是健康、安全等。品牌标志要很好地体现这些特征，才能给人以正确的联想。

"M"只是个非常普通的字母，但是在许多小孩子的眼里，它不只是一个字母，还代表着麦当劳（McDonald's）（见图1-7），代表着美味、干净、舒适。同样是以"M"为标志，与麦当劳圆润的棱角、柔和的色调不一样，摩托罗拉（Motorola）（见图1-8）的"M"标志棱角分明、双峰突出，充分表达出品牌的高科技属性。

图1-7　麦当劳品牌标志

图1-8　摩托罗拉品牌标志

【品牌故事分享1-7】

中国农业银行标志设计

中国农业银行的标志为圆形，由中国古钱和麦穗构成（见图1-9）。古钱寓意货币、银行；麦穗寓意农业，它们构成中国农业银行的名称要素。整个图案外圆内方，象征中国农业银行作为国有商业银行经营的规范化。麦穗中部类似一个"田"字，阴纹又明显地形成"￥"形，直截了当地表达出中国农业银行的特征。麦穗芒刺指向上方，使外圆开口，给人以突破感，象征中国农业银行事业不断开拓前进。行徽标准色为绿色。绿色的心理特性是：自然、新鲜、平静、安逸、有保障、有安全感、信任、可靠、公平、理智、理想、淳朴，让人联想到自然、生命、生长。绿色是生命的本原色，象征生机、发展、永恒、稳健，表示中国农业银行诚信高效，寓意中国农业银行事业蓬勃发展。

中国农业银行
AGRICULTURAL BANK OF CHINA

图1-9　中国农业银行标志

资料来源　李砚祖.造物之美：产品设计的艺术与文化［M］.北京：北京理工大学出版社，2000.

（三）具有美感

标志造型要优美流畅，富有感染力，保持视觉平衡，兼具静态和动态之美。

百事可乐（Pepsi-Cola）的圆球标志，是成功的设计典范。圆球上半部分是红色，下半部分是蓝色，中间是一根白色的飘带，视觉效果极为舒服顺畅；白色的飘带好像一直在流动，使人产生一种欲飞欲飘的感觉，这与喝了百事可乐后舒畅、飞扬的感官享受相一致（见图1-10）。

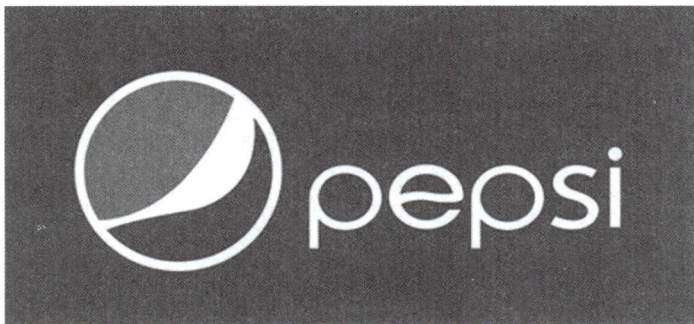

图1-10　百事可乐标志

（四）时代性与持久性

标志的设计要兼具时代性与持久性，如果不能顺应时代，就难以产生共鸣；如果不能持久，经常变脸，就会给人混乱的感觉，也浪费了传播费用。

如杀虫剂品牌——枪手，其最初的品牌标志是"青蛙+手枪"。青蛙是专吃害虫的，用作杀虫剂产品的标志非常贴切。但考虑到枪手品牌要向非杀虫剂产品延伸，品牌标志会造成一些束缚，所以新的标志使用了一个枪手的人物形象，很好地解决了这一问题，而这一新的标志也成了品牌的象征符号。

（五）讲究策略

标志的字体首先要体现产品特征，如食品品牌多以明快流畅的字体展现食品带给人的美味与快乐；化妆品品牌的字体多纤细秀丽，以体现女性的秀美（如雅诗兰黛，见图1-11）；高科技品牌的字体多锐利、庄重，以体现其技术与实力；男性用品品牌的字体多粗犷、雄厚，以体现男性特征（如吉列，见图1-12）。

图1-11　雅诗兰黛品牌标志

图1-12　吉列品牌标志

其次，字体要容易辨认，不能让消费者猜测，否则不利于传播。

最后，字体要体现个性，与同类品牌形成区别。

另外，在标志的色彩运用上，不同的色彩会有不同的含义，给人不同的联想，适用于不同的产品。当然，作为个体的人，对色彩的感觉有时差异很大。例如，由于人们的生活经历不同，红色既可以让人联想到喜庆，也可能让人联想到暴力和恐怖；白色既可以让人联想到洁净、神圣，也可能让人联想到生病、死亡等。相同的颜色也会因为地区、文化、风俗习惯的差异而让人产生不同的联想。因此，品牌进入不同的国家和地区，有时需要对色彩因地制宜地进行调整。

三、品牌标志的设计方法

微课 1-5

品牌标志的设计方法和设计风格

品牌标志设计是在一定的原则下，选择特定的表现元素，结合创意手法和设计风格进行的。典型的设计方法有两种：文字和名称的转化、图案的象征寓意。它们可以组合变为四种不同风格的标志设计：字体型、象征型、抽象型和具象型。

（一）字体型标志设计方法

字体型标志设计方法，即以文字（包括中国汉字和西方文字）或以字母符号作为标志图形，构成设计元素。其可以采用品牌名称，也可以采用品牌名称的缩写或代号。这种方法的优点是识别力强，便于口碑传播，容易为消费者所理解。在创意上，为了增强品牌标志的美感和可接受性，往往借助象征、装饰点缀和色彩的力量。如李宁体育用品的"L"标志、麦当劳的"M"标志、谷歌的"Google"标志（见图 1-13）等。

（二）象征型标志设计方法

象征型标志设计方法，即采用自然界的客体图形作为标志设计的主要元素，通过这类图形所象征的意义向目标受众传递品牌商品的类别、性能等相关特征信息。由于自然界客体图形所传递的视觉意念较容易为受众所理解，因此，很多企业都采用此种设计方法。如中国南方航空公司的标志采用一朵色彩鲜艳又抽象的大红色木棉花图案（见图 1-14），在南方人的心目中，木棉象征高尚的品格，人们赞美它、热爱它，广州市民把它推举为市花。但此种标志的设计方法也有不足之处，就是作为主要构图元素的自然界客体图形难以在视觉上形成独特性和专有性，在商标注册和保护上常常会有争议。

图1-13 谷歌品牌标志

图1-14 中国南方航空公司标志

（三）抽象型标志设计方法

抽象型标志设计方法在构图上大胆地摆脱了具象的自然形态的约束，善于归纳和提取事物和现象的基本特征与本质规律，将复杂的事情简单化，运用抽象的几何图形或其组合，画龙点睛地向目标受众传达出品牌商品的核心价值和意义。其主要特征是

"形有限而意无穷"。相对于具象设计，抽象型设计虽然也借助"形"来体现品牌内涵，但这个"形"远远超越了具象实体的长度、宽度和高度，显示了一种在思维方式上的意向转换。

抽象型标志设计的构图元素主要是几何图形，也可以直接利用现成的文字符号，使图形高度夸张、概括、简洁，从而使品牌标志图形传达出一种感觉意向。采用抽象型设计法设计的品牌标志更具有现代感、信息感、商业感（如华为，见图1-15）。

图1-15　华为公司标志

（四）具象型标志设计方法

具象型标志设计方法以具象的自然形态为构图原型，并在此基础上进行概括、提炼、取舍、变通、组合，最后形成品牌标志设计所需的视觉图形。自然界的一切元素，包括人物、动物、植物、山水、风景等都是具象型标志设计原型取之不尽的设计素材。对这些素材的使用主要根据品牌名称和产品特征来考量，经过提炼和加工，使其成为全新的、富有创意的视觉识别符号，并赋予其一定的表征意义。采用具象型设计方法设计的品牌标志，优点是直接、明了，便于目标受众对品牌内涵与意义的识别、理解和记忆（如捷豹和标致汽车的标志，分别见图1-16、图1-17）。

图1-16　捷豹汽车标志

图1-17　标致汽车标志

标志设计的首要目的是将品牌名称形象化和图示化，以有助于目标受众对品牌商品内涵的理解。因此，品牌标志的设计应以鲜明、易懂为基础，无论运用何种方式进行设计，都要以简洁、大气、易于传播为主，设计时还要充分考虑可行性，针对其应用形式、材料和制作条件采取相应的设计手段；同时，还要考量应用于其他视觉传播方式（如印刷、广告、影像等）或放大、缩小时的视觉效果。

四、品牌标志的设计风格

品牌标志设计大致经历了三个发展阶段：20世纪以前的新古典主义风格、20世纪初至20世纪80年代之后的现代主义风格和20世纪80年代至今的后现代主义风格,标志设计属于平面设计的范畴,平面设计又脱胎于绘画艺术,因此,绘画艺术的相关理论和流派对标志设计的影响无疑是巨大的。

（一）新古典主义风格

新古典主义是以复兴古希腊、古罗马艺术为旗号的古典主义,早在17世纪的法国就已出现。在法国大革命及其政治和社会改革之前,有一场纯粹的艺术革命,即新古典主义美术运动。这一时期的法国美术既不是古希腊和古罗马美术的再现,也非17世纪法国古典主义的重复,它是适应资产阶级革命形势需要在美术领域开展的一场借古开今的潮流运动。所谓新古典主义,是相对于17世纪的古典主义而言的。

新古典主义美术的特征是选择重大题材（古代历史和现实的重大事件,如《马拉之死》）,在艺术形式上强调理性而非感性的表现,在构图上强调故事的完整性,在造型上重视素描和轮廓勾勒,注重雕塑般的人物形象,但对色彩不够重视。法国新古典主义美术,从维安、达维特到安格尔,皆取得了巨大的成就并在他们的带领下使这场运动达到高峰。

19世纪后期至20世纪初期,新古典主义对商业设计的影响无疑是巨大的,并逐渐成为当时商业设计的主流。其设计作品的风格主要包括以下两点:

第一,构图注重具象与写实,追求形似,理性色彩较为强烈。

第二,注重装饰效果,通过繁复的表现手法营造一种精致、典雅的整体视觉效果。

新古典主义设计风格的标志设计作品见图1-18。

| 宝洁公司标志 | 雀巢公司标志 | 保时捷公司标志 |

图1-18　新古典主义设计风格的标志设计作品

（二）现代主义风格

19世纪末20世纪初,世界各地特别是欧美国家的工业技术发展迅速,新的设备、机械、工具不断被发明出来,极大地促进了生产力的发展,工业技术的飞速发展给社会结构和社会生活带来了很大的冲击。

对现代主义的定义,一直是非常复杂的,因为这是一场席卷意识形态各个方面的运动。一方面是时间上的定义,这是从20世纪初期开始至第二次世界大战结束后相当长一个时期内的运动,覆盖的范围极其广泛;另一方面是意识形态上的定义,它的革命性、民主性、个人性、主观性、形式主义都非常典型和鲜明。现代主义是对传统意识形态的革命,它覆盖的范围极为广泛,几乎包括意识形态的所有范畴,对哲学、心理学、美学、艺术、文学、音乐、舞蹈、诗歌等都有所涉及。在每个领域，它都有特别的内容和观念。因此，要对现代主义下一个准确的定义其实是非常困难的。我们只能把体现在设计和建筑上的现代主义粗略总结为几个方面：民主主义、精英主义、理想主义和乌托邦主义。

以现代主义设计理念为指导的商业设计作品所展现出来的基本风格是：

第一，功能主义特征。其强调设计图形的传达功能，对片面追求艺术表现持反对态度。

第二，形式上提倡非装饰的简单几何造型，体现在设计作品中，就是努力体现标准化原则和反装饰主义立场。

第三，在具体设计上重视空间，特别强调整体设计；基本反对在图板上、预想图上设计，强调以模型为中心的设计规划。

第四，重视设计费用和开支。把经济问题作为一个重要考虑因素，达到实用、经济的目的。

现代主义风格的品牌标志设计作品见图1-19。

中国移动标志　　　　　　　顶新国际集团标志　　　　　　　上海地铁标志

图1-19　现代主义风格的品牌标志设计作品

（三）后现代主义风格

后现代主义是一场出现于20世纪60年代的西方，并在七八十年代流行的艺术、社会文化与哲学思潮，其要旨在于反思现代性的基本前提及其规范内容。在后现代主义思想及其理论的影响下，后现代主义广告作为一种新兴的广告类型，首先在欧美流行开来。不久以后，我国也出现了许多具有后现代主义风格的广告创意（标志设计）。后现代主义设计风格主要包括以下几点：

第一，注重人性化、自由化。后现代主义作为现代主义内部的逆动，是对现代主义的纯理性及功能主义尤其是国际风格的形式主义的反叛。后现代主义风格仍秉承设计以人为本的原则，强调人的主导地位，突出人机工程在设计中的应用，注重设计的人性化、自由化。

第二，注重体现个性和文化内涵。后现代主义作为一种设计思潮，反对现代主义的苍白平庸及千篇一律，并以浪漫主义、个人主义作为哲学基础，推崇舒畅、自然、高雅的生活情趣，强调人在设计中的主导作用，突出设计的文化内涵。

第三，注重历史文脉的延续性，并与现代技术相结合。后现代主义主张继承历史文化传统，强调设计的历史文脉。在20世纪末怀旧思潮的影响下，后现代主义追求传统的典雅与现代的新颖相融合，进行集传统与现代、融古典与时尚于一体的大众设计。

第四，矛盾性、复杂性和多元化的统一。后现代主义以复杂性和矛盾性代替现代主义的简洁性、单一性，采用非传统的混合、叠加等设计手段，以模棱两可的紧张感取代精准到位的清晰感，以非此非彼、亦此亦彼的杂乱取代明确统一，在艺术风格上主张多元化的统一。

后现代主义风格的标志设计作品见图1-20。

品牌标志设计风格的演变并不只是由品牌管理人员和设计人员的不断创新所促成的，更为重要的是由时代潮流以及消费者的审美品位不断变化所推动的。设计风格的演变对企业而言必然意味着要面临选择：要么随着时代的变化不断改变品牌标志的设计风格，要么坚持品牌标志的原有风格。前者是"善变"，后者是"不变"。不过，这两种态度对企业而言都不可取。眼光长远的企业应该在变与不变之间寻找平衡点，即在标志构图的核心要素上尽可能保持不变或少变，在一些非核心要素上可以根据市场需求做一些调整。

格力品牌标志　　　　　　　　　　　上海世博会标志

图1-20　后现代主义风格的标志设计作品

品牌标志设计毕竟属于商业设计的范畴，与纯粹的绘画艺术有相当大的区别。商业设计必然要考虑市场需求、目标消费者的感受，也就是设计的目的性非常明确。由于市场是不断变化的，人们的需求当然也在不断变化，品牌标志的设计需要根据市场的变化而适时地修正，唯有如此，才能真正做到与时俱进。

【任务实施】

（1）自由分组，每6人一组。

（2）讨论品牌标志的内涵及作用、品牌标志的设计原则、品牌标志的设计方法、品牌标志的设计风格。

（3）小组成员根据所学知识，对创建的模拟品牌进行标志设计。

品牌标志的设计流程见表1-3。

表1-3　　　　　　　　　　　　　　　品牌标志的设计流程

步骤	内容
第一步： 调查品牌理念与设计现状	1.品牌的理念、精神内涵与总体发展规划 2.品牌的运营范围、商品特性、服务性质等 3.品牌的竞争与营销现状 4.品牌拥有者对识别战略及视觉识别风格的期望

步骤	内容
第二步： 进行概念设计	1.考虑是否通过文字和名称的转化进行设计，采用品牌名称或品牌名称的缩写和代号 2.考虑用图形象征的手法进行设计；或者采用具象手法以形象的自然形态为原则，再经过艺术提炼，变成平面的视觉形象；或者采用抽象手法以抽象的图形传递产品的信息
第三步： 判断甄别	1.营销原则 标志设计是否体现了产品特征和品质？ 标志设计是否准确传递了产品信息？ 标志设计是否体现了品牌价值和理念？ 标志设计是否可以成为企业的象征？ 标志设计是否可以暗示企业的实力？ 2.创意原则 标志设计是否醒目直观、视觉冲击力强？ 标志设计是否新颖独特？ 标志设计适合各种媒体传播吗？ 标志设计与国际化审美相吻合吗？ 标志设计是否具备法律上的显著性？ 3.设计原则 标志设计的色彩与线条搭配是否协调？ 布局是否合理？ 对比是否鲜明？ 设计是否清晰简洁？ 隐喻象征是否恰当？ 4.认知原则 标志设计是否通俗易懂？ 能否吸引公众注意？ 能给公众留下深刻印象吗？ 符合目标消费者的文化背景和接受心理吗？ 5.情感原则 标志设计能产生令人喜爱、感染力强的感觉吗？ 标志设计能给人美好的享受和丰富的联想吗
第四步： 精致化	此步骤是对符合判断原则的备选方案进行精致化处理： 1.对标志造型予以视觉修正，使各种构成要素之间的关系达到完美 2.对标志造型予以数值化限定，作为应用时的标准 3.规定标志尺寸，确保放大或缩小的视觉认知效果 4.进行标志的变体设计，以适应各种媒体的需要（如粗细线条的变化、彩色与黑白的变化、正形与负形的变化、线框空心体的变化、网纹与线条的变化等）

步骤	内容
第五步： 进行标志组合	确定品牌标志与其他设计要素之间的比例尺寸、间距方向、位置关系等： 1.考虑如何将标志与中文品牌名称或简称予以组合 2.考虑如何将标志与英文品牌名称或简称予以组合 3.考虑如何将本品牌标志与其他品牌标志进行组合 4.考虑如何将标志与品牌广告语予以组合

（4）任务评价（见表1-4）。

表1-4   品牌标志设计任务评价表

评价指标	评价标准	分值	评估成绩
品牌标志设计 完成效果	1.理解品牌标志的内涵及作用、品牌标志的设计原则、品牌标志的设计方法、品牌标志的设计风格	20	
	2.能识别品牌标志设计易犯错误	20	
	3.能灵活运用品牌标志设计的各种策略	20	
	4.设计简洁、美观	10	
	5.设计符合品牌气质	10	
	6.设计兼具时代性与持久性	10	
	7.态度认真，遵守时间	10	
小组综合得分			

【知识拓展1-2】

IBM 标志设计

保罗·兰德（Paul Rand）于1956年设计出了IBM蓝色标志，采用的是一种通常很少采用的20世纪30年代流行的打印机字体，这种几何图案式、一板一眼、带衬线的粗重字形，稳健而又平静地传达着IBM希望展现的值得消费者信任和不可动摇的力量。1972年，保罗·兰德对标志进行了最后一次大的更新，也就是我们今天看到的条纹形标志，三个大写字母，每个都由8根平行的蓝条拼成，用来表示"速度和活力"。IBM标志的演变年代以及标志变化见图1-21。

图1-21　IBM标志演变

资料来源　作者根据网络相关资料整理而成.

【项目小结】

　　品牌名称是品牌构成中可以用文字表达并能用语言进行传播与交流的部分。品牌命名原则包括：在市场营销层面兼顾各国文化、考虑长远发展、表示产品的类别、暗示产品属性、体现产品利益、指明商品的目标市场、促销和说服；在法律层面可以受到保护；在语言层面易读、易写、易记，语义启发积极联想，表达对社会各界的良好祝愿。品牌命名的流程包括：战略思考、提出备选方案、测试与评估、法律检索。品牌命名的策略有：目标市场策略、产品定位策略、描述性与独立性策略、联想策略。

　　品牌标志是指品牌中可以被识别但不能用语言表达的部分，即运用特定的造型、图案、文字、色彩等视觉语言来表达或象征某一产品的形象。品牌标志分为标志物、标志色、标志字和标志性包装，它们同品牌名称等都是构成完整品牌概念的基本要素。品牌标志要能引发消费者的联想，引起消费者的兴趣，帮助公众识别品牌。品牌标志的设计原则包括：简洁明了，表达准确，具有美感、时代性与持久性以及讲究策略。品牌标志的设计方法包括：字体型标志设计方法、象征型标志设计方法、抽象型标志设计方法、具象型标志设计方法。品牌标志的设计风格有：新古典主义风格、现代主义风格、后现代主义风格。

【项目实训】

　　以小组为单位，对本市休闲食品市场进行基本调查，调查内容主要包括本市销售排名前十位的休闲食品品牌的年度销售额、各休闲食品品牌的命名策略、品牌标志设计策略，并通过对这些品牌的比较分析写出调查报告。

【项目测试】

项目测试1

一、单项选择题

1.（ ）是指品牌在命名时就要考虑，即使品牌发展到一定阶段时也要能够适应。对于一个多元化品牌，如果品牌名称和某类产品联系太紧，就不利于品牌今后扩展到其他产品类型。

A.兼顾各国文化　　　　　　　　B.考虑长远发展

C.暗示产品属性　　　　　　　　D.促销和说服

2.（ ）以目标消费者为对象，根据目标市场的特征进行命名。

A.目标市场策略　　　　　　　　B.产品定位策略

C.描述性与独立性策略　　　　　D.联想策略

3.品牌（ ）是指品牌中可以被识别但不能用语言表达的部分，即运用特定的造型、图案、文字、色彩等视觉语言来表达或象征某一产品的形象。

A.标志　　　　　　　　　　　　B.标识

C.认知　　　　　　　　　　　　D.形象

4.在下列品牌要素中，稳定性最强的是（ ）。

A.品牌标志　　　　　　　　　　B.品牌口号

C.品牌名称　　　　　　　　　　D.品牌标志物

5.以下说法不正确的是（ ）。

A.品牌名称要强化产品属性或利益　　B.品牌名称要赋予产品一定的文化内涵

C.品牌名称要体现产品与行业的特点　　D.品牌名称不能暗示产品的质量

二、思考题

1.企业要确定一个有利于消费者认知、能传达品牌发展方向和价值意义的名称，需要遵循哪些原则？

2.品牌命名的程序有哪些？

3.对品牌命名是突出产品的功能属性为好，还是强调精神属性更佳？

4.品牌标志的设计原则有哪些？

5.在品牌标志的设计过程中，针对不同的社会环境、竞争环境以及消费者审美偏好，应分别采用哪种设计风格？

三、案例分析题

中华人民共和国商务部标志设计

作为国家的主要职能部门，商务部负责拟定国内外贸易和国际经济合作的发展战略、方针、政策，其标志在国际贸易中代表着中国的形象，具有极其重要的作用。因此，此标志设计应凸显中外经贸交流合作、国内市场建设和流通的主旋律，紧扣商务部职能和业务范围，体现国内外经济和贸易合作有机统一、和谐发展的潮流；在视觉上应当美观大方，简洁明快（见图1-22）。

中华人民共和国商务部

MINISTRY OF COMMERCE OF THE PEOPLE'S REPUBLIC OF CHINA

图1-22　中华人民共和国商务部标志图

要求：总结中华人民共和国商务部标志的设计理念。

项目二

品牌形象塑造

学习目标

★ 知识目标

（1）能够解释品牌定位的内涵与意义；

（2）能够描述品牌定位的原则与流程；

（3）能够比较品牌定位的策略；

（4）能够归纳品牌个性与品牌形象关系；

（5）能够归纳品牌文化与品牌形象的关系；

（6）能够总结品牌形象的概念和特点；

（7）能够描述品牌形象的塑造途径；

（8）能够说明品牌形象的测量手段与方法。

★ 能力目标

（1）能够运用所学知识对品牌进行定位；

（2）能够运用所学知识进行品牌文化提炼；

（3）能够运用所学知识进行品牌个性塑造。

★ 素养目标

（1）具有传承和弘扬企业价值观的责任感；

（2）具有独立思考与创新能力，可以针对新品牌特点应用品牌形象塑造知识；

（3）具有良好的道德标准与正确的价值观，品牌如人，人如品牌，有"德"有品。

项目导入

品牌元素设计完成之后，就要进行品牌形象塑造。品牌形象塑造是一个全面而系统的项目，它涵盖了品牌定位决策、品牌文化塑造和品牌个性提炼等多个关键方面。品牌定位决策是品牌形象塑造的基石，它要求企业明确自身在市场中的位置，通过深入研究目标受众、竞争对手和行业趋势，确定品牌的独特价值主张和差异化优势。一个准确的品牌定位决策能够帮助企业建立清晰的品牌形象，使品牌在消费者心中占据独特位置。品牌文化塑造是品牌形象塑造的灵魂。品牌文化反映了企业的核心价值观、愿景和使命，是品牌与消费者建立情感连接的重要纽带。通过塑造积极向上的品牌文化，企业能够激发员工的归属感和自豪感，提升品牌的吸引力和忠诚度。品牌个性提炼是品牌形象塑造的关键环节。通过提炼品牌的独特个性，企业能够使品牌在市场中脱颖而出，形成独特的品牌魅力。品牌个性提炼需要基于品牌定位和品牌文化，通过设计、语言、视觉元素等多种方式展现出来。品牌形象塑造是一个涵盖品牌定位决策、品牌文化塑造和品牌个性提炼等多个方面的综合项目，通过精心策划和执行这些关键环节，企业能够建立独特而强大的品牌形象，提升品牌价值和市场竞争力。

【项目实施】

任务一　品牌定位决策

【任务解析】

企业一旦选定了目标市场，就要设计并塑造相应的产品、品牌及企业形象，以争取目标消费者的认同。由于市场定位的最终目标是实现产品销售，而品牌既是企业传播产品相关信息的基础，也是消费者选购产品的主要依据，因此，品牌成为产品与消费者连接的桥梁，品牌定位也就成为市场定位的核心和集中表现。品牌定位决策是品牌管理中的核心任务，旨在明确品牌在目标市场中的独特位置，构建与目标消费者的情感连接。本任务是通过了解行业趋势、竞争对手及目标消费者需求，深入研究目标群体的行为、兴趣和情感需求，明确品牌服务的具体人群、地理位置和市场规模。基于调研结果，明确品牌的独特卖点和核心优势，通过系统分析和决策，确保品牌定位精准有效，为品牌成功奠定坚实基础。

【知识链接】

一、品牌定位的内涵

品牌定位是企业在市场定位和产品定位的基础上，对特定的品牌在文化取向及个性差异上的商业性决策，它是建立一个与目标市场有关的品牌形象的过程和结果。换言之，即指为某个特定品牌确定一个适当的市场位置，使商品在消费者心中占有一个特殊的位置，当某种需要产生时会立刻想到它，如在炎热的夏天突然口渴时，人们会立刻想到可口可乐的清凉爽口。品牌定位理论来源于"定位之父"、全球顶级营销大师杰克·特劳特（Jack Trout）首创的战略定位的概念。

微课 2-1

品牌定位的内涵、意义及原则

【品牌故事分享2-1】

舒肤佳——以成功的除菌定位称雄香皂市场

1992年3月，舒肤佳进入中国市场。早在1986年就进入中国市场的力士已经牢牢占据了香皂市场，但舒肤佳在短短几年时间里，硬生生地把力士从香皂霸主的宝座上拉了下来。据中国企业品牌研究中心数据显示，2019年我国香皂品牌力指数排名第一的是舒肤佳。在中国市场，舒肤佳以绝对的优势一直稳稳地占据市场第一的位置。

舒肤佳的成功有很多因素，关键的一点在于它找到了一个新颖而准确的定位——除菌，舒肤佳就此开展了长达十几年的"教育工作"：要把手真正洗干净——看得见的污渍洗掉了，看不见的细菌你洗掉了吗？

在舒肤佳的营销传播中，以除菌为轴心概念，诉求点是"有效除菌护全家"。在广告中通过踢球、挤车、扛煤气罐等场景告诉大家，生活中会沾染很多细菌，放大镜下的细菌会吓你一跳。舒肤佳再通过"内含抗菌成分'迪保肤'"之理性诉求和实验来证明舒肤佳可以让你把手洗"干净"，另外还通过"中华医学会验证"增强品牌信用度。

资料来源　科特勒.营销管理［M］.16版.上海：格致出版社，2016.

二、品牌定位的意义

在市场竞争日益加剧的今天，品牌定位越来越为许多企业所重视，品牌定位在企业的营销与传播战略中具有极其重要的意义。概括起来，最关键的意义如下：

（一）品牌定位有助于目标消费者识记品牌所传达的信息

随着信息高速公路的建设和全球信息化的到来，现代社会已经进入信息化时代，新兴的、具有潜力的信息媒介以惊人的速度进入千家万户，媒介形态多种多样。互联网正在快速改变人们的日常生活。现在，人们每天都要面对来自广播、电视、互联网、报纸、杂志等大量的新闻和广告信息。在这种开放、多元的媒介环境下，消费者在对待各种信息尤其是广告信息时常常无所适从，当他们面对毫无个性的品牌广告信息时就会充耳不闻、视而不见，这必然导致企业浪费巨额的传播费用。其实，从传播的科学理论来说，一个消费者每天（次）只可能接受有限的信息。因此，企业应尽量地压缩信息，实施正确的品牌定位战略，努力为自身的品牌塑造出极具个性、令人过目不忘的品牌形象，使目标消费者能够识记本品牌的差异化信息，使品牌在激烈的市场竞争中占据有利位置。

（二）品牌定位是整合营销传播的基础

品牌定位是企业整合营销传播战略的基础要素之一，或者说实施品牌定位战略为整合营销传播的下一个步骤——品牌传播——打下了一个良好的基础。所谓品牌传播，是指企业通过广告、新闻等传播工具将事先经过品牌定位战略所规划并设计好的品牌形象传递给目标受众，以期获得他们的认同或喜爱的过程。

品牌定位与品牌传播在企业的整合营销传播战略的实施中有时间上的接续关系。正是由于这种时间上的先后次序，决定了两者之间存在相互依赖、相互制约的关系。品牌定位是整合营销传播的基础，任何旨在扩大品牌知名度的传播活动都必须在品牌定位战略的基础上开展。品牌定位的相关信息是通过营销战略组合传递给目标消费者的，营销战略组合只有以品牌定位为核心，才能在目标消费者的心中留下整体的、一致的、独特的品牌印象。

总之，品牌定位是整合营销传播战略体系中最为基础的一个环节，也是决定企业所实施的整合营销传播战略能否成功的关键。经过品牌定位所规划和设计的品牌形象有助于品牌在目标消费者心目中留下深刻的印象，如果没有实施正确的品牌定位战略，则无论企业的产品品质如何优异，也无论企业采取何种促销手段，都不可能在市场营销活动中获得真正的成功。

三、品牌定位的原则

企业在为品牌进行定位策划之前，必须对品牌定位的原则有一个统一的认识。就品牌定位而言，由于品牌本身包含了产品，但品牌又不仅仅是产品，品牌在产品的物质属性之上还附加了许多意识层面的精神属性，因此，相对于产品定位来说，品牌定位应该更多地从传播的层面和视角予以规划与设计。一般而言，品牌定位应该遵循六大基本原则。

（一）尽可能突出产品特征

品牌是产品的形象化身，产品是品牌的物质载体，两者相互依存的紧密关系决定了在进行品牌定位时必须考虑产品的质量、结构、性能、款式、用途等相关因素。品牌定位应根据产品使用价值的不同而有所区别。当产品使用范围较宽时，可以扩大定位外延，以较为宽泛的定位来满足不同消费者的不同需求，像食品、饮料等大都属于这一类；当产品使用范围较窄时，定位的外延就不可太宽泛，要针对特定的目标消费群体，许多专业用品即属此类。企业在进行品牌定位时，应该考虑并尽可能突出产品本身的特征。

（二）有效整合利用现有资源条件

品牌定位的最终目的是努力使本产品在市场上占据有利的竞争位置，为企业带来最佳的经济效益。因此，品牌定位要充分考虑企业的资源条件，以优化配置、合理利用各种资源为宜，既不要造成资源闲置或浪费，也不要超越现有资源条件，追求过高的定位，最后陷入心有余而力不足的被动境地。将品牌定位于尖端产品，就要有尖端技术；定位于高档产品，就要有确保产品品质的能力；定位于全球性产品，就要有全球化运作的能力和管理水平。如百威啤酒定位于高档啤酒，成为"啤酒之王"，傲视群雄，是来自其卓越的产品质量。百威啤酒采用先进的德国啤酒酿造技术，口味醇厚，口感滑爽，深受世界各地人们的喜爱。传统的酿造工艺、先进的技术和严格的质量保证体系，保证了百威啤酒的高品质，无论是在旧金山还是在北京，百威啤酒的口感都是一样清新、独特。如果没有全球化的经营管理水平，做到这一点是不可想象的。因此，品牌定位要与企业的资源能力相匹配，既不能好高骛远，盲目拔高自己，也不能妄自菲薄，造成资源浪费。

（三）努力切中目标市场

只有品牌定位针对目标市场，目标市场才能成为特定的传播对象，这些特定的对象可能只是该品牌所有传播对象中的一部分。品牌定位要站在满足消费者需求的立场上，借助各种传播手段，让品牌在消费者心目中占据一个有利位置。

（四）形成竞争差异

竞争者是影响品牌定位的重要因素。考虑竞争者，就是为品牌定位找到一个参照系。在市场竞争十分激烈的情况下，几乎任何一个细分市场都存在一个或多个竞争者，一种商品可以垄断的细分市场越来越少，未被开发的地方几乎没有。在这种情况下，企业在进行品牌定位时更应考虑竞争者，和竞争者相区别，凸显竞争优势，以己之长攻彼之短；否则，盲目跟进和模仿只会失去个性，失去消费者的信任，做得再好，最多也只是被消费者视为一个"超级模仿秀"。

（五）追求传播成本效益最大化

追求经济效益最大化是企业发展的最高目标，任何工作都要服从这一目标，品牌定位也不例外。品牌定位因企业不同、产品不同而各有差异。从整体上讲，要控制成本，追求低成本效益化，遵循收益大于成本这一原则。收不抵支说明品牌定位失败。将洗碗布定位于高端产品显然不合适，因为那样只会增加产品成本，降低经济效益，没有多少人愿意花高价去购买最普通的家庭日用品。假如一家小型企业为了向客户提供个性化服务，建立庞大的备件和管理体系、呼叫中心、服务工程师队伍、调度调节中心、服务质量管理和监督体系、全国范围的维修站等，结果只能使经营成本大幅提高，不仅不能为企业带来利润，反而会使企业背上沉重的包袱。

（六）简明扼要，抓住关键

简明扼要就是消费者一看便知，不用费心费力就能领会品牌定位，消费者不喜欢复杂，没有兴趣去记住很多的品牌信息。面面俱到，过多地罗列品牌特点，是注定要失败的。抓住关键的一两个独特点，以简洁明了的方式表达出来，让消费者充分感知和产生共鸣，这是品牌定位的一条重要原则。"沃尔沃——安全""Jeep——征服""劳斯莱斯——高贵"，多么简洁！

微课 2-2

品牌定位的程序

四、品牌定位的程序

品牌定位的程序研究的具体内容构成了品牌定位决策的基础，甚至可以说在很大程度上决定了品牌定位决策的成败。品牌定位的程序的主要内容由以下三个部分组成：选择目标市场、识别竞争特性、辨析品牌的异同点。

（一）选择目标市场

在进行品牌定位决策之前，一个显而易见的、亟待解决的问题是：哪些人群是本品牌的主要消费者？这是一个非常重要的问题，因为不同的消费者肯定会有不同的价值判断，不同的消费者当然会对同一个品牌产生不同的品牌联想和品牌偏好。如果不理解这一点，就很难制定出受消费者欢迎的品牌策略。

所谓市场细分，是指企业将消费者按照相似程度划分为若干不同的购买群体，使得每一个群体中的消费者具有相似的需求和消费行为，从而便于企业制定相应的营销传播策略。在细分市场的过程中，企业需要对营销成本与收益进行权衡。从理论上说，市场越细分，企业就越有可能完成营销计划，越有可能满足某一细分市场的消费者需求。虽然细分市场的消费者可能会产生更为积极的反应，但是也有可能因为市场总量过小而难以实现企业预期的收益。

在对市场进行细分时，应该事先确定市场细分的基本指数。从总体上说，市场细分的基本指数可以划分为描述性的或以消费者为导向的细分变量和消费者行为的或以产品为导向的细分变量（见表2-1）。

表 2-1   消费品市场细分指数

行为变量	人口统计变量
使用者情况	收入
使用率	年龄
使用情境	性别
品牌忠诚度	民族
寻求的利益	家庭
心理变量	地理变量
价值观、意见和态度	国际
行为和生活方式	地区

消费者行为的细分变量通常在研究品牌定位问题上更有价值，因为它们具有更清楚的战略性暗示。例如，在一个利益细分市场确定之后，品牌的差异性或期望利益就会相当清楚。以牙膏市场为例，整个牙膏市场存在四个主要细分市场：

A.感觉型细分市场：消费者追求牙膏的香型和产品的外观。

B.交际型细分市场：消费者追求牙齿洁白。

C.忧虑型细分市场：消费者希望预防蛀牙。

D.独立型细分市场：消费者更看重产品的低价格。

根据消费者行为变量来具体划分不同的市场，有助于品牌管理人员有针对性地为某个细分市场制定和实施营销传播战略。品牌管理人员常常根据消费者行为来对市场进行细分。比如，品牌管理人员可以先根据消费者的年龄对市场进行细分，然后选定某个特定年龄组的消费者作为本品牌商品的目标市场。至于为什么这一特定的年龄组会是一个具有吸引力的细分市场，可能是因为这类消费者使用产品的次数特别多，对品牌特别忠诚，或者本品牌商品的最大优势很可能就是他们所追求的利益等。然而，在有些情况下，范围较宽的人群描述也有可能会掩盖消费者之间一些重要的潜在差异性。一个笼统的"23～55岁的女士"的目标市场显然就涵盖了好几个有明显不同需求的细分市场，针对这些细分市场必须制定不同的市场营销传播的组合方案。

（二）识别竞争特性

当品牌管理人员基本确定哪些消费者是本品牌的目标市场时，通常也就决定了本品牌与其他品牌的竞争关系。原因很简单，其他生产同类商品的企业也有可能将这类消费者作为自己的目标市场，或者反过来说，这类消费者也有可能在购买本品牌商品之前会注意甚至比较其他同类商品，这就必然在本品牌与其他品牌之间形成竞争关系。当然，这种竞争关系还会体现在其他方面，如分销渠道等。在进行竞争分析的过程中，品牌管理人员需要考虑许多因素，包括企业可以使用的资源、企业的经营能力、竞争对手或潜在竞争对手的经营动向等，以便为细分市场的消费者提供最好的产品或服务。

品牌管理人员在为本企业品牌定义竞争层次和竞争范围时不应过于狭隘。一般而言，品牌之间的竞争未必总是在属性层面上纠缠，更多地体现在利益层面上。因此，那些关系到消费者身份、地位利益的奢侈品（如奔驰、宝马之类的轿车），其竞争对象就不仅是同类商品（如沃尔沃、保时捷之类的轿车），也有可能会与其他耐用商品（如豪宅、别墅、洋房等）形成竞争关系，还有可能与休闲度假产品形成竞争关系。识别本品牌与其他品牌的竞争关系和竞争特性是品牌定位研究的一个重要环节。

（三）辨析品牌的异同点

在品牌定位程序中，品牌管理人员一旦确定目标市场和品牌的竞争特性（明确了合适的竞争参照体系），就有了品牌定位的基础。下一步就是要确立适当的本品牌与竞争品牌之间的异同点以及与之相匹配的品牌联想。

1.品牌差异点及联想

差异点是消费者对与本品牌相关属性和利益具有积极、正面的评价，并且相信竞争品牌无法达到相同的程度，如沃尔沃轿车的差异点就是安全。

品牌差异点的概念与其他一些常见的营销传播概念有很多共同之处。比如，它与罗瑟·瑞夫斯在20世纪50年代提出的独特销售主张这一概念就很近似。独特销售主张是指广告诉求应该向目标消费者提出一个有说服力的、竞争者无法媲美的产品购买理由。广告传播的重点应放在诉求产品与竞争产品相比较之后得出的独特优势上，而不是仅仅强调广告创意。或者说，独特销售主张强调的是广告传播应该说什么而不是应该怎么说。

另一个与品牌差异点相关的概念是持续竞争优势。在一定程度上，持续竞争优势与企业在较长时间内向市场传达品牌价值方面优势的能力有关。虽然持续竞争优势所涵盖的内容较广，但它更强调产品在某些方面独树一帜的重要性。因此，品牌差异点与独特销售主张和持续竞争优势的确有相同之处。不过，相对而言，品牌差异点更注重企业通过有效传播，使目标消费者对品牌形成强有力的、有独特偏好的品牌联想，以与竞争品牌有所区别。

在现实生活中，消费者对企业通过广告诉求的品牌进行选择判断，依据常常是所感知到的品牌联想的独特性。比如，宜家将家居装饰品和家具转变成一种面向大众市场的价格便宜的商品。宜家通过让消费者自助服务、运送、组装商品等来降低商品价格。此外，宜家还通过其产品组合来建立品牌差异点。许多消费者正是通过这些品牌差异点形成对宜家的品牌联想。

品牌差异点既可以强调商品的性能属性（如韩国现代在其所有型号的汽车的前后座上均配置安全气囊，以提高汽车的安全性能）或性能利益（如海飞丝强调为消费者提供去头屑的利益），又可以强调商品的精神属性（如路易威登强调的奢侈和地位）（见图2-1）以使消费者形成深刻的品牌联想。当然，也有一些企业通过强调自己是"低成本供应商"（如Costco强调的"就是便宜"）来形成品牌差异点。

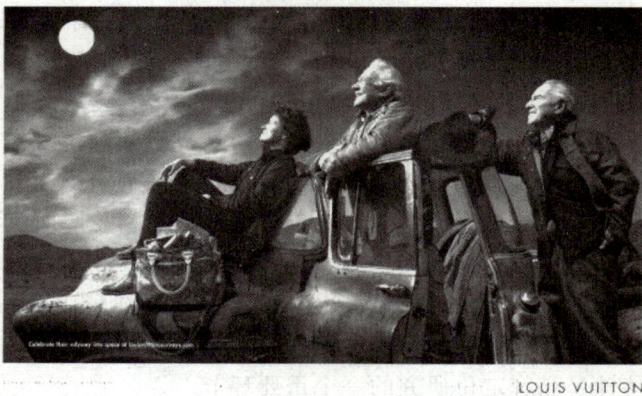

LOUIS VUITTON

图2-1 路易威登品牌广告

说明：此广告创意作品可以用"仰望星空"命名，画面中有老人也有青年人（目标人群），他们驾驶着经典版的汽车外出旅游，放飞自我，追寻心中的梦想。

2.共同点及联想

在大多数情况下，许多企业难以发掘出自身的品牌差异点，相反，它们倒是与其他同类商品有很多的共同点。所谓品牌共同点，是指那些不一定为某品牌所独有，实际上可能与其他商品共有的特点。品牌共同点联想有两种基本形式：品类共同点联想和竞争性共同点联想。

品类共同点联想是指那些在某一特定产品大类中，消费者认为任何一个可信任的品牌都必须具有的品牌联想，这些联想实际上构成了消费者对这类产品的基本联想，这些联想的指向大都为品牌商品的物质属性。当一个企业使用品牌延伸策略时，品类共同点就显得更为重要。品牌延伸的产品大类越广，越要努力保持品牌的品类共同点。如妮维雅通过品牌差异点联想（温和、保护性、呵护备至等）在护肤品市场中成为领导者。之后，妮维雅将其产品进一步延伸至体味清新剂、洗发水、化妆品等产品大类时，发现在建立品牌差异点之前，有必要先建立品牌共同点联想，因为当消费者并不认同妮维雅的延伸产品时——体味清新剂非常有效，但不认为其洗发水能使头发更加柔顺，也不认为其化妆品具有使皮肤光彩亮丽的作用，妮维雅品牌原先所具有的"温和、保护性、呵护备至"等品牌差异点就会荡然无存。因此，一个企业只有先在其延伸产品的大类中建立起品牌共同点联想，才有可能逐步引入并构建起品牌差异点联想，建立品牌在市场中的竞争优势。

竞争性共同点联想是指企业通过有针对性地传播淡化或抵消目标消费者对竞争对手差异点所产生的联想。或者说，如果某品牌能在其竞争对手企图建立优势的地方与之不相上下，同时又能够在其他方面取得某些竞争优势，那么该品牌就有可能处于一个较为有利的市场竞争地位。

五、品牌定位策略

品牌定位策略是进行品牌定位点开发的策略。品牌定位点开发是从企业经营者的角度来挖掘品牌差异点的工作。必须强调的是，品牌定位点不是产品定位点，品牌定位点可以高于产品定位点，也可以与产品定位点保持一致。品牌定位点开发的着眼点并不局限于产品本身，还可以从品牌的目标消费者、品牌竞争者、品牌识别等角度全方位地去寻找和开发。品牌定位策略主要包括以下几种：

微课2-3
品牌定位策略

（一）产品定位策略

产品定位策略的基本思路仍然是以品牌商品的物质属性为思考原点，其着眼点还是围绕品牌商品的功能属性、外观和价格等来选择与确定品牌定位。

1.以品牌商品的功能属性为基点的定位

一些品牌商品之所以能够为消费者所接受，最主要的原因是这些品牌商品具有使用上的功能属性，可以满足消费者生理层面的基本需求。如果某品牌商品具有独特的使用功能，能够给消费者带来特殊的利益，满足其特别的需求，则该品牌商品就具有了与竞争品牌相比较为明显的差异点和竞争优势。如高露洁的没有蛀牙、佳洁士的坚固牙齿、百事瘦身饮料的瘦身等，都是以品牌商品的功能属性为基点的成功的品牌定位案例。

2.以品牌商品的外观为基点的定位

商品的外观是消费者最容易识别的特征，也是消费者是否认可、接受某品牌商品的重要依据。品牌管理人员如果以商品的外观这个消费者最容易识别的产品特征作为品牌定位基点的话，同样可以达到较为理想的营销与传播效果。如"白加黑"感冒药的品牌定位就是典型的以品牌商品的外观作为定位基点的成功案例（见图2-2）。

图2-2　"白加黑"感冒药的外观定位

3.以品牌商品的价格为基点的定位

任何品牌商品的价格都是企业与消费者之间利益分割最直接、最显见的指标，也是许多企业在市场竞争中经常采用的竞争手段。虽然使用价格策略往往会起到双刃剑的作用，但是在不伤及自身的前提下，一些企业还是乐于采用以价格为基点进行品牌定位的策略。此种定位策略往往可以非常明确地向目标消费者传递出品牌商品属于高端还是低端的信息。一般而言，定位于高端的品牌商品可以向目标消费者显示产品的高品质，暗示拥有该品牌商品的消费者具有较高的社会地位与较强的经济实力；定位于低端的品牌商品则可以向目标消费者显示其大众亲民、物美价廉的品牌形象。美国西南航空公司就是以价格为基点定位的成功者（见图2-3）。

图2-3　西南航空公司的标志

进入20世纪90年代，美国航空业很不景气，1992年全行业亏损20亿美元。与之形成较大反差的是，美国西南航空公司却连创佳绩，1992年年营业收入增长了25%。西南航空公司的成功主要归功于消费者对其低价的认同。为了宣传自己的低价形象及给消费者带来的利益，西南航空公司前总裁赫布·凯莱赫（Herb Kelleher）曾亲自参与电视台热点新闻节目。在节目中，凯莱赫头顶一只公文包说，如果哪位乘客为乘坐西南航空公司的航班而感到寒碜的话，公司就送给他（她）一个这样的包。当主持人问为什么时，凯莱赫说："装钱呀！乘坐西南航空的航班所省下的钱可以装满整整一包。"在美国航空业，西南航空公司的成本是最低的。支持其低价位的正是公司的低成本运营。以1991年第一季度为例，西南航空公司的运营成本比美国西北航空公司、达美航空公司、联合航空公司、美国航空公司分别低 15%、29%、32% 和 39%。当然，也有某些品牌以高价作为其全部产品信息的基础。如"世界上最贵的香水只有快乐牌（Joy）""为什么你应投资于伯爵表（Pi-aget），它是世界上最贵的表"。

（二）目标市场定位策略

目标市场定位策略是指企业以消费者的需求为思考基点进行品牌定位，其思考的内容包括消费者的使用特点、消费者的使用场合与使用时间、消费者的购买目的和消费者的生活方式等。

1.以消费者的使用特点定位

此种定位方法是把产品与实际的消费者联系起来，直接表现品牌商品的目标消费者的人口统计特征，排除其他类别的消费群体。事实上，这种定位方法往往与品牌商品的利益点密切相关，它暗示品牌商品能够为目标消费者解决哪些问题以及带来何种利益。如雕牌洗衣粉的品牌定位就是中低收入者，其广告代言人就是下岗工人，以展示其目标消费者形象。如太太口服液定位于已婚女士，其口号是"太太口服液，十足女人味"。这一定位既表达了产品的使用者——太太，也表达了产品的功能性利益点——让太太有十足的女人味。

国外有一种减肥药，定位于已婚或有男朋友的女士，其诉求点是"这就是你情敌今年夏天的服装"，旁边配了一幅画：一位女士身穿比基尼泳装在海边沙滩上走路。消费者一看即知品牌定位的使用者。"吉列牌（Gillette）——男士们所能得到的最好的"，定位于使用高质量剃须刀的男士。事实上，使用者定位是十分普遍的定位点开发来源，在表意性品牌中更为普遍，如劳力士（ROLEX）、斯沃琪（Swatch）、欧米茄（OMEGA）等手表品牌，通常选用使用者作为形象代言人，展现品牌定位和象征。

2.以消费者的使用场合与使用时间定位

红牛饮料是使用此种定位方法最为典型的案例，该品牌的定位显然是强调商品的使用场合或使用时间，如困了累了喝红牛。又如致中和五加皮定位于"回家每天喝一点"、青酒定位于朋友来了喝的酒——"喝杯青酒交个朋友"、8点以后马克力薄饼声称是"适合8点以后吃的甜点"、米开威（Milky Way）则自称为"可在两餐之间吃的甜点"等，它们在使用场合和时段上建立了区分。8点以后想吃点甜点的消费者自然而然会想到"8点以后"这个品牌，而在两餐之间想吃甜点的消费者，首先会想到"米开威"。

3.以消费者的购买目的定位

消费者购买商品的目的因人而异，但总的来说无非有两种情况：一是自用，二是送礼。一些企业在深入研究市场需求及消费者购买目的之后，围绕消费者购买目的进行品牌定位，获得了出人意料的成功，典型案例当属脑白金——"送礼就送脑白金"。但在送礼的方式上，中外有一个区别：在国外，送礼的人把礼物送给对方后，鼓励对方打开来看看，并询问对方是否喜欢，送礼人还会说明为什么选了这个礼品，想表达什么意思；在我国则有所不同，送的礼品往往是包起来的，主人当场不予打开，送礼之人也不鼓励当场打开，也不说明为什么送礼。基于这一特殊国情，对我国的企业而言，就有一种品牌定位的新开发点，即"让礼品的品牌开口代送礼人说话"。例如，心源素代表子女说"爸爸，我爱你"，保龄参代表女婿的"一心一意"，椰岛鹿龟酒代表"子女对父母的孝顺"等。这些品牌的意义，正是品牌定位的结果。许多儿童用品亦然，如"好吃又好玩""吃了还好玩""有趣"等。从消费者的购买目的寻找定位点，无疑是一种可取的途径。

4.以消费者的生活方式定位

上述各种定位方法都是以商品的物质属性为基点的定位策略，但是现代消费者的消费心理与以往相比有了很大的变化，其中最大的变化就是从理性消费向感性消费转变。由于消费者的生活方式、生活态度、心理特征和价值观念对消费行为的影响越来越大，并已经成为市场细分的重要变量，从生活方式的角度寻找品牌定位的基点已被企业广泛采用。针对年轻一代消费者追求个性、展现自我的需要，品牌定位完全可以从价值观着手赋予品牌相应的意义。如耐克（想做就做）、阿迪达斯（没有不可能）、贝克啤酒（喝贝克，听自己的），强调独立自主、不随大流的个性，均是使用这种方法进行定位的成功案例。

（三）竞争导向定位策略

竞争导向定位策略是指企业以竞争对手的营销传播策略为参照物，有针对性地提出本品牌的定位方法，其目的是使本品牌在市场竞争中占据有利地位。

1.首次或第一定位

首次或第一定位就是要寻找没有竞争者的市场空隙（消费者的空白心智）并迅速占领这个空隙，成为该市场领域的品牌领导者。定位理论的提出者艾·里斯和杰克·特劳特特别看重"第一"的概念，将此方法列为定位方法之首。他们强调，消费者往往只记住第一，这犹如体育比赛中，大家都知道冠军，但第二名、第三名几乎无人能记住。如七喜第一个提出"非可乐"的概念，取得了巨大的成功；娃哈哈把纯净水的情感演绎得非常彻底，是第一个把水与美、情、清纯关系表达透彻的纯净水品牌，以至于无人能出其右，这就是第一的功效。

2.关联或比附定位

即企业努力使本品牌与在市场上有相当影响力的竞争品牌形成一种关系，借助竞争品牌的市场影响力使本品牌获得市场认可，尤其当企业在市场上处于弱势地位而竞争对手又是市场领导者时，此种定位策略更为有效。20世纪60年代美国广告大师伯恩巴克为安飞士出租车公司（Avis）所做的广告就首次运用了关联或比附定位，提出"我们是老二，但是我们更努力"的品牌定位，获得了极大成功。

另外，品牌可从竞争对手的多元化入手，另辟蹊径，强调其精益求精，集中精力做好一类品牌的专业化特点，如"格力空调专家"。当然，真正的专家不仅专注于一件事，而且要做得比别人精、比别人好、比别人更令人满意，这样才能名副其实。

3.进攻或防御定位

关联或比附定位往往并不是去主动进攻或排挤竞争对手，而是遵守现有市场秩序和消费者的认知模式，在现有市场结构中选择一个与竞争品牌相安无事的位置。进攻或防御品牌定位是为了侵占其他品牌的市场份额或防止其他品牌的进攻而采取的定位方法。例如，飘柔的主定位是"使头发飘逸顺滑"，但也把"去屑"作为副定位，对海飞丝而言就是一种带有攻击性的定位。

【任务实施】

（1）自由分组，每6人一组。

（2）讨论品牌定位的内涵及意义、品牌定位的原则、品牌定位的程序、品牌定位的策略。

（3）小组成员根据所学知识，对创建的模拟品牌进行品牌定位。

品牌定位自我检核见表2-2。

表2-2 **品牌定位自我检核表**

检核项目	检核标准	得分（1～5分）
定位背景检视	1.目标市场选择是否合适 2.目标顾客定位是否合理 3.竞争对手分析是否客观	
企业竞争优势识别	1.企业竞争优势分析是否合理 2.能否分析出企业独特的竞争优势 3.能否分析出与竞争对手的价值差异点	
顾客需求结构和价值观分析	1.目标顾客需求结构分析是否合理 2.目标顾客价值观分析是否符合事实 3.能否分析出顾客价值观与品牌诉求共同点	
品牌核心价值	1.是否具有个性化和差异化 2.是否具有独特性 3.是否具有可持续性 4.是否具有可识别性 5.是否具有延伸性 6.对消费者是否具有强大的吸引力和感召力 7.能否与环境机会、内部优势、长远目标相匹配	
品牌定位	1.定位工具使用是否合理 2.定位策略选择是否合理 3.定位概念是否清晰 4.定位是否独特出众	
品牌价值主张（广告语）	1.表述是否凝练、精准、恰当 2.是否符合品牌定位和品牌核心价值 3.能否抓住目标消费者的心理，打动消费者 4.是否有创意，是否朗朗上口，便于传播	

（4）任务评价（见表2-3）。

表2-3 **品牌定位任务评价表**

评价指标	评价标准	分值	评估成绩
品牌定位完成效果	1.理解品牌定位的内涵及意义、品牌定位的原则、品牌定位的程序、品牌定位的策略	20	
	2.能识别品牌定位易犯错误	20	
	3.能灵活运用品牌定位策略	20	
	4.讨论积极，效果明显	15	
	5.态度认真，遵守时间	10	
	6.汇报得当	15	
小组综合得分			

任务二　品牌文化塑造

【任务解析】

　　品牌文化塑造即通过明确、传播和深化品牌理念，建立与消费者情感连接，打造独特且持久的品牌形象。品牌文化塑造是一项关键任务，旨在通过深入挖掘品牌内涵，传达独特的价值观和理念。这一任务需要明确品牌定位，提炼核心价值，并通过多种渠道进行有效传播。在塑造过程中，需注重与消费者的情感共鸣，打造独特的品牌形象和风格。同时，持续地创新和适应市场变化也是品牌文化保持活力和吸引力的关键。

【知识链接】

一、品牌文化的内涵

（一）品牌文化的界定

　　品牌文化是体现品牌人格化的一种商业文化现象。如李宁的"让改变发生"、阿迪达斯的"没有不可能"等，都是从不同的角度向消费者传递各自品牌的文化理念。当一种品牌的文化理念或价值观念在消费者心中建立起认同的对应关系之后，选用该品牌的产品就成为消费者接近、理解该品牌文化的一种方式。因此，塑造品牌文化的过程就是将一个没有生命的商品转化为有生命和有思想的品牌的过程。

　　品牌文化是指企业在所开展的长期的营销活动中，逐渐累积和形成的有别于竞争对手的并为越来越多的目标消费者所认可的价值观念、利益认知和情感属性等意识形态的抽象概念，以及可识别的名称、标志、色彩和设计等具象符号的总和。

（二）品牌文化的核心

　　品牌文化是通过核心要素构建起来的，要素本身具有地域性、民族性和历史传承性。

　　1.品牌的文化内涵

　　品牌的文化内涵具体而言是指其具有的深刻的价值内涵和情感内涵，也就是品牌所浓缩的价值观念、生活态度、审美情趣、个性修养、时尚品位、情感诉求等精神象征。

　　2.品牌的精神内涵

　　品牌文化的塑造要通过创造产品的物质效用与品牌精神高度统一的完美境界，超越时空的限制带给消费者更多高层次的满足、心灵的慰藉和精神的寄托，在消费者心灵深处形成潜在的文化认同和情感眷恋。

　　3.品牌的文化符号

　　在消费者心目中，他们青睐的品牌作为一种商品的标志，除了代表商品的质量、性能及独特的市场定位以外，更代表他们自己的价值观、个性、品位、格调、生活方式和消费模式；他们购买的产品也不只是一个简单的物品，而是一种与众不同的体验和特定的表现自己、实现自我价值的道具；他们购买某种品牌商品也不是单纯的购买行为，而是对品牌所能够带来的文化价值的心理利益的追逐和个人情感的释放。

　　4.品牌的心理元素

　　人们会对自己喜爱的品牌形成强烈的信赖感和依赖感，融合许多美好联想和记忆，他们对品牌的选择和忠诚不是建立在直接的产品利益上的，而是建立在品牌深刻的文化内涵和精神内涵上的，维系他们与品牌长期联系的是独特的品牌形象和情感因素。这样的顾客很难发生"品牌转换"，毫无疑问是企业高质量、高创利的忠诚顾客，是企业获得财富的不竭源泉。

所以，品牌文化代表着一种价值观、一种品位、一种格调、一种时尚、一种生活方式。它的独特魅力就在于它不仅给顾客提供某种效用，而且帮助顾客寻找心灵的归属，放飞人生的梦想，实现生活的追求。优秀的品牌文化是民族文化精神的高度提炼和人类美好价值观念的共同升华，凝结着时代文明发展的精髓，渗透着对亲情、友情和爱情的深情赞颂，倡导着健康向上、奋发有为的人生信条。优秀的品牌文化可以生生不息、经久不衰，引领时代的消费潮流，改变亿万人的生活方式，甚至塑造几代人的价值观念。

二、品牌文化的作用

品牌文化建设对提高品牌力乃至企业的核心竞争力是十分有利的。这是因为对于一种文化的认同，消费者是不会轻易改变的。这时候，品牌文化就成了对抗竞争品牌和阻止新品牌进入的重要手段。这种竞争壁垒存在时间长且不易被打破。品牌文化的作用体现在以下几个方面：

（一）品牌文化能够加强品牌力

品牌文化不仅能更好地实现企业促销的商业目的，还能有效地承载企业的社会功能。塑造品牌文化，其行为根本上是受商业动机支配的，通过品牌文化强化品牌力，从而谋求更多的商业利润。之所以强调要塑造一种品牌文化，是因为消费者是社会人，具有复杂的个性特征，但由于同一经济、文化背景的影响，其价值取向、生活方式等又有一致性。这种文化上的一致性为塑造品牌文化提供了客观基础。

另外，社会营销观念认为企业在满足消费者需求、取得企业利润的同时，也需要考虑社会的长期整体利益。这要求企业在宣传自己产品功效和品质的同时，也要弘扬优秀的文化，倡导正确的价值观，促成社会的进步。2020年，在决战"脱贫攻坚"的关键时刻，在决胜疫情的危急关头，中国品牌在抗击疫情、复工复产、脱贫攻坚三条战线上充分发挥了各自的价值。

（二）品牌文化满足了目标消费者物质性需求之外的文化性需求

行为科学的代表人物梅奥（Mayo）和罗特利斯伯格（Roethlisberger）提出"社会人"的概念，认为人除了物质需求之外，还有社会心理方面的需求。品牌文化的建立，既能让消费者享用商品所带来的物质利益，又能获得文化上的满足。在这种情况下，有时市场细分的标准就是以文化为依据的。企业的品牌文化一方面要满足消费者的精神需求，另一方面要宣传产品功效与品质。品牌文化最主要的还是落实到产品上，让消费者看到产品的靓丽形象，从而产生购买行为。同时品牌文化建设也要兼顾社会效益，弘扬优秀的文化，倡导正确的价值观，促成社会的进步。具有大局观、社会观的品牌文化更能深入人心，更能获得消费者的支持，这就大大满足了消费者除物质消费以外的精神文化需要。

（三）品牌文化凝聚和扩大了品牌忠诚度

消费者对品牌的忠诚度除了取决于产品与服务的品质之外，同时与品牌管理能否有效地凝练品牌的文化与精神内涵，引导消费者在态度、观念、价值观等方面的正向转变关联度极大。企业品牌管理者应促使消费者的品牌忠诚度逐渐从不坚定向坚定转换，认可度逐渐从转移性向稳定性转变，以至于成为企业最有价值、最具市场潜力的客户群体。利用现代客户关系管理思维与工具，保证品牌忠诚者在客户中的比例逐步提高。品牌管理与客户关系管理的完美契合，使消费者沉浸在与品牌联想相吻合的、积极向上的现代生活情趣氛围之中，从而使消费者通过使用该品牌的产品或接受某种服务，达到物质和精神两方面的满足。

微课 2-4

品牌文化的塑造和表现

三、品牌文化的塑造

品牌塑造是对品牌的二次建构，是品牌文化升华的重要方式。

（一）为品牌塑造恰当的文化内涵

为品牌塑造的文化是否恰当，一般有两个标准：一是这种文化要符合产品或服务特征。产品都有自己的特性，如在什么样的场景下使用，产品能给消费者带来什么利益等。例如，黑人牙膏宣传"令你拥有清新口气自然能流露靓丽笑容，令人乐于亲近。选用有效令口气清新的黑人牙膏，是建立良好人际关系的开始"。又如，2020年是山西省黄河、长城、太行三大文旅品牌建设年，为了推动山西历史文化资源整合和内涵挖掘，丰富并优化游客体验，提升山西旅游业的吸引力、影响力和竞争力，推动文化旅游业高质量发展，要全力塑造这三大品牌。品牌文化只有与产品特性相匹配，才能让消费者觉得自然、可接受。有时候，品牌经营者采用的是品牌延伸策略，即一个品牌下有许多品种的产品，这时就要抓住产品的共性。浪酷（LongCool）专注于发展健康类及文化信仰类产品，浪酷简单地将公司品牌文化概括为"创新、生活、信仰、迷恋"，这是对品牌文化内涵的一种深度诠释。二是这种文化要符合目标市场消费群体的特征。品牌文化要从目标市场消费群体中去寻找，要通过充分考察他们的思想心态和行为方式而获得。只有这样，这种品牌文化才容易被目标市场消费者认同，品牌力才能增强。

（二）兼顾品牌文化与时尚文化

对某些产品来讲，十分适合在品牌文化中引入时尚的内容，如服饰、运动产品等。时尚指的是在一个时期内相当多的人对特定的趣味、语言、思想以及行为等模式的随从或追求。如何倡导一种品牌时尚，简言之，就是要分析消费者的心态，并通过商品将消费者的情绪释放出来，激励大众参与。

倡导品牌时尚的一个重要途径是利用名人、权威的效应。由于名人和权威是大众注意和模仿的焦点，因此有利于迅速提高大众对品牌的信心。如云魁非遗过桥米线不仅深受广大食客的喜爱，还让著名影星于荣光称赞其正宗，同时于荣光也成为云魁过桥米线的"首席品鉴官"。他加入云魁的产品研发、体验与优化中，旨在为云魁的消费者们提供更加优质、健康、美味的产品。当然，在选用名人做广告时需要谨慎和恰如其分，一般要考虑到名人、权威与品牌之间的联系。

另外，还要努力将时尚过渡为人们稳定生活方式的一部分。由于时尚是一个特定时期内的社会文化现象，随着时间的推移，时尚的内容将发生改变，所以在借助和创造时尚的同时，也应考虑到时尚的消退性。一个有效的措施就是在时尚成为高潮时就有意识地转换营销策略，引导消费者将这种时尚转化为日常生活的一部分。以雀巢咖啡为例，从其进入我国掀起喝咖啡的时尚到今天，喝咖啡已成了众多人的生活习惯。

（三）兼顾品牌文化与民族传统文化

品牌文化与民族传统文化是紧密联系在一起的。将优秀的民族传统文化融入品牌文化，更易让大众产生共鸣。我国的民族传统文化特别注重家庭观念：讲究尊师敬老、抚幼孝亲，强调礼义道德、伦理等级、中庸仁爱，追求圆满完美，崇尚含蓄、温和秩序等。如我国台湾的"北方"品牌的水饺就从品牌名上做文章，将独特的民族传统文化融入品牌文化中，打动了消费者的心。它的广告语是："古都北京，最为人所称道、怀念的，除了天坛、圆明园外，就该是那操一口标准京片子的人情味和那热腾腾、皮薄馅多汁鲜、象征团圆的水饺儿。今天，在宝岛台湾，怀念北京，憧憬老风味，只有北方水饺最能令你回味十足，十足回味。"这个品牌的文化就十分自然地将其与传统文化中注重祖国统一、亲人团聚等情结连在了一起。

总之，在品牌文化中继承民族传统文化既需要符合民族的审美情趣，也要考虑到民族的接受心理，同时要重实质，如果过分追求缺乏内涵的形式只会适得其反。一般而言，一种品牌文化应是绝大多数目标消费者认同或追求的，应尽可能与其生活接近，甚至是生活中的某一部分。

四、品牌文化的表现

企业品牌文化是指企业在创建、发展过程中逐步积淀下来的，具有一定知名度、赞誉度的企业综合内涵的概括，凝聚在企业的名称、标志和生产经营设施、员工、厂区文化等要素中，是企业经营理念、人员品质、产品特色、经营机制以及企业文化的集中体现。企业品牌的建立是基于企业文化的，是企业文化外在的表现。

（一）品牌的包装文化

包装不仅具有保护商品、方便顾客、美化商品的功能，而且其本身就是一种文化、一门学问、一种技术。它体现的是产品所在地、所在国特有的文化，是一种品牌文化、企业文化。

当今社会已进入品牌文化、品牌经济时代，拥有知名的企业品牌已经成为国际先进企业的共同特点，同时也为企业引进优秀人才加入团队、参与新兴市场博弈、赢得客户信任提供了有力支持。在不断提高服务质量、提高服务效率、满足不同客户差异性需求的同时，企业要通过多种途径强化品牌认知度和忠诚度、丰富品牌内涵、建立品牌文化，使其逐渐成为保持企业差异性竞争优势的一种重要手段。

品牌的文化软包装是通过加强品牌建设、进一步维护企业与客户之间的良好关系、增加客户体验来最终体现的。比如，在餐饮行业开始着手与洋快餐竞争时，真功夫选址在麦当劳餐厅旁边，开发出30多种中国风味的快餐，针对麦当劳定位于儿童的特点，其定位在中青年，准备与麦当劳一比高低，博弈国内市场，并在竞争中成长、发展，不断完善自己。

（二）品牌的营销文化

中国的许多企业在这方面做得比较成功，注意充分利用自己的文化资源，在营销上加以宣传，树立独特的卖点，吸引并赢得消费者对企业的信任和对产品的好感，从而获得了一批忠实的消费者，树立了自己的品牌。

流传至今的一些老字号蕴含着中华民族的传统文化，如全聚德、同仁堂就是抓住了文化这一点，在进行宣传时努力使消费者对文化产生兴趣，从而走向成功。

在电视广告及报纸杂志中经常看到"百年张裕"的宣传介绍。张裕,单是这个名字,就有着很深的文化内涵。张弼士是一位精忠报国的实业家,18岁只身闯南洋,他在南洋创业30年,获得了巨大的成功,报效祖国的想法也与日俱增,但苦于没有机会,后来在清驻英公使龚照瑷和国内实业家盛宣怀的帮助下,选定在"中国的波尔多"——烟台大干一番,酿造葡萄酒,并最终获得成功,于1892年投资创办了烟台张裕葡萄酿酒公司。"张裕"中的"张"即取张弼士之姓,"裕"是吉祥之意,所以取名张裕,可谓别出心裁。现在国外葡萄酒在中国还没有太多的品牌优势,只要张裕做好准备,参与竞争,不断扩大规模,不断完善自己,保持品牌形象,一定能在市场上占有很大份额。

【任务实施】

（1）自由分组,每6人一组。

（2）小组成员讨论品牌文化的内涵、品牌文化的作用、品牌文化的塑造,讨论时间为10分钟。

（3）小组成员根据所学知识,对创建的模拟品牌进行品牌文化塑造,训练时间为30分钟。

（4）任务评价（见表2-4）。

表2-4　　　　　　　　　　品牌文化塑造训练任务评价表

评价指标	评价标准	分值	评估成绩
品牌文化塑造训练效果	1.理解品牌文化的内涵、品牌文化的作用、品牌定位的塑造	20	
	2.能识别品牌文化塑造训练易犯错误	20	
	3.能灵活运用品牌文化塑造训练的应对策略	20	
	4.讨论积极,效果明显	15	
	5.态度认真,遵守时间	10	
	6.汇报得当	15	
小组综合得分			

任务三　品牌个性提炼

【任务解析】

个性是用来表述人与人之间性格上千差万别的现象。将人的个性概念移植到品牌上,就形成了品牌个性。品牌个性是指品牌所展现出的独特气质和风格,是品牌与消费者建立情感共鸣的桥梁。品牌个性提炼是通过深入研究品牌历史、目标受众及市场定位,提炼出能够引发消费者共鸣的品牌精神与特质。一个成功的品牌个性提炼能够凸显品牌差异、增强品牌识别度,从而有效促进品牌与消费者的情感连接。

【知识链接】

一、品牌个性的内涵

品牌个性是指企业经过分析和提炼，有意识地将目标消费者所拥有或认可的个性特质移植或注入品牌之中，使得品牌具有某种有别于其他品牌的独特的个性特征。品牌个性是品牌的灵魂，是消费者识别品牌、区分品牌的重要依据，因此，塑造品牌个性就成为品牌传播的核心内容。那么，品牌个性到底又有哪些内涵呢？

（一）个性与品牌个性

"个性"一词在心理学里又有"人格"的意思，主要包括三层含义：第一，个性是指每个人的独特特征，又称为个性特征；第二，个性是指一个人稳定的性格特征而不是一时的、情境性的、偶然的言行表现；第三，个性表现在个体对环境的行动与反应方式上，如遇到突发状况时，具有不同个性特征的人的表现往往大相径庭，有的人会挺身而出，有的人则苟且退缩。

将人的个性的概念移植到品牌上，就是力图通过持续不断地有效传播，使品牌具有独特的个性。如哈雷戴维森摩托"自由奔放"的品牌个性、绝对伏特加"智慧而自信"的品牌个性（见图2-4）等均是成功地运用品牌个性的经典案例。

图2-4　绝对伏特加广告图片

说明：该系列作品使用三个表现元素——品牌名称"绝对"、独具一格的瓶形和某一动词（如此作品的"吸引"）——进行创意构思，形象生动地向目标受众暗示了绝对伏特加酒具有超凡脱俗的品质。

品牌一旦具有了某种个性，实际上也就使得没有生命的商品变成了有生命的品牌，品牌的精神属性在很大程度上要依赖品牌个性的塑造与传播。

（二）品牌个性与品牌形象

品牌形象是一个含义更为广泛的概念，其内涵不仅包括品牌个性，还包括商品属性以及消费者对品牌商品所形成的大致相同的主观感受和评价。品牌个性基本不包括商品属性，完全由消费者的意识形态的内容构成。如果硬要将品牌形象与品牌个性做一个比较，两者之间的区别是：品牌形象既包含商品属性、品质、价格、服务等客观具象的要素，也包含消费者对品牌商品的认识与感受等主观抽象的要素；品牌个性则更强调意识形态层面的属性。比如，百事可乐的品牌形象包括其独特的口感、蓝色的包装、品质优异、活力与青春等，它的品牌个性则主要由青春与活力构成。因此，可以认为品牌个性是品牌形象诸要素中最能体现与同类品牌差异的要素，也是品牌的 DNA。

品牌个性与品牌形象并不是彼此对立的，而是相互促进的关系。也就是说，只有为品牌塑造出独特的个性，才能形成使消费者产生深刻印象的品牌形象；反之，一个品牌如果缺乏或根本就没有提炼或塑造出品牌个性，也就不可能真正建立起令消费者喜爱的品牌形象。

（三）品牌个性与品牌定位

品牌个性必须以品牌定位为前提，品牌个性反过来又可以对品牌定位予以深化和体现。

万宝路和云丝顿的品牌定位并没有太大的差别，其类别、口味、诉求对象、提供给消费者的利益点等都基本一致，这就导致它们的品牌传播策略也比较相似——都强调优异的品质并努力向消费者传达卓越出众和具有现代感的品牌形象。实际上，由于万宝路成功地提炼出品牌个性并通过牛仔形象将粗犷帅气、桀骜不驯、自由潇洒的品牌个性演绎得淋漓尽致，使消费者产生了深刻的印象，因而在全球烟草市场上长盛不衰，其市场份额远远领先于云丝顿香烟。这一案例十分清楚地说明，仅仅依靠品牌定位未必能塑造出成功的品牌形象，成功的品牌形象一定拥有鲜明独特的品牌个性。

【品牌故事分享2-2】

有个性的劳力士（ROLEX）

劳力士的品牌个性是精确、创新。

1926年，劳力士第一只防水、防尘表问世。

1929年，经济危机打击了瑞士，但劳力士造出了后来风靡一时的"恒动"型表，给钟表业带来了一场革命。

1945年，劳力士推出了日志型腕表，可用26种语言表明日期和星期。

为了鼓励创新，劳力士公司设立了企业精神奖，这个奖项每三年颁发一次，奖励那些在应用科学、创造发明、探索研究、科学发现和环境保护方面做出杰出贡献的人士。劳力士的品牌标志见图2-5。

图2-5 劳力士的品牌标志

资料来源　作者根据网络相关资料整理.

二、提炼品牌个性

品牌个性的提炼过程是一个高度精细的创意传播工程。品牌策划人员必须从整体上把握并深入分析构成品牌个性的各种要素，以便能够为品牌提炼出既有别于同类竞争品牌又符合目标消费者个性特征的品牌个性。总体而言，构成品牌个性的要素主要有三大类，即与品牌商品直接相关的要素和与品牌商品间接相关的要素，以及与目标消费者直接相关的要素。

（一）与品牌商品直接相关的要素

米开朗基罗之所以能够在没有生命的大理石上雕刻出栩栩如生的伟大艺术作品，就在于他能够将存在于大理石当中的天然特质传神地展现出来。对于商品而言，也可以认为，品牌个性大都源自商品本身。正如美国广告大师李奥·贝纳所言：每个商品都有与生俱来的戏剧性，品牌营销与传播活动的策划人员就是要善于挖掘并提炼出商品与生俱来的个性（戏剧性）。

1.商品特征

在品牌个性的塑造过程中，一些企业针对品牌商品自身的内在属性进行品牌个性的挖掘和提炼，取得了理想的效果。比如，宝洁公司的舒肤佳香皂，根据其杀菌属性提炼出令人耳目一新的品牌个性——关爱。

2.商品价格

对消费者而言，品牌商品的价格是其判断选择的重要依据，同时消费者也会根据品牌商品的价格形成对品牌商品的印象。如果一个品牌商品持之以恒地以高价作为其品牌个性加以传播，就有可能在消费者心目中形成两种相反的品牌印象：高品质的、尊贵的、富有的、豪华的、精致的、奢侈的，或者是势利的、庸俗的、高高在上的、为富不仁的。如路易威登坚持其高价格的市场营销策略，长期位居十大国际著名奢侈品牌之列。相反，如果一个品牌商品长期以低价作为其品牌个性加以传播，也有可能在消费者心目中形成截然相反的品牌印象：物有所值的、亲民的、节俭的、朴实的，或者是廉价的、落后的、粗糙的、不上档次的。如北京现代的伊兰特、悦动、i30等轿车一直使用低价策略，虽然在较长的时间里占据了低端轿车市场，但也使得北京现代的品牌个性在消费者心目中与价廉物产生了关联。因此，在品牌个性的提炼过程中，长时间地强调品牌价格似乎并不是明智的选择。

另外，与品牌商品直接相关的要素还有产品类别：如运动鞋品牌倾向于年轻、活力，富有冒险精神等个性特质；产品包装：如黑灰色调的包装给人以沉稳、练达的感觉，红色给人以激情与活力的感觉等。

【品牌故事分享2-3】

李维斯（Levi's）牛仔裤

李维·斯特劳斯1847年从德国移民至美国纽约。1853年，这个做帆布生意的犹太人趁着加州淘金热前往旧金山。他把一批滞销的帆布做成几百条裤子，拿到淘金工地上推销，想不到竟然大受淘金者的欢迎。1855年，斯特劳斯放弃帆布，改用一种结实耐磨的靛蓝色粗斜纹布制作工装裤，并用铜钉加固裤袋和缝口。斯特劳斯用自己的名字Levi's作为产品品牌，并在旧金山开了第一家店。第二次世界大战后，Levi's牛仔裤开始在全球流行。Levi's作为牛仔裤的"鼻祖"，象征着美国西部拓荒精神。Levi's品牌标志见图2-6。

图2-6 李维斯品牌标志

资料来源 LYNN DOWNEY. Levi Strauss：The Man Who Gave Blue Jeans to the World ［M］. Amherst：University of Massachusetts Press，2016.

（二）与品牌商品间接相关的要素

在提炼品牌个性的过程中，虽然从与品牌商品直接相关的要素中去寻找和挖掘品牌个性是一种较为便捷的方法，但是无论何种大类的商品，其内在属性总是有限的。在大多数情况下，许多商品的内在属性早已被同类品牌予以突出或强调，并成为其品牌个性加以传播和诉求，此时，对品牌个性的提炼就只能另辟蹊径。从与品牌商品有间接关系的若干要素中去提炼品牌个性，不失为提炼品牌个性的又一种方法。

1. 使用者形象

所谓使用者形象，是指企业在对品牌个性的塑造过程中，将品牌商品的目标消费者的共性特征加以提炼和整合，塑造出该消费者群体广为认同和喜爱的典型人物，并将该典型人物的个性特征融入品牌个性之中，逐步形成独特的品牌个性。例如，社会精英象征成功、成熟，青年学生象征活力、时尚。

2. 广告风格

所谓广告风格，是指企业在长期的广告诉求活动中，持之以恒地采用相同的表现方式，使其广告作品逐渐形成一种有别于同类品牌商品的独特的表现方式，当消费者将这种广告诉求的表现方式与品牌商品形成一对一的联想时，品牌个性就在消费者的心目中牢牢地确立了。比如，范思哲的广告创意长期保持一以贯之的视觉表现手法和使用高端杂志发表广告作品的策略，逐渐形成了酷而不冷、艳而不俗、华而不奢、富而不骄，有别于其他同类品牌的广告风格，进而使这种独特的广告风格成为品牌个性（见图2-7）。

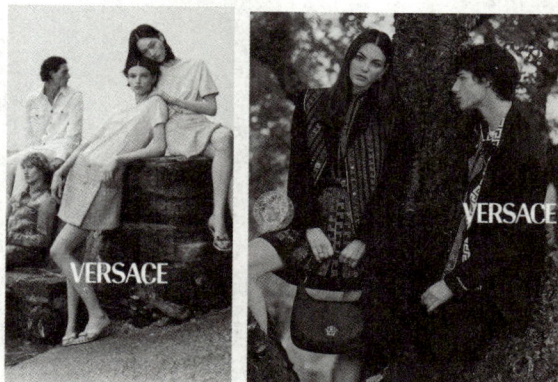

图2-7 意大利著名时装范思哲广告创意

利用独特的广告风格并使其转化成品牌个性，必须满足两个基本条件：一是该品牌商品在每年的传播活动中始终保持较高的广告曝光率；二是该品牌商品的广告表现方法和所使用的广告传播媒体都必须始终如一，否则，就不可能形成广告风格。

3.上市时间

品牌上市时间的长短在客观上会给消费者留下不同的印象，这种印象实际上会在很大程度上影响消费者对品牌个性的基本判断。比如，历史悠久的品牌从积极的方面而言，往往给人以成熟、稳重、老练、友善、值得信赖的整体感觉，但是从消极的方面来说，又有可能在消费者的心目中形成老迈、守旧、无趣、缺乏活力等负面印象。对于上市时间较短的品牌而言，既有可能在消费者心目中产生年轻、新颖、时尚、活力的整体感觉，也有可能产生华而不实、哗众取宠的感觉。因此，策划人员应根据品牌上市时间的具体情况，有意识地扬长避短，努力提炼出更具竞争性的品牌个性。

另外，与品牌商品间接相关的要素还有品牌营销组合策略：如赞助高尔夫赛事给人以高雅感，赞助模特赛事给人以时尚感，向灾区捐献物资体现企业的责任感；企业形象：如同仁堂塑造了资深仁慈的老者形象；品牌来源地（原产地）：如法国品牌的浪漫，德国品牌的严谨、精确，日本品牌的轻巧、精致，美国品牌的自由、高科技等。

（三）与目标消费者直接相关的要素

由于品牌的价值在于品牌与目标消费者之间所形成的互动关系，因此，企业在提炼品牌个性的过程中，就必须对目标消费者的价值取向、审美情趣和品位以及个性特征进行深入细致的研究与分析，以便根据目标消费者的上述特征提炼出能够得到他们认可的品牌个性。事实上，成功的品牌个性大都可以体现出该品牌目标消费者的个性特征。

1.价值取向

所谓价值取向，是指一个在社会中具有特定文化背景的人所信奉的道德和行为规范的理念。在人际交往中，价值观往往是区别一个人与另一个人的标准。从宏观层面而言，价值取向大致可以分为三种形式：以他人为导向的价值取向、以自我为导向的价值取向和以环境为导向的价值取向。

在品牌的传播过程中，策划人员也可以将人的价值取向植入品牌，通过长期不间断的广告活动，就可以逐渐形成独特的品牌个性。比如，美体小铺（The Body Shop）就是典型地运用与众不同的价值取向成功地塑造并传播品牌个性，赢得了消费者的广泛认同与尊重，当然也赢得了市场。该品牌使用了以环境为导向的价值取向，所奉行的价值观是"有原则地获利"。在这种价值观的指导下，该品牌所开展的所有活动都与环境保护有关，这些活动无疑使该品牌的消费者对美体小铺的品牌个性形成了深刻的印象。

2.审美情趣

审美情趣是指消费者在认识和接受事物的过程中判断事物美丑的兴趣与爱好。显然，不同的消费者由于价值取向不同，其审美情趣也会大相径庭。对于相同的品牌，不同的消费者会有不同的判断和选择，一个重要的原因就是消费者大都有不尽相同的审美情趣。比如，贝纳通根据其目标消费者（中产阶层）更关注社会问题这一独特的审美情趣，提炼出有别于其竞争对手的品牌个性。策划人员在为企业提炼品牌个性的过程中，还应对本品牌的目标消费者的审美情趣进行深入分析，努力根据目标消费者的审美情趣提炼出能被目标消费者接受、认同甚至喜爱的品牌个性。

【品牌故事分享2-4】

美体小铺的品牌个性

反对动物实验（Against Animal Testing）：自始至终坚持反对以残酷方式进行动物测试化妆品成分，而以其他科技方法来测试化妆品成分，绝不采购动物测试过的成分。

支持社区公平交易（Support Community Fair Trade）：保护雨林及自然资源，指导落后地区的农民以传统方式种植农作物，并以合理的价格向他们购买天然原料，让他们维持稳定的经济收入；让儿童有接受教育的机会，并提升物质生活条件及文化水平。

倡导自觉意识（Activate Self Esteem）：通过宣导、活动来支持性别平等，反对性别歧视，并鼓励大家接受与生俱来的样貌及特质，不以浮夸的宣传包装来销售产品。

保护地球（Protect Our Planet）：长期致力于环保工作，彻底执行3R——再回收（Recycle）、再利用（Reuse）、节能（Reduce），首先推出长期空瓶回收的环保行动，增强消费者环保意识，并支持研发"再生"及"绿色"能源。

美体小铺品牌标志见图2-8。

图2-8　美体小铺品牌标志

资料来源　作者根据美体小铺官网的相关资料整理而成.

【任务实施】

（1）自由分组，每6人一组。

（2）小组成员讨论品牌个性的内涵、品牌个性的要素、品牌个性的提炼，讨论时间为10分钟。

（3）小组成员根据所学知识，对创建的模拟品牌进行品牌个性提炼（见表2-5），训练时间为30分钟。

表2-5　　　　　　　　　　　　　　　　品牌个性提炼模板

步骤	内容
第一步： 写下品牌的核心价值信息	1.你的品牌为什么会存在（一两句话）？ 2.市场对你的品牌感觉如何？ 3.你的品牌能够利用哪些文化趋势？ 4.你的品牌详细信息是什么？
第二步： 缩小品牌个性特征范围	1.你的品牌是：□男性品牌 □女性品牌 □中性品牌 2.你的品牌属于：□年轻人 □中年人 □老年人 3.你的品牌属于：□高雅型 □主流型 □世俗型 4.你的品牌是：□地方性的 □区域性的 □全国性的 □全球性的

步骤	内容
第三步： 列出品牌个性特征	列出8～10个描述品牌个性特征的词汇，如个性要素： 纯真（淳朴、诚实、有益、愉悦） 刺激（大胆、有朝气、富于想象） 称职（可信赖、聪明、成功） 教养（上层社会、迷人） 强壮（户外、强韧）
第四步： 确定品牌个性特征	根据第三步列出的品牌个性特征回答以下问题，筛选出4～5个能够代表你的品牌的个性特征。 1.这些个性特征能够实事求是地代表你的公司吗？（如能，它们是否代表了公司关键人物的个性特征？是否代表了公司核心员工的个性特征？） 2.这些个性特征适合你公司的各种营销活动吗？ 3.这些个性特征会吸引你公司的目标消费者吗？ 4.这些个性特征能将你的品牌与同行业其他品牌区分开吗？ 5.是否至少有一个个性特征有助于与外界沟通？（如有，你所选择的描述品牌个性特征的词汇能用来描述一个人的个性特征吗？）

（4）任务评价（见表2-6）。

表2-6　　　　　　　　　　　**品牌个性提炼训练任务评价表**

评价指标	评价标准	分值	评估成绩
品牌个性提炼 训练效果	1.理解品牌个性的内涵、品牌个性的要素、品牌个性的提炼	20	
	2.能识别品牌个性提炼训练易犯错误	20	
	3.能灵活运用品牌个性提炼训练的应对策略	20	
	4.讨论积极，效果明显	15	
	5.态度认真，遵守时间	10	
	6.汇报得当	15	
小组综合得分			

【知识拓展】

品牌定位——抓住消费者的心

品牌必须将自己置于满足消费者需求的立场上，并借助传播在消费者心中获得一个有利的位置。要达到这一目的，首先必须考虑目标消费者的需要。借助消费者行为调查，可以了解目标对象的生活状态或心理层面的情况。这一切，都是为了找到切中消费者需要的品牌利益点，因此，品牌定位思考的焦点要从产品属性转向消费者利益。消费者利益的定位是站在消费者的立场上来看的，它是消费者期望从品牌中得到什么样的价值满足。所以用于定位的利益点选择除了产品利益外，还有心理、象征意义上的利益等，这是产品转化为品牌的基础。可以说，定位与品牌化是一体两面，如果说品牌就是消费者认知，那么定位就是公司将品牌提供给消费者的过程。

消费者有不同类型、不同消费层次、不同消费习惯和偏好，企业的品牌定位要从主客观条件和因素出发，寻找符合要求的目标消费者。要根据市场细分中的特定细分市场，满足特定消费者的特定需要，找准市场空隙，细化品牌定位。消费者的需求是不断变化的，企业还可以根据时代的进步和新产品发展的趋势，引导目标消费者产生新的需求，形成新的品牌定位。品牌定位一定要摸准消费者的心，唤起他们内心的需要，这是品牌定位的重点。所以说，品牌定位的关键是要抓住消费者的心。

如何做到这一点呢？自然是必须带给消费者实际的利益，满足他们某种切实的需要，但做到这一点并不意味着品牌就能受到青睐，因为市场上还有许多企业在生产同样的产品，也能给消费者带来同样的利益。市场上已经找不到可以独步天下的产品，企业品牌要脱颖而出，还必须尽力塑造差异，只有与众不同的特点才容易吸引人的注意力。企业品牌要想取得强有力的市场地位，应该具有一个或几个特征，看上去是市场上"唯一"的。这种差异可以表现在许多方面，如质量、价格、技术、包装、售后服务等，甚至还可以是脱离产品本身的某种想象出来的概念。如万宝路（Marlboro）所体现出来的自由、奔放、豪迈、原野、力量的男子汉形象，与香烟本身没有任何关系，而是人为渲染出来的一种抽象概念。因此，一个品牌要让消费者接受，完全不必把它塑造成全能形象，只要有一方面胜出就已具有优势。国外许多知名品牌往往也只靠某一方面的优势而成为名牌。例如，在手机市场上，华为nova系列宣传的是"自拍，大不一样"的特点，小米手机则着重宣传其"网速快，性能快，充电快"的特点；在汽车市场上，沃尔沃（VOLVO）强调"安全与耐用"，菲亚特（FIAT）宣传"精力充沛"，奔驰（Mercedes-Benz）宣称"高贵、王者、显赫、至尊"，绅宝着重"飞行科技"，宝马（BMW）津津乐道其"驾驶乐趣"。这些品牌都拥有了自己的一方沃土，不断成长。因此，想要尽可能满足消费者的所有愿望是愚蠢的，每一个品牌必须挖掘消费者感兴趣的某一点，一旦消费者产生这一方面的需求，就会首先想到这个品牌。

市场实践证明，任何一个品牌都不可能为全体消费者服务，细分市场并正确定位，是品牌赢得竞争的必然选择。只有品牌定位明确，个性鲜明，才会有明确的目标消费层。唯有品牌明确定位，消费者才会感到商品有特色，有别于同类产品，形成稳定的消费群。而且，唯有定位明确的品牌，才会形成一定的品位，成为某一层次消费者文化品位的象征，从而得到消费者的认可，让消费者得到情感和理性的满足感。要想在竞争中脱颖而出，唯一的选择就是差异化，而定位正是达到差异化最有效的手段之一。企业如不懂得定位，必将湮没在茫茫的市场中。

长期以来，可口可乐（Coca-Cola）和百事可乐（Pepsi-Cola）是饮料市场的顶尖品牌，在消费者心中的地位不可动摇，许多新品牌无数次进攻，均以失败而告终。然而，七喜（7-Up）却以"非可乐"的定位，成为可乐饮料之外的另一种选择，不仅避免了与两种可乐的正面竞争，还巧妙地从另一个角度与两种品牌挂上了钩，使自己提升至与之并列的地位。由此可以看出，品牌定位对一个品牌的成功十分重要。

资料来源　PHILIP KOTLER. Marketing Management ［M］. 16th ed. London：Pearson，2016.

【项目小结】

品牌定位是企业在市场定位和产品定位的基础上，对特定的品牌在文化取向及个性差异上的商业性决策，它是建立一个与目标市场有关的品牌形象的过程和结果。品牌文化是指品牌在经营中逐渐形成的文化积淀，它代表着品牌自身的价值观、世界观。形象地说，就是把品牌人格化后，它所持有的主流观点。品牌文化体现了社会的长期整体利益，品牌文化满足了目标消费者物质之外的文化需求，品牌文化培养了品牌忠诚度，是重要的品牌壁垒。在进行品牌文化塑造时，要为品牌塑造一种恰当的文化，兼顾时尚文化与民族传统文化。品牌个性是指通过营销组合对品牌名称、标志、产品属性、品牌文化、使用者形象、产品本身等品牌要素进行提炼，使品牌具有人性化魅力。

【项目实训】

1.在组长的带领下对光明牛奶、雪花啤酒、汇源果汁（上述三个品牌可任选其一）的品牌定位策略进行调研，调研内容包括品牌及其竞争品牌的目标消费者、产品各自的优劣势、营销传播的策略比较等，并在此基础上写成调研报告。

2.各小组对我国目前啤酒市场上的主要品牌进行调研，对品牌个性或品牌文化进行比较分析，对这些品牌的个性或文化差异写出分析报告。

【项目测试】

一、单项选择题

项目测试2

1.企业一旦选定了目标市场，就要明确（　　　），并围绕它设计相应的产品和形象，以争取目标消费者的认同。

A.品牌规格　　　　　　　　　　B.品牌定位

C.品牌资产　　　　　　　　　　D.品牌延伸

2.品牌定位的核心是（　　　）。

A.消费需求　　　　　　　　　　B.行业趋势

C.自身特质　　　　　　　　　　D.竞品地位

3.品牌文化是品牌在经营中逐步形成的历史积淀，代表了企业和消费者的利益认知、情感归属，是品牌与传统文化以及企业（　　　）的总和。

A.个性形象　　　　　　　　　　B.社会形象

C.行业形象　　　　　　　　　　D.国际形象

4.品牌文化的塑造通过创造产品的物质效用与品牌精神高度统一的完美境界来实现，这体现了品牌文化核心要素中品牌的（　　　）。

A.精神内涵　　　　　　　　　　B.社会形象

C.行业形象　　　　　　　　　　D.国际形象

5.品牌文化要从目标市场消费群体中去寻找，要通过充分考察他们的思想心态和（　　　）而获得。

A.行为方式　　　　　　　　　　B.思维模式

C.价值体系　　　　　　　　　　D.品牌密码

二、思考题

1.品牌定位的本质是什么？

2.品牌定位决策需要掌握哪些基本原则？

3.在为品牌定位进行策划的过程中最重要的环节是哪一个？为什么？

4.品牌文化的核心是什么？塑造品牌文化应该从哪几个方面入手？

5.是否所有的品牌都适合提炼品牌个性或品牌文化？请具体说明。

6.提炼品牌个性最关键的内容是什么？

三、案例分析题

资料1：星巴克销售咖啡体验而非咖啡

星巴克不仅是一个成功的品牌，而且是一个依靠独特推广方式成功的品牌。在很多专业人士的笔下，星巴克依靠的是公关而非广告成就了伟业，艾·里斯在《公关第一广告第二》一书中将其作为公关成功的主要案例。

那么，究竟是什么让星巴克的公关如此成功呢？

笔者的回答是其独特而精准的品牌定位。曾任星巴克首席推广官的斯科特·贝德伯里在其《品牌新世界》一书中写道：星巴克的核心识别与其说是生产一杯伟大的咖啡，不如说是向消费者提供一次伟大的咖啡体验。

事实上，在确定咖啡体验作为其品牌定位之前，星巴克也曾由于品牌定位上的平庸而使营业额停滞不增，直到有一天公司品牌专员杰罗姆·康伦将公司最近一份对消费者和竞争对手的调查报告呈送给公司首席执行官霍华德·舒尔茨时情况才发生了根本改变。

康伦的调查报告显示，经常喝咖啡的人往往在重视口味的同时，更在乎消费体验、咖啡的形态、周边环境、服务和自己在这里得到的美好回忆。在星巴克与竞争品牌的比较测试中，在那些自称是"严肃"喝咖啡的人或咖啡鉴赏家的人中，星巴克被认为是一个"新兴的、受人尊重的、高质量的品牌"，另一些人则认为连锁经营的模式将会影响咖啡品牌的形象。

显然，根据调查报告的结论，星巴克应该放弃将高质量作为自己的优势向消费者进行诉求的定位策略，而应该确定一种不受连锁、不受经营者变化影响的新的优势。咖啡馆在欧洲500年来所积淀的历史文化，自然是一个良好的新优势。这样，星巴克的品牌定位就从之前的注重咖啡品质向营造"让顾客玩味这种充满感情的饮料"的周围环境、为顾客提供独特的咖啡体验的定位转变。舒尔茨显然对新的品牌定位非常满意，他这样写道：星巴克不像当初想象的那样只是做服务顾客的咖啡生意，而是做向顾客提供咖啡的以人为本的生意。

问题：

1.星巴克的品牌定位是基于什么情况进行调整的？企业是否有必要经常根据消费者的需求变化不断改变自己的品牌定位？

2.如果说重视咖啡口味是基于消费者对咖啡的生理需求，那么重视环境和体验则显然是基于消费者对咖啡的精神需求，这种消费需求的变化在中国是否也有较大的市场？

资料2：新春新国货集五福，传统与新潮文化碰撞焕发品牌生机

新春将至，当长辈们还在准备年货的时候，年轻人或许已经在为收集五福跃跃欲试了。

2021年1月26日，天猫国潮和支付宝五福联动推出的"国潮有福"品牌宣传活动，涵盖了服饰、母婴、食品、消费电子等类目的22个品牌，同时围绕"福"字推出的一系列跨界国潮商品，更是将活动推向高潮，在为支付宝集五福活动注入新元素的同时，也助力国货品牌实现福文化裂变升级。

1.集五福新玩法：打通扫福与商品互动链路

2016年，加入中国人民过春节的消遣娱乐行列的"支付宝集五福"活动，在年轻人群体中一下子流行起来。借助手机与互联网的便利性，这项社交活动在更多群体间扩散，并逐渐成为当前时代下令国人惦念的新年俗。

2019年，福文化又搭上了潮文化的列车，支付宝集五福活动和天猫国潮这两大超级IP在此一拍即合，通过强强联手打造了五福的子IP——国潮有福，一方面通过传统与新潮的碰撞为福文化注入更多的新文化元素；另一方面，也整合支付宝和天猫的平台势能，为消费者创造更多的福潮新文化体验。

2021年是国潮有福IP的第三年，这一IP的内涵也在前两年活动的基础上变得越来越丰富。从一开始将福字简单地印在衣服上，到如今从服饰单一类目延伸到母婴、食品、消费电子等各大类目，天猫国潮和支付宝集五福这两大IP继续强强联手，在引爆"国潮有福"IP的同时，也让更多的年轻人看到了国潮文化品牌正在走向成熟。

可以注意到，包括集五福在内的新"福文化"属于国潮的一个组成部分。随着"国潮有福"IP迈向第三个年头，围绕着"福"字，国潮内涵正在逐渐开始细分，越来越多的与福相关的中国元素开始被激活。在继汉服圈、新国货之后，国潮也有了一个成规模的新文化群落。越来越多的人、事、物正在融入"福文化"，重新"唤醒"春节的活力。

在天猫国潮传承福文化的同时，支付宝集五福活动也在一年一创新，从增加福字类型，加入得福卡新玩法，到传递中国福活动，支付宝始终致力于打通线下集福与线上各类活动的渠道。

2021年，与天猫国潮强强联手，支付宝集五福活动再次推出新玩法。可以想象，2021年人们不再将集福对象局限于贴在门楣上的福字，还可以在各种国潮货品上寻找各种福字。两大IP在进一步传承福文化的基础上，也为消费者创造了更多的福潮新文化体验。

国潮兴起是近年来广受热议的话题，从中不难看出，许多国货品牌在市场上呈良性发展趋势。支付宝集五福活动细分了国潮文化中的"福文化"，通过激活"天猫国潮侧"，与线下国潮品牌实现创新结合，借助春节节日市场氛围促进商品消费，帮助品牌焕发新生机。此外，"国潮有福"活动通过天猫品牌矩阵，也补全了支付宝扫福活动的商品互动全链路。

2.天猫国潮，以潮流单品延展传统福文化新内涵

在传统意义上，"福文化"可能更多的是代表结婚、生子、财富等传统祝福，但在注重个人体验与个性张扬的今天，福的意义也应当顺应时代潮流，产生更多的改变。

在2021年"国潮有福"活动中，天猫国潮通过联动淘宝心选、GXG等22个品牌，让传统"福"的表达更加具备吸引年轻人的多样化视角。

在此次活动中，广受关注的一个单品就是天猫国潮联合淘宝心选打造的第二代团圆"春碗"。

中国人的春节，自然要向中国传统文化致敬。而第二代团圆"春碗"就将中国春节习俗文化与团圆福文化重新凝聚和演绎。

牛年团圆"春碗"的图案取材于唐代韩滉的《五牛图》，并融入打年糕、放天灯等

传统民俗元素，在创意载体碗的推动下，"春碗"也成为牛年新春最有仪式感的话题爆款单品。

"被演艺事业耽误了画画"的潘粤明，在此次活动中带来的原创品牌Panda Super Super（简称PSS），也广受年轻潮人群体的关注。

作为熊猫一级爱好者，潘粤明此次特意为支付宝五福设计了独具特色的熊猫福字，他的原创品牌PSS还特别推出了同款"福"字系列定制款卫衣以及周边。该款卫衣共有五种样式，衣服上分别印了不同风格的大熊猫，打造了熊猫有福主题，巧妙地将熊猫卫衣与"福"字相融合。

除了"春碗"和熊猫卫衣这两种与福文化有关的货品外，此次天猫国潮还联合GO-TO、Airfunk、万事利等品牌打造了麻将鞋盒、醒狮礼盒、五福围巾等重点话题货品，用潮流单品传递福文化。

聚势方成潮。此次支付宝五福与天猫国潮这两大IP的联手，便是制造这样一个文化大事件，在"国潮有福"活动的推动下引爆福文化。除了完美日记、飞鹤、巴拉巴拉、万事利等知名品牌外，受益者将是全平台所有与"福"相关的品牌产品。这些品牌产品在"国潮有福"活动的带动下实现持续增长。同时，消费者关注产品所形成的福潮新体验，也进一步沉淀了品牌的数据资产，为参与活动的品牌带来直接的销售转化。

3.聚焦"非遗"文化，五大品牌联手打造"非遗"传承大事件

与往年相比，从文化传承层面看，2020年天猫国潮的"国潮有福"活动，除了通过打造创新潮流单品延展传统福文化新外延外，还通过将福这一中国源远流长的传统文化聚焦在更具体的"非遗"文化主题层面上，通过"非遗"文化的不断加持，进一步拓宽了"国潮有福"活动新玩法。

如今，盲盒正在年轻消费者中迅速扩张认知领地，成为各类品牌吸引年轻消费者的利器。本次天猫国潮不仅将盲盒扩展到服饰领域，还通过联动支付宝集五福、犀牛制造，并携手中国最大纹样数据库纹藏，与服饰top品牌GXG共创春节第一爆款单品，打造了市场上首款"非遗"文化服饰盲盒——"超级非遗玩家"。

该盲盒里也突破性地包含了100款"非遗"图样卫衣，以随机花样随机发售的形式对外销售，产品被包装成玩具，在向消费者普及"非遗"图样背后故事的同时，也给消费者带来个性化、多元化的福文化体验。

在此次"国潮有福"活动中，还打造了一系列"非遗"主题文化物品，围绕中国瓷器、敦煌壁画、故宫地毯、故宫珐琅等"非遗"文化物品，在宣传"非遗"文化的基础上，一同破题福潮。

可以发现，此次"国潮有福"活动将福文化与"非遗"完美结合，不仅让福文化和"非遗"文化在年轻圈层中实现了有效传播，也从权威性、数字化等多维度提升了国潮有福IP的影响力，在扩大了触达用户范围的基础上，提升了用户互动性及市场渗透率。

资料来源　佚名.天猫国潮与支付宝联动集五福 助推国货品牌文化升级［EB/OL］.［2021-02-04］. https://jx.cnr.cn/2011jxfw/mdsj/20210204/t20210204_525407232.shtm有改编.

问题：

1.为什么说支付宝的集五福活动是一种品牌文化？集五福活动是如何细分出国潮文化中的"福文化"的？

2.天猫国潮如何以潮流单品延展传统福文化的新内涵？支付宝五福与天猫国潮这两大IP的联手引爆了何种福文化？

3.支付宝打造的市场上首款"非遗"文化服饰盲盒是什么？"国潮有福"活动将福文化与"非遗"结合，产生了何种品牌文化效应？

项目三

品牌战略规划

学习目标

★ 知识目标

(1) 能够说出品牌战略的特征；

(2) 能够描述品牌营销管理的主要内容及具体管理方法；

(3) 能够掌握品牌战略种类与选择；

(4) 能够描述品牌延伸有可能产生的结果；

(5) 能够运用品牌延伸策略的具体方法和决策步骤。

★ 能力目标

(1) 能够认识品牌的实质，明确不同企业品牌战略的应用；

(2) 能够运用所学知识实践品牌延伸战略。

★ 素养目标

(1) 树立正确的品牌观念；

(2) 具有民族品牌自豪感；

(3) 具有信息素养和创新能力。

项目导入

　　企业是一个由各种要素组成的开放系统，企业在经营过程中不能只是寻求个别要素的组合，而是必须从企业的整体出发，努力寻求企业所有要素之间的最佳组合，以形成企业在市场竞争中的比较优势，这种经营观念直接催生出企业营销战略思想。企业为了在复杂多变的外部环境中谋求自身的生存和发展，必须对经营的所有要素及其组合进行重点和系统的变革，制定出企业宏观层面的战略决策，保证企业的经营活动有一个明确的目标，能够实现有条不紊、协调一致。品牌战略规划是企业成功的关键。品牌战略规划需明确品牌愿景、定位及核心价值。首先，分析市场环境，洞察消费者需求，确保品牌与市场需求相契合。其次，制定清晰的品牌定位，凸显品牌独特性，构建差异化竞争优势。再者，提炼品牌核心价值，确保所有营销活动都围绕这一核心展开。最后，设计执行计划，明确时间节点、责任分工及资源需求，确保品牌战略规划的顺利实施。通过精心策划与有效执行，品牌将在市场中脱颖而出，实现可持续发展。

【项目实施】

任务一 品牌营销战略制定

【任务解析】

品牌营销战略制定涉及对品牌进行全面分析、明确市场定位，以及规划有效的推广策略。首先，需深入了解品牌的核心价值、目标受众及竞争对手，以确保战略与品牌特性相契合。其次，明确市场定位，确定品牌在目标市场中的独特性和竞争优势。然后，规划多元化的营销渠道，同时注重内容营销，创造有吸引力的品牌故事和有价值的内容，与消费者建立情感连接。最后，持续监测市场反馈，调整战略以适应变化，确保品牌长期稳定发展。

【知识链接】

一、品牌营销战略的概念及特征

微课 3-1

品牌营销战略是指企业为了提高自身在市场上的竞争能力，在对企业内外部环境进行全面分析的基础上，着眼于品牌塑造和传播的总体发展规划。

品牌营销战略与企业的经营发展战略、市场营销战略等相比，有其独有的特征，主要包括以下五个方面：

品牌营销战略
的特征及同一
品牌战略

（一）全局性

品牌营销战略是企业为了创造、培育、提升品牌形象和提高品牌资产价值而采取的各项具体计划与行动方案的路线图。品牌营销战略所要解决的不是局部或者个别问题而是全局性问题。企业制定品牌营销战略，应该站在较高的层面，从宏观的角度出发，对企业所处的市场环境、目标消费者的消费心理与消费行为、竞争对手的传播策略等各方面的因素及其关系综合考量，以确保品牌营销战略在具体实施中能够起到指导、协调和提高效率的作用。

（二）长期性

品牌营销战略是一个针对品牌未来发展的长远规划，它着眼于中长期的销售结果，即品牌营销战略至少是在三年或五年的时间范围内对品牌的市场发展所做的规划方案。品牌营销战略并不计较短期品牌经营的结果，主要是谋划品牌的长期发展计划，具有相对的稳定性。

（三）导向性

品牌营销战略是站在全局高度上对于企业品牌长期发展的宏观总体规划，这决定了其对各种具体措施和活动计划具有指导性作用。在实施期内，所有的具体活动均须与品牌营销战略的总体要求保持一致，如有偏差应及时调整。

（四）系统性

品牌营销战略包括品牌定位、品牌理念、品牌识别、品牌推广、品牌传播、品牌延伸、品牌维护、品牌管理等一系列涉及品牌发展的环节，这些环节是相互联系、相互影响的，这就使得品牌营销战略实际上所面对和规划的是创建品牌的复杂的系统工程。

（五）创新性

制定品牌营销战略是一个创新过程。企业之间由于所拥有的资源不同，所处的市场环境以及所面对的竞争对手不同，就必须有针对性地制定各自的品牌营销战略，如此才能起到出奇制胜的作用。品牌营销战略是现代企业经营发展整体战略的核心内容，它的价值在于努力塑造出更具个性的、有别于竞争对手的品牌形象。如果一个企业采取简单模仿竞争对手的营销策略，其在激烈的市场竞争中就会始终处于被动地位，也就不可能在市场竞争中取得成功。因此，企业的品牌营销战略还需要具有相当的创新性，才能在品牌的建设和发展中始终掌握主动权，才能在在市场竞争中脱颖而出。

二、品牌营销战略的种类

企业在制定品牌营销战略时，应该根据企业自身所拥有的资源和外部环境的特点，在以下四种战略中选择最适合自己的战略。这四种战略分别是同一品牌战略、品牌组合战略、复合品牌战略和许可授权战略。

（一）同一品牌战略

同一品牌战略又称为单一品牌战略，是指企业对所生产和经营的所有产品都使用同一品牌进行市场营销与传播的战略。如飞利浦、索尼等企业均是通过采用此种战略成为全球著名品牌的，我国的长虹、康佳等企业也是采用此种战略成功地建立起各自在行业内的领导地位。

1.使用同一品牌战略的优势

显然，使用同一品牌战略将会为企业的经营与发展带来积极和正面的影响。这些积极和正面的影响主要包括以下几点：

第一，通过向目标受众展示品牌产品的统一形象，有助于目标受众增强对品牌产品的识别。

第二，通过向目标受众传播品牌产品的统一形象，有助于节省企业在品牌设计、品牌推广等传播过程中的费用，从而减少企业在品牌经营中的总费用。

第三，有助于企业集中所有资源，精心打造和维护自身的品牌形象。

第四，有助于企业利用深厚的品牌形象资源，在必要时实施品牌延伸策略。

2.使用同一品牌战略的劣势

任何事物都有两面性，同一品牌战略虽然可以为品牌的发展带来积极影响，但也会给企业带来一些消极和负面的影响。

第一，加大了企业经营上的风险。企业生产的所有产品均使用同一个品牌，必然导致一荣俱荣、一损俱损。如果某个产品出现个别的、偶然的质量问题，就会对所有产品产生"株连效应"，消费者会怀疑该品牌下的所有产品的品质。这种"株连效应"对于品牌的声誉和形象有相当大的损害作用。

第二，采用同一品牌战略，消费者难以识别各个产品的品质特征和档次，无法满足不同消费者的不同消费需求，在很大程度上会影响品牌产品的市场销售量。

3.同一品牌战略的使用原则

使用同一品牌战略对于企业而言是一把双刃剑，企业在使用同一品牌战略时应该注意掌握以下几个基本原则，尽可能发挥其优势，避免其劣势。

第一，实施同一品牌战略的企业应努力加大产品研发力度，使自身的品牌产品通过不断创新来获得或保持在市场竞争中所形成的差别化品牌优势。

第二，可以在适当的时机实施品牌延伸策略，使品牌产品在新的市场环境下能够顺应变化，增强品牌在市场竞争中的主动性和攻击性。

第三，开发的新产品应与品牌有密切的关联性。企业使用同一品牌战略，一定要注意在所开发的各个产品之间保持关联，否则，在同一品牌之下却有两种完全不同的产品，会使消费者一头雾水。

第四，各产品应具有大致相同的品质。一般而言，不同的品牌代表不同的产品形象。如果具有较大品质差别的不同产品使用同一品牌，低品质的产品就会损害品牌形象，使消费者放弃对品牌的偏好与忠诚。

第五，采用同一品牌战略的企业，其各种产品应该有大致相同的目标消费者。一般而言，对不同的目标消费群体应该有不同的品牌，如果实施同一品牌战略，却又将具有很大差异的消费者整合到一起，就会破坏品牌定位，失去既有的消费者。

（二）品牌组合战略

品牌组合战略又称为多品牌战略，是指企业对于所生产的属于同一产品大类的不同产品使用不同的品牌名称开展营销传播活动。事实上，多品牌战略在很大程度上是针对单一品牌战略的缺陷而制定的战略。

微课 3-2
品牌组合战略

1.品牌组合战略的优势

企业选择和使用品牌组合战略的最大优势是可以在企业内部形成良性竞争。负责不同品牌的经理无疑将投入全部精力来研究市场和消费者，以努力使自己所负责的品牌在市场上有良好的销售业绩，这就间接地提高了企业在品牌营销管理方面的工作效率。除此之外，企业采用品牌组合战略还具有以下几个优势：

（1）有利于细分市场。随着生活水平的提高和市场竞争的加剧，消费者对商品的需求必将呈现多样化趋势。以往具有大致相同需求的消费者（大群体）逐步分化为几类具有不同需求与偏好的消费者（小群体），相应地，以往能够满足大众消费需求的品牌也不断开发出新产品来满足有不同需求的消费小众。面对这样一种市场需求的变化，企业如果选择和采用品牌组合战略，就可以根据不同市场的不同需求，不断开发和推出不同型号、不同功能、不同特色的能够满足不同消费者的不同需求的品牌产品。

（2）有利于扩大市场占有率。一个企业如果采用品牌组合战略开展市场营销活动，就可以在产品分销过程中占据更大的货仓和货架空间，这就相应地挤占与减少了竞争对手产品的货仓和货架空间，从而为本企业的某一大类的品牌产品获得更大的市场占有率奠定了良好的基础。

（3）有利于突出品牌特性。由于品牌组合战略的目的是满足不同消费者的不同需求，因此，从市场营销的角度而言，企业就必须努力突出不同品牌产品的特性，以吸引目标受众成为本品牌产品的尝试性购买者，直至成为实际消费者和重复消费者。如宝洁公司旗下的三大洗发水品牌，各自均有明显的品牌特性：海飞丝的品牌特性是"去头屑"，潘婷的品牌特性是"使头发健康亮泽"，飘柔的品牌特性是"更飘、更柔、更自信"。三个品牌完全可以通过广告向目标消费者诉求各自的特性，以便目标消费者有针对性地选择适合的品牌产品。

（4）有利于分散企业经营风险。同一品牌战略的优势是企业可以集中资源开展有利于品牌发展的营销传播活动，劣势就是企业承担的市场风险太大。也就是说，一旦市场需求发生变化，企业的经营将处于十分危险的境地。如果实施品牌组合战略，企业就好比将鸡蛋放在了好几个篮子里，其在经营上的安全系数自然会大大增加。

2.品牌组合战略的劣势

品牌组合战略虽然有上述许多优势，但也有一些劣势，这些劣势使得许多企业较少使用这种战略开展品牌营销活动。

（1）营销费用过高。如果一个企业同时拥有两个或两个以上的品牌，那么市场推广成本显然要比单一品牌的市场推广成本高出许多，这对于许多财力有限的企业而言是难以承受的，这也是在现实中采用此种战略的大都是实力雄厚的跨国公司的原因。

（2）品牌管理难度加大。首先，企业实行品牌组合战略，必须采用相应的品牌管理体制，制定相应的品牌管理制度，配备相应的品牌管理人员；其次，企业在资金有限的情况下，分配给几个不同品牌的市场推广费用难以做到公平合理；最后，如何防止企业内不同品牌经理之间展开恶性竞争也是一个具有挑战性的问题。上述种种问题必将大大增加企业品牌管理的难度，如若管理不好，极有可能对企业的正常经营造成损失。

（3）品牌自身竞争导致资源浪费。实施品牌组合战略的企业往往围绕一个产品大类细分市场，开发出相应的品牌产品，问题是各个细分市场的边界不可能泾渭分明、一清二楚，多个细分市场之间总会出现模糊地带，这就为各个品牌的市场竞争（相互蚕食）提供了可能。如果企业不能在各个品牌之间进行合理协调、保持差异，以适应不同细分市场的不同需求，就有可能导致品牌之间的恶性竞争，造成企业资源浪费。

3.品牌组合战略的实施原则

对于许多企业而言，实施品牌组合战略既有利也有弊。如果企业选择品牌组合战略，则应该注意把握以下几个原则，并以此作为实施品牌组合战略的前提：

（1）市场需求发生平行裂变。实施品牌组合战略的前提是，市场已经明显地平行出现两个或两个以上的不同需求，而且已经有企业开始生产能够满足这些不同需求的产品，也就是说，市场已经被消费者的不同需求裂变出若干细分市场，在这种情况下，企业可以考虑实施品牌组合战略。

（2）市场需求发生纵向裂变。消费者根据自己的收入水平、生活质量和审美品位，使某一产品大类的市场出现纵向裂变，细分为若干不同档次的市场。如果企业所面对的市场属于此种情况，也可以考虑采用品牌组合战略。采用品牌组合战略，可以根据高、中、低档市场分别开发出三个品牌，以占领高、中、低档市场，这样也不会造成消费者对品牌的混淆。

微课3-3

复合品牌战略和许可授权战略

（3）企业资源雄厚。实施品牌组合战略需要投入更多的推广费用，因此，只有当企业拥有足够的资源，并且目标市场的发展趋势比较明显，所有细分市场的容量均足以支持企业对应品牌产品的发展时，才能运用这种战略。

（三）复合品牌战略

复合品牌战略是指企业在实施品牌营销战略的过程中，赋予同一产品两个或两个以上的品牌名称。采用这种战略的好处是：一方面可以通过主品牌向目标受众传播企业的声誉和形象；另一方面可以通过副品牌向目标受众传递产品的个性特征，以达到两全其美的营销与传播效果。根据复合品牌所处的层次不同，许多企业在实际运用中，一般又将复合品牌分为三种情况：双品牌组合模式、联合品牌组合模式和成分品牌组合模式。

1.双品牌组合模式

双品牌组合模式又称主副品牌模式，是指企业在对生产或经营的各种产品使用一个主品牌名称（一般是企业品牌名称）的同时，再根据各种产品的不同性能和特点分别使用不同的副品牌的战略。企业采用双品牌组合模式需要具备两个基本条件：一是企业的主品牌具有较高的声誉，能够吸引一部分消费者成为其忠实顾客；二是企业所推出的各个副品牌产品确实在性能上有明显的差异。如格力空调的每种产品都有一个副品牌名称，像"睡梦宝""小金宝""凉之夏"等，格力是主品牌，"睡梦宝""小金宝""凉之夏"等就是典型的副品牌。

采用双品牌组合模式的优势是能够突出品牌的正统性，彰显产品个性，有利于推出新产品。双品牌组合模式的采用原则是主副品牌主次有别，副品牌应表现出个性。

【品牌故事分享3-1】

海尔的主副品牌战略

目前，海尔产品已有冰箱、冷柜、空调、洗衣机、彩电、计算机、手机等69个大类10 800多个品牌，成为拥有白色家电、黑色家电和米色家电的中国家电第一品牌，其中部分品牌见表3-1。

表3-1　　　　　　　　　　　　　　　**海尔的主副品牌战略**

冰箱	空调	洗衣机	彩电	热水器
海尔小王子 海尔双王子 海尔大王子 海尔帅王子 海尔金王子 海尔冰王子	海尔小超人 （变频空调） 海尔小状元 （健康空调） 海尔小英才 （窗机等）	海尔神童 海尔小小神童	海尔探路者	海尔小海象

2.联合品牌组合模式

联合品牌组合模式是指两个或两个以上的企业通过合作、联营、合资等方式共同开发和生产产品，并使双方品牌并列或者另创品牌的一种品牌营销手段。例如，Smart汽车是由梅赛德斯-奔驰与斯沃琪合作生产并另创品牌（见图3-1）。

图3-1　Smart汽车广告创意作品

联合品牌组合模式又可以表现为两种形式，即强强联合型和以强扶弱型。前者是两家或两家以上强势品牌的联合，通过联合可以更加有效地整合资源，所生产的产品能够扬长避短、优势互补，从而在同类产品市场上形成巨大的竞争优势。后者一般是比较知名的品牌联合新生品牌，这种组合的问题是拥有较高知名度品牌的企业因担心自身的声誉受到影响而不太愿意联合。如何在借助知名品牌光环的同时，使该品牌的企业也感到在联合中有利可图，是此种联合品牌组合模式的重要前提，这就需要相对弱小的企业有较强的发展潜力。

使用联合品牌组合模式有以下优势：一是资源整合，提升效益；二是共同经营，共担风险。总之，强强联合型和以强扶弱型各有优势与劣势，以及各自不同的适应条件，企业应该根据自身所拥有的资源，结合行业的实际情况，选择适合自身经营发展的模式。

3.成分品牌组合模式

成分品牌组合模式是指企业所生产的产品中不可或缺的关键原材料或部件由其他品牌供应商提供，企业在进行市场营销的过程中必须将上述原材料或部件的品牌供应商向受众明示。

从消费者行为角度来看，产品中如果含有某成分品牌（大多数情况下，该成分品牌是行业内的首选），则往往被消费者认为该产品具有较高的品质保证。企业在使用成分品牌组合模式，尤其是该成分品牌是消费者心目中的行业标准时，将十分有助于增强消费者对产品的使用信心（见图3-2）。

图3-2　联想电脑广告创意作品

（四）许可授权战略

许可授权是指使用他人品牌的名称、标志（图形）或其他品牌元素来促进本企业产品销售并支付固定费用所达成的协议。从本质上说，这种做法是一个企业"租赁"他人品牌以帮助自己的产品创建品牌资产的一种品牌营销战略。由于这是创建品牌形象的一条捷径，有越来越多的企业采用这种战略创建并推广自己的品牌。相对而言，娱乐业内的许可授权更普遍一些，成功的授权对象有电影名称（如《哈利·波特》《星球大战》《蜘蛛侠》等）、图形、连环画形象（如加菲猫等），以及影视作品中的卡通形象（如《芝麻街》《辛普森一家》）等。

1.许可授权的优势

许可授权对许可方而言是一种有利可图的商业手段。许可授权很早就成为服装、饰品设计师非常重要的业务项目。设计师（如范思哲、皮尔·卡丹、贝纳通等）将他们的名称授权许可给服装、腰带、领带、皮包等各种商品，收取昂贵的许可使用费。在过去的30多年里，拉尔夫·劳伦是世界上最成功的设计师，他将拉夫·劳伦、Double RL以及Polo的品牌授权许可给各种不同的商品，创造了50亿美元的收入。

对于被许可方而言，使用许可授权的最大优势是能够在短时间里根据市场需求的热点，以某个受到人们追捧的人物、事物或事件的名称向市场推出某种产品，从而获得最大的市场销售效益。

2.许可授权的劣势

运用许可授权战略固然可以在短时间里使某一品牌受到市场追捧而获得较理想的市场效益，但这往往又构成一个营销陷阱，即被许可授权的产品只是短暂的时髦，当人们的热情消退之后，销售便会一落千丈。如Barney（郑兆良）授权服装产品的销售额在1993年达到5亿美元的骄人成绩，在次年销售额却迅速下降。鳄鱼品牌服装的销售额在1982年达到4.5亿美元这一峰值之后，由于其品牌被过多许可授权及折价销售，1990年它的销售额锐减到1.5亿美元左右，在该品牌被Phillips-Van Heusen购买之后，对品牌许可授权谨慎使用，才使得该品牌的市场经营状况有所恢复。

3.采用许可授权战略的原则

企业在采用许可授权战略之前，应通过许可协议将双方的权利和义务予以规范与明确，尽可能保护自身合法权益，尤其是对那些品牌资产较弱、对许可方品牌依赖程度高的企业而言更是如此。例如，企业可以通过扩大许可授权实体的范围和拉长其中一些许可授权的合作年限来分散经营风险。另外，企业可以开发一些具有独特性能的新产品和进行一些别具一格的营销活动，努力使自己的营销活动不完全局限于授权品牌。

4.企业商标许可授权

企业商标许可授权是许可授权一个迅速增长的分支，它是指企业将其名称、标志或品牌授权给予本品牌产品大类没有任何关联的企业，由该企业以许可品牌的名义进行产品的销售活动。例如，哈雷-戴维森品牌已经成为摩托车和自由生活方式的代名词，因此，哈雷-戴维森将其企业（品牌）商标授权给许多与摩托车毫无关联的产品大类，其中包括服装、打火机、葡萄酒、饮料等（见图3-3）。

图3-3　哈雷-戴维森摩托车广告创意作品

不同的企业对于商标许可授权的动机是不一样的，这些动机包括试图获取额外的收入和利润、增加自己品牌的曝光率或提升品牌形象等。其中，获取利润是最吸引人的，因为商标许可授权不会产生任何存货、应收账款、制造费用等方面的风险。在通常情况下，被许可方将以每件商品批发价的5%的价格向许可方支付商标许可使用费。事实上，该支付比例一般为2%～10%不等，视企业商标价值高低由双方协商决定。

不过，不加选择地滥用商标许可授权有可能给许可方带来风险，即被许可的产品达不到许可商标应有的声誉，可能会淡化许可商标在消费者心目中的价值联想，甚至会影响或损害许可商标的形象。

三、品牌营销战略规划

品牌营销战略规划很重要的一项工作是规划科学合理的品牌化战略与品牌架构。在单一产品的格局下，营销传播活动都是围绕提升同一个品牌的资产而进行的，而产品种类增加后，就面临着很多难题。品牌化战略与品牌架构优选战略就是要解决这些问题。

现在，国内不少企业就是因为没有科学地把握品牌化战略与品牌架构，在实施品牌发展规划时，在这一问题上因决策失误而错失良机，不仅未能成功地开拓新产品市场，而且连累了传统产品的销售。

（一）品牌营销战略分析

企业的品牌战略必须建立在一定的客观环境基础上，不能仅靠主观臆断，准确地把握与分析环境要求是成功进行品牌战略策划的前提。

1.品牌市场需求分析

品牌市场需求分析是指对消费者需求的分析。消费者对品牌的需求表现为两种需求：一是功能性需求，即要求品牌具有作为标志帮助消费者或用户识别企业的特定产品的功能；二是情感性需求，即要求品牌能够寄托消费者或用户的某种感情，如愉悦、信任、崇拜、敬仰、联想、自豪、舒适等。

分析市场需求一般从市场调查开始。大多数企业的市场调查仅限于产品的调查，如了解用户喜欢什么样的产品，能够接受何种价格，可以通过什么渠道购买等，很少有品牌方面的调查研究。其实，消费者对品牌也有自己的看法，比如许多消费者要求品牌的名称朗朗上口、好读易懂；品牌的外部标志特征明显，容易识别，可以与其他商品相互区别；品牌的文字、图案、颜色要与自身的文化趋同。

2.竞争者品牌战略分析

竞争者品牌战略分析对企业有针对性地确定自己的品牌战略十分重要。竞争者品牌战略分析包括以下几点：①分析竞争者品牌设计的科学合理性，即能否充分满足消费者各方面的功能和情感需求；②分析竞争者的品牌定位，即竞争者的品牌是针对哪一类消费者的，要给消费者留下何种印象；③分析竞争者品牌设计的现实基础，即商品的质量、技术水平、服务能力等；④分析竞争者的品牌延伸空间，即是否将该品牌应用到竞争者的其他商品当中去。

对竞争者品牌战略的分析，可以帮助企业找到竞争者在品牌管理方面的弱点，从而确定更有竞争力的品牌战略。

3.品牌政策环境分析

品牌政策环境是指国家对企业品牌的法律保护和知名品牌的产业支持政策。品牌政策对企业品牌战略的制定和实施有着重要的指导意义。以农业品牌政策环境分析为例，发达国家和地区的经验表明，树立国际知名农产品品牌需从五个方面着手：第一是挖掘区域资源优势，树立区域品牌；第二是严格进行质量管理，赢得市场信誉；第三是加大科技投入，提升品牌质量；第四是做好品牌市场营销，推介知名品牌；第五是强化政府扶持，供给配套措施。借鉴国外经验，结合我国实际，发展品牌农业需要从政策上做好以下四个方面工作：

（1）立足资源优势，搞好品牌农业规划。企业应围绕区域优势主导品种和产业，制定品牌农业发展规划，挖掘和整合农业优势资源，大力培育区域集体品牌，集中力量打造一批优势农产品知名品牌。

（2）完善标准体系建设，不断强化全程质量监管。质量是品牌的生命，标准化是品牌化的基础。各地农业主管部门应围绕主导产业的发展，完善标准体系建设，做到有标可依、有标必依；围绕打造名牌，对标准化生产技术和管理措施进行示范推广，强化全程质量控制。

（3）扶持龙头企业，加大品牌培育力度。培育一批精通农产品品牌和品牌经营的企业家，以及专注于技术、会经营的农民；扶持或引进一批具有开发、加工及市场开拓能力的龙头企业，对当地特色农业进行深度开发，并与农民专业合作社或农户建立紧密的利益联结机制，形成打造品牌农业的利益共同体。

（4）加大政府支持力度，完善品牌发展政策。建立区域公共品牌建设与保护机制，加强地理标志等知识产权保护；建立有特色的区域品牌产地市场，为农产品品牌构建完善的信息网络和物流体系及产品推广和销售服务平台；制定税收优惠政策，加大政府公共财政投入扶持优质农产品基地建设，放宽金融信贷政策。

4.企业品牌资源条件分析

企业品牌资源条件是指企业所具有的可用于进行品牌战略规划、实施和控制的各种资源。虽然大多数企业在其生产活动中已经形成和积累了一些品牌管理资源，但是很少有企业从战略高度认识这些品牌资源的实际作用，更没有充分开发与利用已有的品牌资源。因此，企业应对现有的品牌资源进行品牌定位分析，从企业未来发展的战略目标角度考虑取舍，对于有发展前景的品牌进行有效保护和拓展，这样既节约人力、物力、财力，又可以使企业在较短时间内见到效果。对企业两个现有资源可以使用表3-2进行比较与分析。

表3-2　　　　　　　　　　　　　　　　**品牌资源评价表**

品牌资源	品牌评价				
	企业战略目标	消费者需求	与竞争者比较	品牌政策	综合评价
品牌 A	一致	满足	有优势	支持	使用
品牌 B	不一致	不满足	没有优势	不支持	不使用

（二）品牌营销战略规划的制定步骤

在品牌营销战略环境和企业资源条件分析的基础上，可以制定品牌战略规划。一般来说，品牌营销战略规划的制定包括以下三个步骤：

1.确定品牌营销战略目标

品牌营销战略目标也称为企业品牌的愿景，企业品牌营销战略目标应与企业总体战略目标一致，并且服务于企业的整体战略。例如，当企业把争取

微课 3-4

品牌营销战略
规划的制定
步骤

国内市场最大份额作为发展目标时，品牌营销战略也应当把争取提升国内客户的忠诚度作为自己的战略方向。品牌营销战略目标包括以下三种：

（1）品牌的竞争实力。它主要通过品牌的知名度、美誉度、认可度和顾客的忠诚度来体现，这些方面能够多侧面地展示品牌的综合竞争实力。

（2）品牌的拓展能力。它主要通过品牌的联想度和延伸空间来实现品牌的扩张，从而形成品牌族群。

（3）品牌资产的增值能力。品牌资产的增值对企业来说是战略的终极目标，主要通过品牌在市场上的不断推广来获得企业销售收入与企业利润。

2.理性选择品牌营销战略类型

企业要根据经营环境和资源条件的分析，确定选择何种类型的品牌营销战略。在选择品牌营销战略类型时必须实事求是、高瞻远瞩，为企业品牌的延伸和品牌资产扩张留下足够的发展空间。企业要结合现有资源状况，包括实施品牌营销战略的目标、品牌市场定位、企业自身条件（如企业规模与实力、企业信誉、产品种类）等因素，综合考虑各种品牌营销战略类型和品牌组合方式的优劣势、适用性，然后进行比较与选择。

首先，要考虑企业实施品牌营销战略的目标，包括提高品牌竞争力和品牌市场占有率、提升企业形象、凸显经营特色、提高顾客的品牌忠诚度、增加销售额等。

其次，除了要考虑产品线本身的长短以外，特别要考虑到不同产品或者不同产品类别之间存在的相互影响。和单一品牌战略以及多品牌战略中的独立产品品牌方式不同，多品牌中的分类品牌方式把按照商品类别或者细分市场划分的产品置于统一的品牌之下，能够在营销中充分考虑特定目标顾客群的诉求和愿望。

最后，考虑企业的规模、实力与信誉等优势因素。例如，在疫情之下，新的消费环境出现，同时也催生出新的市场消费习惯及与之相适应的消费场景。网店销售、短视频宣传推广、直播带货成为越来越多茶商的选择。茶叶新零售花样百出，很多茶企尤其是小茶企，开始考虑小成本的、更为灵活的营销方式，如社交电商、社群卖货、众筹、竞拍、直播等，在大品牌集中化的市场中，逐渐开辟出一条增量道路，并吸引了不少跨界新生消费者。

总之，无论企业选择何种品牌营销战略，其本质都是对企业经营理念的贯彻，都必须以符合社会公众情感期盼的企业理念为指导。只有在正确的企业经营理念的指导下，企业的品牌经营战略才能形神合一。

企业还必须设计品牌营销战略的空间结构与时间结构。品牌营销战略的空间结构是指对实施品牌战略的各职能部门的分解。这种分解可以将品牌战略转化成具体的战略任务，以便落实于每一个职能部门和每一个员工。

品牌营销战略的时间结构是指把品牌战略的各个阶段有机地联系起来，形成完整的时间周期变化结构图。

3.制定企业品牌营销战略方针

企业品牌营销战略方针是实施品牌战略时所要遵守的基本原则，违反这些原则可能会影响企业品牌营销战略的有效实施，阻碍品牌战略目标的实现。企业品牌营销战略方针可以通过制定相应的规章制度加以实施。企业品牌营销战略方针主要有以下三个：

（1）围绕品牌营销战略任务整合资源。企业要在明确品牌营销战略任务的基础上把有限的人力、物力、财力资源进行有效整合及优化配置，使企业全部经营活动的焦点都集中到品牌的战略目标上，切不可把有限的资源分散使用甚至错误配置。

（2）坚持品牌的核心价值观。品牌是一个企业、一个城市乃至一个国家竞争力的综合体现，代表着供给结构和需求结构的升级方向。品牌的核心价值是品牌的生命之魂，必须持之以恒，不断加深核心价值在消费者心目中的印象，不可随意变化。在当今世界建筑领域，中国建筑、中国铁建、中国中铁、中国交建等国有企业在公路、铁路、桥梁、港口等建设方面成为世界公认的领先企业。这些企业是中国的，在开拓市场中不可能放弃国家标签。每个品牌就像每个人一样，必来自某个地方，具有不同的特色。无论品牌在哪个方面构思、设计或产生，它的名称和内涵都决定了它的地理自然认知。对于已经成熟的国有企业品牌或产品品牌，企业应该有国家自信、品牌自信，只要保证打造出高质量的产品，就能对国家、企业的品牌打造发挥积极的作用。例如，光明食品集团以乡村振兴战略为宗旨，不断做出努力和贡献，成就了光明的企业使命。正因为有这样的核心价值观，光明品牌与中国广阔的农村，特别是贫困地区结合在一起。随着乡村的振兴，光明把集成的畜牧技术、农业高新技术、种业技术、沃土技术带到这些地区，把农产品的价值进一步扩大，让农民得到真正的实惠。

（3）用品牌价值的增减变化衡量企业业绩。企业各部门经营活动的绩效要用对品牌的贡献来衡量，凡是有利于增加品牌价值的行为应该给予精神或物质奖励，这样不仅可以形成人人关注企业品牌的良好氛围，还会使企业在更高的层面实现品牌价值。

总之，品牌营销战略规划的职责与内容就是以品牌核心价值为中心，不断整合企业的一切价值活动，同时优选高效的品牌战略与品牌架构，不断使品牌资产增值并且最大限度地合理利用品牌资产。企业的品牌营销传播活动就像组织或个人日常的政治、经济与社会活动，企业应把营销策略、广告创意、终端陈列与促销作为品牌战略管理的日常工作。

【延伸阅读】

通用电气的营销战略

通用电气（GE）是全球最大的多元化经营跨国集团，在诸多方面确立了世界公认的领先地位，其下属11个集团均已雄踞时代的顶端。它在全球100多个国家开展业务，拥有员工近34万人。在新经济时代，GE致力于用自己的服务创造更美好的生活。

GE是世界上最大的电气公司。GE的历史可以追溯到1878年爱迪生创建的爱迪生电灯公司。1892年，爱迪生电灯公司和汤姆森休斯敦电气公司合并，成立了通用电气公司。GE是道琼斯工业指数自1896年设立以来唯一一家仍在指数榜上的公司。

一、企业战略

GE的企业战略主要包括三个部分：战略分析、战略规划与战略实施。

（一）战略分析

西方主流战略思想在战略分析部分采用迈克尔·波特五力（供应商、客户、替代产品、新进入者、竞争程度）模型来分析行业竞争环境，回答我们可以做什么，用SWOT（一种对企业内部条件和外部环境等各种因素进行系统评价，从而选择最佳经营战略的方法）来分析企业内部竞争力与外部环境，回答我们能够做什么。用五力模型与SWOT去看GE的行业或业务选择，就是GE将自己定位为只做高科技、服务与核心业务。

（二）战略规划

GE的战略规划分四大部分：第一是全球化战略，这使得GE 40%的收入来自美国之外；第二是以服务为中心战略，以并购和附加值服务推动GE的高速成长；第三是六西格玛战略，这一战略使GE从内部转向外部，成为一家真正以客户为中心的企业；第四是电子商务战略，1999年GE提出了电子商务战略，2000年GE电子商务的交易额为70亿美元，运营成本节约了50%。

（三）战略实施

战略实施也就是如何做才能保证目标实现。GE的无边界、群策群力等文化变革只不过是在营造一种公司战略实施的基础，关键在于它的实施体系，比如它的质询体系——GE称之为"C会议"，再如它的人力资源奖罚晋升体系等。正是这些战略实施体系保证了GE战略的成功。

二、品牌策略

在2019年全球最具价值品牌排行榜500强中，GE以282.63亿美元的品牌价值位列第51位。在前51位享誉全球的品牌中，有11家是专业科技企业，9家是金融机构，7家是通信企业，10家是零售企业，6家是制造业，还有7家是从事媒体、石油、保险等其他行业，只有一家是多种经营企业，这就是通用电气。

（一）用心去做品牌

GE是世界上最大的集制造、技术和服务于一体的多元化跨国公司，GE的品牌含义很广泛，代表多元化业务、财务实力、经营规模、科技创新、价值观和人。GE总部通过定期专业调研收集商业从业人员和普通消费者对GE的意见。GE在北美、南美的品牌知名度最高，在欧洲次之，在亚洲一般。GE的品牌主要表现在专业领域有良好声誉，与最终用户的关系更多的是以间接形式表现出来的。

（二）靠人和企业文化做品牌

在GE发展的100多年历史中，激动人心的事情数不胜数，它们把GE推向更加成功。20世纪80年代初，GE将自己臃肿的350个业务部门精简为现在的10个核心业务部门，使其成为行业中的翘楚，这家多元化公司的11个业务集团拆开来排名，有9个可以进入《财富》500强。

GE有一整套考核和激励人员的方法，对员工的要求是"又红又专"，就是既有GE价值观又有业绩。员工参加360度评估，让你的上司、同事、下属和客户从不同角度对你进行评估，让你知道如何提高自己。公司要求经理人员把手下员工分为几个档次，最好的占10%，次好的占15%，中等的占50%，较差的占15%和最差的占10%。对于最好的10%的员工公司给予奖励和培养，最差的10%的员工什么都得不到。经理人员要心平气和地与下属坐在一起，告诉他们在公司所处的位置，尽早和员工说实话，让他们对自己有认识，使员工不断进取、天天向上。

（三）关注客户需求，搞好客户关系

GE从来没有纯粹为了品牌而做过什么。GE在中国基本上没有做过广告。GE更愿意做的事情是向专业领域、向现有的和潜在的客户介绍自己，使了解GE是一家很好的公司，如果合作，GE是最好的和最值得信赖的公司。

一个知名品牌的建立需要相当长的时间，GE有长达百年的历史，但塑造一个知名品

牌绝不仅仅是时间问题。

　　GE 的每个业务集团都是其行业中的第一名或者第二名，GE 最大限度地关注客户需求。从来没有像现在这样，客户需要越来越多的服务，GE 正是从客户需求中获得了无限商机。比如，GE 现在有庞大的金融服务系统，开展的业务从信用卡发行到保险，从结构融资到集装箱租赁，有高达 40% 的利润来源于此。在大多数人还把 GE 同制造商联系在一起时，GE 已经深入到客户当中，在提供高质量产品的同时提供高附加值的服务。

　　资料来源　作者根据通用电气公司相关年度报告编写而成.

【任务实施】

　　（1）自由分组，每6人一组。

　　（2）小组成员讨论品牌营销战略的概念及特征、品牌营销战略的种类、品牌营销战略规划，讨论时间为 10 分钟。

　　（3）小组成员根据所学知识，对创建的模拟品牌进行品牌营销战略制定，训练时间为30 分钟。

　　（4）任务评价（见表 3-3）。

表 3-3
品牌文化塑造训练任务评价表

评价指标	评价标准	分值	评估成绩
品牌营销战略制定训练效果	1.理解品牌营销战略的概念及特征、品牌营销战略的种类、品牌营销战略规划	20	
	2.能识别品牌营销战略制定训练易犯错误	20	
	3.能灵活运用品牌营销战略制定训练的应对策略	20	
	4.讨论积极，效果明显	15	
	5.态度认真，遵守时间	10	
	6.汇报得当	15	
小组综合得分			

任务二　品牌延伸战略选择

【任务解析】

　　企业为了在市场营销中长期保持竞争优势，一方面，要加速研发和推出新产品，这是企业赢得竞争优势的根本战略；另一方面，如何充分地利用品牌资产，用较小的风险取得更大的市场效益，则是企业开拓市场战略的核心内容。将这两者有效地加以整合，就形成了品牌延伸战略。通过深入分析目标市场、消费者需求及竞争对手情况，选择延伸类型，根据品牌核心价值和市场定位判断，考虑品牌膨胀和冲突的风险，选择低风险、高潜力的延伸领域。

【知识链接】

品牌延伸理论的广泛运用，首先源于消费者对品牌商品的关注焦点从单纯的视觉沟通转移到品牌诉求的承诺上，这就迫使企业只有通过不断地进行技术创新，向市场推出新产品，才能保持品牌的现代化。其次是随着企业在市场营销和广告上不断增加投入，企业不得不将有限的营销推广费用集中在少数几个具有市场影响力的品牌上。这两个方面直接导致企业对品牌延伸战略越来越重视，品牌延伸战略运用的范围越来越广，频率越来越高。

一、品牌延伸的概念与类型

微课 3-5

品牌延伸的概念

（一）品牌延伸的概念

任何一个企业准备向市场推出一款新产品之前，可以利用的品牌策略大致有三种：一是单独为新产品开发设计一个新品牌；二是以某种方式使用现有品牌；三是将新品牌与一个现有品牌整合使用。如果企业利用一个现有品牌推出新产品，以便目标消费者对现有品牌的信任转移到新产品上，那么这种方法就叫作品牌延伸。必须指出的是，品牌延伸并非只是新产品借用老品牌那么简单，而是新产品对老品牌资产的全面的、策略性的利用。如康师傅饼干就是康师傅（方便面）品牌延伸。

【品牌故事分享3-2】

金利来的品牌延伸

金利来公司在品牌延伸时，成功地运用了产品线品牌延伸策略。金利来系列男士用品在高收入男性阶层中备受青睐，"金利来，男人的世界"这一广告词也为人们认知、认同。金利来公司在扩张前对市场做了翔实调查，逐步推出了新的男士用品，包括皮带、皮包、钱夹、T恤衫、西装等男士服装和饰品，后来还推出了皮鞋，从而使"金利来，男人的世界"得到进一步体现，成功地实现了企业的品牌延伸。金利来品牌广告见图3-4。

图3-4　金利来品牌广告

品牌延伸是指企业将某一知名品牌或某一具有市场影响力的成功品牌扩展到与成名产品或原产品不尽相同的产品上，即凭借现有成功品牌推出新产品的过程。而品牌延伸策略是把现有的成功品牌，用于新产品或修整过的产品上的一种策略。此外，品牌延伸策略还包括产品线的延伸，即把现有的品牌名称使用到相同类别的新产品上，从而推出新款式、新口味、新色彩、新配方、新包装的产品。品牌延伸并不只是简单借用表面上已经存在的品牌名称，而是对整个品牌资产的策略性使用。在互联网经济背景下，企业借助于跨业甚至跨界延伸，可以使新产品借助成功品牌的市场信誉在节省促销费用的情况下顺利进入市场。

当一个企业的品牌在市场上取得成功后，该品牌便具有市场影响力，会给企业创造超额利润。随着企业的发展，企业在推出新产品时，自然要利用该品牌的市场影响力，品牌延伸就成为自然的选择。这样不但可以省去许多新品牌推出的费用和各种投入，还可以通过借助已有品牌的市场影响力，将人们对品牌的认识和评价扩展到品牌所要涵盖的新产品上。

在具体运用品牌延伸策略中，现有品牌的商品称为"母品牌商品"，利用母品牌进行品牌延伸的新产品称为"子品牌商品"，消费者最容易由某品牌产生联想的商品称为"旗舰品牌商品"。在大多数情况下，母品牌商品与旗舰品牌商品并无二致，如人们提到康师傅品牌，自然会联想到方便面，康师傅方便面既是母品牌商品，也是旗舰品牌商品。不过，也有极少数例外情况。如人们提到 IBM 时，首先联想到的不是最先使用该品牌的商品——天平，而是在市场上影响最大的旗舰品牌商品——电脑。通过这一实例可以发现，在运用品牌延伸策略的过程中，消费者对品牌所产生的联想指向并不是母品牌商品，而是影响力最大的旗舰品牌商品。针对这一现象，企业在实施品牌延伸策略时，要关注如何将旗舰品牌商品的良好形象转移到新产品上去。下面讨论品牌形象转移的概念。

1.品牌形象转移

品牌形象转移是指消费者将其对某一品牌商品的积极意义的联想转移到该品牌的新商品上。在品牌延伸策略的具体实施过程中，企业就是期望将旗舰品牌商品的形象转移到子品牌商品上，从而有利于子品牌商品被目标消费者认同并迅速进入市场。品牌形象转移的实现至少需要两个基本的实体：品牌形象转移的来源体（旗舰品牌商品）和目标体（子品牌商品）。首先，品牌形象转移的来源体必须在消费者心目当中具有较正面形象和积极意义的联想，而且来源体与目标体之间应具有某种关联或共性，如在品牌延伸中旗舰品牌商品与新产品拥有共同的品牌名称等。其次，目标体也应拥有能够激发消费者产生品牌联想的属性。如宝马汽车通过品牌延伸设计并生产出高品质的男士休闲服装，使其服装也能像宝马汽车一样使消费者联想到很高的社会地位。当企业具备了这两个条件，其所实施的品牌延伸策略成功的可能性就会大大增加。

基于品牌形象转移的品牌延伸策略还包括成分品牌策略、联合品牌策略和品牌认可策略。成分品牌策略是指品牌商品只能作为某一商品的一部分（零部件）使用，如戴尔电脑使用英特尔处理器，其成分品牌英特尔充当了来源体的角色，戴尔电脑则扮演了目标体的角色，戴尔电脑又可称为载体品牌（见图 3-5、图 3-6）。

图3-5　英特尔品牌标志

图3-6　戴尔电脑广告

联合品牌策略是指由两个企业共同推出一款新产品，并在新产品上将两个品牌的名称予以标示。如索尼与爱立信共同研发推出的索爱手机即属于典型的联合品牌，在这个例子中有两个来源体，也就是索尼和爱立信，目标体则是索爱手机。

品牌认可策略是指企业在推出新产品时使用新的子品牌名称，但在其产品包装或广告传播中明显地突出其母品牌名称。例如，宝洁公司在它的各种产品广告之后都会强调"宝洁公司"这个母品牌名称。在这个例子中，认可品牌宝洁公司就是来源体，其属下的其他产品就是目标体。

2.品牌形象转移的实现条件

企业在实施品牌延伸策略时，先决条件是要保证品牌形象能够成功地转移到新产品上，品牌形象转移的实现又必须满足以下两个方面的要求：

第一，来源体的品牌具有较高的附加值。在品牌形象转移的过程中，来源体（旗舰品牌商品）必须具有较高的品牌附加值（消费者对品牌的感受、信任度、认同度），才有可能使品牌形象转移成功。如果来源体附加值较低，企业则应该延缓品牌延伸策略的实施，先通过加强产品质量管理、提升产品品质以及增加广告投入等手段努力使品牌附加值达到较为理想的水平。只有品牌附加值达到一定的水平之后，企业才可考虑使用品牌延伸策略。

第二，来源体与目标体具有一定的相关性。在品牌形象转移过程中，影响品牌形象转移的因素还有来源体与目标体之间的相关程度，包括新老产品之间的相关性、目标消费者之间的相似度以及新老产品在视觉上的相似性。

（二）品牌延伸的类型

品牌专家科普菲尔将品牌延伸分为两种类型，即相关延伸和间断延伸。

微课3-6

品牌延伸的类型和结果

所谓相关延伸，是指延伸的子品牌商品与旗舰品牌商品在生产技术和工艺上具有共通性，或者它们同属于一个产品大类。比如，以光学产品为主体的佳能公司，其旗舰品牌商品是照相机，佳能借助光学技术，逐渐将品牌延伸至复印机、打印机、数码相机等，此种品牌延伸就属于典型的相关延伸。

间断延伸则正好与相关延伸相反，是指延伸品牌商品与旗舰品牌商品之间在生产技术和工艺等方面没有任何关联。比如，雅马哈品牌拥有摩托车和电子琴两种完全不相关的商品，沃尔玛品牌所延伸的子品牌商品则可能覆盖整个消费品领域甚至耐用品，其品牌下覆盖的产品范围更为广泛。

至于上述两种品牌延伸类型哪种更好，不能一概而论。一般情况下，企业应该根据自身品牌的资源优势、市场环境的变化和消费者的需求以及市场竞争态势选择适合自身市场营销战略的品牌延伸方式。

（三）品牌延伸的结果

每一种品牌延伸策略的实施，都不可避免地会对企业的品牌形象资产产生影响。对于企业来说，由于各种因素的综合作用，实施品牌延伸策略的结果差异很大。品牌延伸的结果主要有理想结果、好结果、中性结果、坏结果和最坏结果。

1.理想结果

企业在实施品牌延伸策略之后，进一步扩大了品牌知名度，发展和丰富了品牌意义，其旗舰品牌商品和子品牌商品因相互之间的关联性以及在满足消费者的不同需求方面所形成的互补的产品结构，使企业的品牌在整体上获得了较大提升。比如，香奈儿在女性时装的基础上又陆续延伸出女性香水和珠宝等产品，其品牌延伸策略十分有利于巩固它在目标市场中的品牌形象（见图3-7）。

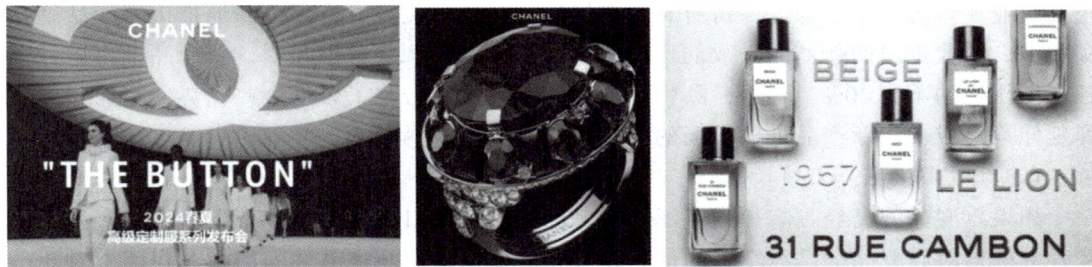

图3-7　香奈儿时装、珠宝和香水广告作品

2.好结果

企业推出的延伸品牌商品依靠旗舰品牌商品的影响力，在市场上得以快速成长，但企业的产品结构重心仍然在旗舰品牌商品上，延伸品牌商品在企业的整体业绩中所占比例仍然偏小。比如，梅林品牌商品是罐头食品，尤其是午餐肉罐头，20世纪90年代后期，梅林品牌开始向其他食品延伸，虽然延伸的食品可以利用梅林品牌资源进行市场推广，但在市场上的影响力仍然十分有限。

3.中性结果

企业在实施品牌延伸策略之后，市场销售业绩平平，品牌的知名度也没有明显变化。比如，上海红心器具有限公司推出电熨斗之后，又陆续向市场推出电饭煲、吸尘器等其他家用电器产品，但是这些产品并没有引起消费者对红心品牌的关注，或者说红心品牌没有使消费者产生任何联想，消费者只是认为红心企业有能力生产一系列家用电器产品罢了，其品牌延伸并没有改变红心企业的品牌形象。

4. 坏结果

企业所延伸的子品牌商品与旗舰品牌商品的市场定位或价值取向相冲突，导致消费者对品牌认知混淆，使延伸策略失败。比如，李维斯曾推出时装，却彻底失败，就是因为消费者对时装的认知和期望与对牛仔服的认知和期望有天壤之别。虽然李维斯在服装市场上有非常强的品牌影响力，但是这种影响力只能覆盖牛仔服市场，在时装市场上李维斯完全没有影响力，甚至在某种程度上说其影响力还是负数。

5. 最坏结果

企业实施了品牌延伸策略之后，其延伸的子品牌商品不但失败，而且损害了旗舰品牌的形象和资产。比如，皮尔·卡丹原本在高档时装领域有着令人瞩目的品牌影响力，但是皮尔·卡丹不断地使用品牌延伸策略，将其品牌延伸至上千个产品种类，尤其是在中国市场将其旗舰品牌（高端服装）延伸至中端市场，既没有在市场上引起反响，销售业绩也令人失望，而且损害了消费者对皮尔·卡丹高端时装的期待，使得皮尔·卡丹原有的目标群体（高收入者）都不再光顾皮尔·卡丹的专卖店了。

二、品牌延伸的优势

对大多数企业而言，在确定采用品牌延伸策略时，必须十分注重品牌延伸策略的实施细节，包括应该在何时、何地以及如何延伸品牌。总的来说，经过精心策划和实施的品牌延伸策略会为企业带来诸多竞争优势，这些优势主要包括两个方面：一是提高新产品的市场可接受性，二是为旗舰品牌提供反馈效益。

（一）提高新产品的市场可接受性

企业在市场竞争中为了保持有利的市场地位和竞争优势，必须不断地推出新产品。在实践中，企业推出的新产品失败的例子比比皆是。一项调查数据表明，新产品推出后，得到市场认可的不到20%。不过，品牌延伸给企业或品牌带来了以下一些优势，企业利用品牌延伸策略成功将新产品推向市场的比例可以提升至60%以上。

1. 提升品牌形象

如果旗舰品牌已经具有相当广泛的知名度和良好的口碑，对于品牌延伸的新产品，消费者会根据对旗舰品牌已经掌握的信息以及认为该信息与新产品之间的相关程度，对新产品的结构和品质做出判断或达成品牌形象转移。例如，当索尼推出一款新的多媒体笔记本电脑VAIO时，显然消费者基于对索尼品牌的信任而对VAIO这一新产品感到放心。

2. 减少消费者的风险感知

研究表明，影响新产品能否成功的最重要因素是其与旗舰品牌相关联的程度。如通用电气、惠普、摩托罗拉等国际知名品牌，其本身就向消费者传递了品质优异、信誉可靠的信息，这对于消费者而言无疑将大大降低使用这些品牌延伸产品的风险。因此，消费者对企业旗舰品牌的信誉感知在很大程度上保证了延伸品牌的成功。

3. 提高营销费用的使用效率

从营销传播的角度看，运用品牌延伸策略推出新产品的一个比较明显的优势是，在新产品导入市场的阶段，其传播活动只需集中于有限的时间和空间，向目标消费者集中诉求新产品能够带来的利益点即可，不必花大量的经费去向消费者诉求品牌名称。对于消费者而言，将记忆中已经存在的旗舰品牌与子品牌相关联，比花大量的时间和精力去记住一个新品牌要容易得多。美国的一项调查表明，运用品牌延伸策略向市场推出新产品的平均广告/销售量之比为1/10，企业向市场推出全新品牌的平均广告/销售量之比则为1.9/10，这一数据证明了实施品牌延伸策略可以提高企业营销费用的使用效率。

4.降低企业在流通渠道的管理成本

企业的营销活动不外乎采用"推"和"拉"的策略。所谓"拉"，即针对终端消费者，采用促销、广告等方式达到扩大销售的目的；所谓"推"，即针对中间商（包括批发商和零售商）开展能够激发其大批量进货和组织销售积极性的活动，以保证产品在流通环节能够不受阻碍，实现销售目标。企业在实施"推"的策略时，必须投入相当的时间与精力来拓展、建立和维护本品牌商品的销售渠道。采用品牌延伸策略的企业，尤其是子品牌商品与旗舰品牌商品属于同一产品大类，则完全可以利用旗舰品牌商品原有的销售渠道开展子品牌商品的销售活动，这就使得企业节省了流通渠道的管理成本。

5.避免创建新品牌的成本

一个品牌在市场上能够深入人心并受到消费者的欢迎和信任，绝不是一朝一夕的事情，必须经过长时间不懈地努力和坚持。企业需要制定并实施正确的营销与传播战略，还需在具体的实施环节上开展相应的工作，如进行必要的营销调研，聘用专业的策划公司为品牌设计名称、标志、视觉符号、包装，选择代言人，创作广告语，创作影视（平面）广告等，这些工作需要企业付出相当的人力、物力和财力，但是全新的品牌进入市场后，未必一定成功。借助旗舰品牌商品的市场影响力推出子品牌商品则完全不需要投入如此高的成本，成功的概率却远远大于创建全新品牌。

6.满足消费者多样化的需求

不同的消费者往往有不尽相同的偏好，即使同一个消费者，对品牌商品的偏好也会发生变化。因此，在同一产品大类里向消费者提供更多的有一定差异的产品，在相当大程度上满足了消费者的不同需求。为了有效地开展市场竞争，企业也有必要开发多种品牌延伸产品，以避免消费者的兴趣点发生变化转而选择竞争对手的商品。比如，宝洁公司延伸的洗发水子品牌有海飞丝、潘婷、沙宣、伊卡璐、飘柔等，这些在功能和诉求利益点上略有不同的子品牌同属一个产品大类，即使消费者所追求的产品利益有所变化，其选择的洗发水也大都还是属于宝洁公司的产品，这种策略对竞争对手而言无疑更具有侵略性。

（二）为旗舰品牌提供反馈效益

品牌延伸的优势除了可以提高新产品的市场可接受性外，还能以多种方式向旗舰品牌提供正面的反馈效益。

1.界定和拓宽品牌含义

实施品牌延伸策略有助于企业向消费者进一步阐明旗舰品牌的含义，界定其参与竞争的市场范围和类型。界定一个较为宽泛的品牌含义对企业来说十分必要，它可以使企业在营销发展战略上有较大的选择空间，为提出更具竞争性的营销战略打下基础。

2.提升旗舰品牌形象

从理论上说，企业运用品牌延伸策略取得成功的理想成果之一是其子品牌商品可以加强现有品牌的正面和积极的联想，改善现有品牌联想的偏好性，拓展现有品牌的经验范围，丰富子品牌的联想内容，从而在整体上提升旗舰品牌的形象。

企业实施品牌延伸策略可以通过阐述其核心品牌价值和联想扩大旗舰品牌对目标消费者的影响力。核心品牌联想是指那些能够代表所有产品特征的属性和利益，常常也是消费者心目当中印象最深的联想。例如，耐克从设计和生产跑鞋逐渐延伸到其他运动鞋、运动衣和运动器械，并通过品牌延伸不断丰富和强化其在消费者心目当中"巅峰表现"和"运动"的品牌联想。

三、品牌延伸的风险及防御

虽然实施品牌延伸策略可以为企业带来若干利益，但是如果企业在不恰当的时间采取不恰当的品牌延伸策略，则有可能给企业造成负面影响甚至带来经济损失。任何事物都有两面性，不可能十全十美。品牌延伸运用得当，自然会给企业带来利益，如果运用不当，则会给企业带来诸多风险。

（一）实施品牌延伸战略的风险

1.使消费者的品牌认知产生混乱

企业实施品牌延伸策略固然可以丰富其家族品牌的产品线，满足消费者的不同需求，但是也有可能由于在同一产品大类中提供的产品过多，反而使得消费者难以对诸多的品牌产品产生正确的认知和判断，无法弄清哪一款产品才是真正适合自己的产品，感到困惑甚至放弃购买某品牌商品的计划。一项市场调研的结果显示，在消费者的购买决策过程中，6种可供选择的商品比24种可供选择的商品更容易让消费者做出购买决策。因此，在有些情况下，过多的产品种类反而有可能导致消费者减少对商品的购买。

2.损害旗舰品牌的形象

实施品牌延伸策略最糟糕的结果并不是子品牌商品被消费者拒绝而退出市场，而是对旗舰品牌商品的形象造成损害，使旗舰品牌商品的市场占有率直线下降。这种"偷鸡不着蚀把米"的后果对任何一个企业来说都是灾难。比如，通用汽车于20世纪80年代推出了一款凯迪拉克Cimarron牌小型豪华车，其目标对象是那些希望拥有一辆真正的凯迪拉克但又囊中羞涩的消费者。然而，凯迪拉克Cimarron上市销售的结果是不仅它的销售业绩令人失望，还使得凯迪拉克的老用户都对凯迪拉克所延伸的子品牌Cimarron难掩愤怒之情，他们认为凯迪拉克所延伸的子品牌Cimarron极大地损害了凯迪拉克旗舰品牌豪华大型轿车的形象，在20世纪80年代中后期整个凯迪拉克车系在市场上的销量大幅下降。

3.挤占旗舰品牌的市场份额

即使企业在实施品牌延伸策略之后延伸的子品牌商品在市场上取得非常理想的业绩，这一业绩也很有可能是建立在旗舰品牌商品或旗舰品牌之下的其他商品的销售业绩直线下滑的基础之上。也就是说，旗舰品牌商品的失败导致了延伸子品牌的成功，延伸品牌商品实际上挤占或侵蚀了旗舰品牌商品的市场。出现这种结果肯定不是企业运用品牌延伸策略的初衷，不过出现这种新老品牌商品之间销售业绩转移的结果也并非完全不能接受，企业的管理层可以将这种情况看成一种先发挤占，或者退一步说，如果没有延伸的子品牌商品上市销售并取代旗舰品牌商品，那么对旗舰品牌商品取而代之的就是竞争对手的品牌了。例如，可口可乐的延伸品牌商品健怡可乐，既具有与旗舰品牌可口可乐相同的"好味道"特点，又具有自身的品质差异个性——"低卡路里"，这就在很大程度上决定了其部分销售业绩来自旗舰品牌商品可口可乐的消费者。这种在同一品牌之下的所谓"自相残杀"现象，在短时间里对于可口可乐公司而言确实不是一件令人愉快的事情，但以长远的眼光来看，则未必不是一件防患于未然的事情。事实上，自1980年以来，可口可乐在美国的销售业绩并没有明显的起伏，但今天可口可乐公司的大部分销售业绩来自健怡可乐、樱桃可乐和不含咖啡因的可乐（见图3-8）。由此可见，如果可口可乐公司当初没有实施品牌延伸策略，可口可乐今天的大部分销售业绩就有可能成为百事可乐或其他品牌饮料的销售业绩了。

图3-8　健怡可乐、樱桃可乐、无咖啡因可乐

4.稀释品牌个性

如果企业过多地采用品牌延伸策略，有可能导致的风险就是旗舰品牌的个性特征被众多的子品牌商品稀释，子品牌商品不但不能借旗舰品牌商品的形象来建立自己的市场地位，甚至连旗舰品牌商品的个性特征也逐渐被消费者淡忘。比如，维珍集团的母品牌商品是唱片，之后维珍真正在市场上有较大影响力的则是维珍大西洋航空公司。应该说，维珍大西洋航空公司是维珍的旗舰品牌。今天，维珍集团通过不间断、大规模地实施品牌延伸策略，使该集团的子公司超过200家，经营的产品包括金融服务、音乐、汽车、可乐、化妆品、公用事业、移动通信、婚礼商品和电子商务等。维珍旗舰品牌的个性特征在众多的跨类产品面前荡然无存，人们无法在众多彼此毫无关联的产品之间产生品牌认同，但是消费者在使用维珍的某一子品牌商品或服务时一旦产生不愉快的体验（如维珍航空晚点），则会对维珍的所有品牌的商品或服务产生怀疑，这也可以说明为什么最近几年维珍所投资的维珍可乐、维珍伏特加、维珍个人电脑、维珍服装均遭到失败。

5.丧失开发新品牌的时机

如果企业已经开发出一种新的产品，企业的市场营销策略只有两个选择：要么采用品牌延伸策略，要么开发并制定全新的品牌传播策略。不管企业采用哪种策略，选择了A，就必然放弃B，而选择了B，则必然要放弃A。从逻辑上说，企业选择品牌延伸策略，就丧失了开发新品牌的机会，即使将来市场销售业绩足以表明实施品牌延伸策略是正确的，也不能说明当初放弃开发新品牌就一定是不正确的。企业的管理层在做出上述选择时，必须慎重。毕竟企业向市场推出新产品时，品牌延伸策略并不是唯一的选项，在某些特殊的市场环境中，企业选择开发新品牌的策略可能会更有利于企业的发展。如李维斯面对市场需求的变化，适时地推出新品牌Dockers，以休闲长裤吸引目标消费群体，并根据目标消费者的心理需求塑造相应的品牌个性和价值观念，取得了极大的成功。由此可见，企业选择品牌延伸策略推出新产品，放弃了创建新品牌的机会，存在极大的风险。

（二）防御品牌延伸风险的措施

品牌延伸的风险是客观存在的，既有来自市场诉求方面的影响，也有企业自身在实施中的策略问题。

1.不轻易动摇原有品牌的定位

只要是知名品牌，一般都是在市场定位上获得成功的品牌。市场定位实际上是指品牌在消费者心目中所占据的位置。它有两层含义：一是作为产品的代名词，二是体现产品特征。例如，"茅台"二字在人们的潜意识中已经成了高档酒类的代名词。由此可见，"茅台"这一品牌在消费者心目中已占据很高的位置，这正是品牌定位所追求的最高境界。

当一个品牌成为定位准确、个性鲜明的著名品牌以后，它的名称便蕴含着某种感情色彩。这时，品牌名称的意义除了代表产品以外，还给消费者留下一些印象、一种感觉、一点暗示，这便是品牌的个性特征。企业在实施品牌延伸策略时，应注意不要轻易动摇原有品牌的定位，即应强化这种品牌的个性，使品牌个性变得更加清晰。

2.不轻易打破消费者的心理定式

这既是经济学上的科学判断，也是心理学上的艺术技巧。企业在进行品牌延伸之前要研究消费者心理、洞悉消费者行为。以北京日化二厂为例，该厂在推出"金鱼"洗涤灵之后，又推出了"金鱼"领洁净，然后竟然推出了"金鱼"洁厕灵。如果说"金鱼"领洁净消费者还可以勉强接受的话，那么把洗碗的洗涤灵和刷厕所的洁厕灵同叫"金鱼"，消费者心理就会有一种异样的感受。

3.不轻易丢掉老顾客

从更深的层面分析，企业真正的无形资产是顾客对品牌的忠诚度。如果没有忠诚的品牌消费者，品牌不过就是一个普通的商标或一个识别标记。国外许多研究资料表明，品牌价值与忠诚度密切相关，企业保有一个消费者的费用仅仅是吸引一个新的消费者所需费用的1/4。

微课3-7

品牌延伸的规律

四、品牌延伸的规律

品牌延伸对企业而言，既可能是获利颇丰的好事，也可能会出现难以逆转的危机。未经理性决策和操作不够科学稳健的品牌延伸是很危险的。若对不可延伸的品牌进行延伸，或延伸到不应延伸的领域，自然风险很大，有掉入"深渊"的危险。要有效规避品牌延伸风险，并大力发挥品牌延伸的作用。使企业迅速登上新台阶，必须先对是否可以进行品牌延伸、延伸到哪些领域等做出正确决策。做出品牌延伸决策时要考虑的因素有：品牌核心价值与基本识别、新老产品的关联度、行业与产品特点、产品的市场容量、企业所处的市场环境、企业发展新产品的目的、市场竞争格局、企业的财力与品牌推广能力等。在上述众多因素中，品牌核心价值与基本识别又是最重要的，其他都是第二位的，有的根本就是在考虑品牌核心价值与基本识别时派生出来的。总之，品牌延伸的规律可以归纳为以下六条：

（一）品牌核心价值的相容性是根本

在品牌延伸的论述中，最常见的是"相关论"，即门类接近、关联度较高的产品可共用同一个品牌，如娃哈哈与雀巢品牌延伸成功，可以从品牌麾下的产品都是关联度较高的食品饮料的角度来解释。其实关联度高只是表象，关联度高导致消费者会因为同样或类似的理由而认可同一个品牌才是实质。

"关联度高就可以延伸"的理论一遇到完全不相关的产品成功共用同一个品牌的事实就显得苍白无力。比如，以杉杉为代表，股票上市后大举进军投资、锂电池、金融、高科技等多元化产业。同时，雅戈尔和温州的一批知名企业如报喜鸟、庄吉、七匹狼不约而同地把多元化产业瞄准房地产。许多关联度较低甚至风马牛不相及的产品共用一个品牌居然也获得了空前成功，这说到底是因为品牌核心价值能包容表面上看上去相去甚远的系列产品。登喜路、都彭、华伦天奴等奢侈消费品品牌麾下的产品一般都是西装、衬衫、领带、T恤、皮鞋、皮包、皮带等，有的甚至还有眼镜、手表、打火机、钢笔、香烟等跨度很大、关联度很低的产品，但它们却能共用一个品牌。因为这些产品虽然物理属性、原始用途相去甚远，但都能提供一种共同的效用，即身份的象征，能让人获得高度的自尊和满足感。购买"都彭"打火机的人所追求的不是点火的效用，而是感受顶级品牌带来的无上荣耀，买都彭皮包、领带也是为了这种"感觉"，而不是追求皮包、领带的原始功能。此类品牌的核心价值是文化与象征意义，主要由情感型与自我表现型利益构成，故能包容物理属性、产品类别相去甚远的产品，只要这些产品能成为品牌文化的载体。

（二）新老产品之间有较高的关联度

关联度较高、门类接近的产品可共用同一个品牌，关联度高导致消费者会因为同样或类似的理由而认可并购买某一个品牌才是实质，可以说，这是品牌核心价值派生出来的考虑因素。

当行业与产品的特点即品牌的技术与质量保证是消费者与客户购买产品的主要原因时，品牌就可以延伸，而个性化、感性化的产品则很难进行品牌延伸。

相对而言，当品牌的质量保证是消费者与客户购买产品的主要原因时，品牌可延伸于这一系列产品，如电器、工业用品；可细分、个性化、感性化和细腻化的产品很难与别的产品共用同一品牌。

（三）品牌延伸要充分考虑企业的资源能力

长期以来，在非洲地区拥有高度品牌认可度的传音手机，凭借高度契合本地用户需求的明星产品，以及良好口碑，在非洲市场获得了高于其他手机厂商的市场占有率和广泛的品牌影响力。IDC 数据显示，2020 年第三季度，传音以 44%的份额继续占据非洲智能手机市场主导地位。传音瞄准赛道，使品牌延伸策略促进了品牌价值的"升值"，使品牌在消费者心中留下更加深刻的印象。在企业核心资源能力的强势支持下，传音通过多元化战略，满足了不同市场消费者的需求，充分挖掘了品牌价值增量，扩大了用户对于品牌认知的深度、广度及强度，从而形成了品牌的综合市场效应，提升了抵抗市场风险的能力。

（四）竞争者的品牌策略

当主要竞争对手也开始进行品牌延伸时，延伸的风险就会中和。在很多品牌延伸中，尽管新产品在成名品牌的强力拉动下起来了，但原产品的销售量却下降了，即产生了"跷跷板"效应。娃哈哈的品牌延伸之所以基本未出现此类现象，除娃哈哈品牌核心价值能包容新老产品外，其在儿童乳酸奶行业旗鼓相当的对手乐百氏也在做类似的品牌延伸也是重要的因素。

（五）企业发展新产品的目的

如果企业发展新产品的目的仅仅是发挥成功品牌的市场促销力，"搭便车"卖一点儿，那么就算不符合品牌延伸的一些基本原则也可以延伸。不过在操作时，新产品应尽量少发布广告，以免破坏品牌的原有个性。

（六）进入市场空当与无竞争领域则容易成功

企业所处的市场环境与企业产品的市场容量也会影响品牌决策，有时甚至会起决定性作用。同一个品牌用于各种产品，这与其成长的市场环境有关，任何一个行业的市场容量都十分有限，也许营业额还不够成功推广一个品牌所需的费用，所以更多地采用"一牌多品"策略。而竞争格局对品牌延伸决策的影响也很大，若延伸产品的市场竞争不激烈，不存在强势的专业大品牌，那么就可以大胆地进行品牌延伸，反之则不宜进行品牌延伸。

五、品牌延伸的决策

品牌延伸策略是一把双刃剑，如果使用得当，企业大受裨益；如果使用不当，则企业可能反受其累。企业决策层在进行品牌延伸决策时，一定要对企业自身的资源优势、品牌资产、市场需求和竞争趋势进行深入细致的研究，在此基础上进行决策。为了能成功地实施品牌延伸策略，企业还应注意品牌延伸的基本准则和延伸方式。

微课3-8

品牌延伸策略

（一）品牌延伸策略

品牌延伸策略按照延伸产品的性质可以分为三种情况：其一，如果延伸产品与旗舰产品属于同类产品，如康师傅牛肉面延伸出康师傅排骨面，这种品牌延伸的方式称为产品延伸；其二，如果延伸产品与旗舰产品不属于同类产品，但是产品性质大致相同，如娃哈哈纯净水延伸出娃哈哈八宝粥（两者的性质都是食品），这种品牌延伸方式称为名称延伸；其三，如果旗舰产品与延伸产品既不是同类产品，也不具有相同的性质，如Jeep汽车品牌延伸出Jeep服装产品（见图3-9），这种品牌延伸方式称为概念延伸。这三种延伸策略的成功运用需要企业具备一些不尽相同的前提条件，下面分别对这三种延伸策略进行讨论。

图3-9　Jeep汽车、Jeep服饰

1.品牌产品延伸策略

品牌产品延伸策略是所有品牌延伸策略中最为简单也是最容易操作的新产品上市的营销方法，其具体的操作方法又分为产品横向延伸和产品纵向延伸。

（1）产品横向延伸。产品横向延伸是指旗舰产品与延伸产品无论在名称、包装、价格，还是在产品的主要原料及构成上几乎完全相同，所不同的只是产品的配方、功效有所不同而已。如佳洁士品牌所延伸的产品有佳洁士茶爽牙膏（茉莉香型）、佳洁士防蛀牙膏（薄荷型）、佳洁士皓爽白牙膏、佳洁士双效洁白牙膏等几十种同类产品，佳洁士所实施的就是典型的产品横向延伸。

（2）产品纵向延伸。如果延伸产品之间的价格有较大差异，这种延伸称为产品纵向延伸。如丰田汽车品牌在高、中、低三个档次上分别延伸出丰田皇冠、睿智、RAV4、卡罗拉、雅力士等汽车产品。

一般而言，产品横向延伸多使用在非耐用消费品上，产品纵向延伸多使用在耐用消费品上。

相对于产品横向延伸，产品纵向延伸遭遇失败的可能性要更大一些。导致其失败的原因主要有以下两个：

一是如果旗舰品牌产品本身属于高端产品，则其延伸的路径只能是向下延伸，如此一来，虽然其延伸产品可能会在一定时间内受到消费者欢迎，但是其旗舰产品的品牌形象必然会遭到重创，最终导致旗舰品牌从高端市场退出。当年派克笔的营销策略之所以失败，就是因为采用了纵向延伸（向下）的策略，虽然派克笔在短时间里赢得了低端用户市场，但是其高端用户转而成为竞争对手的顾客。因此，这种向下延伸的策略如果操作不当，很容易对旗舰品牌的高端形象造成极大的伤害，结果很可能是企业捡到了芝麻却丢掉了西瓜。

二是如果旗舰品牌产品本身属于中低端商品，在实施产品纵向延伸策略时，就只能向中端或高端（向上）延伸，但是由于旗舰品牌产品在消费者心目中只是一个中低档产品形象，其延伸产品通过形象转移从旗舰产品上所获得的只能是中低档的产品形象，这就与企业期望通过产品的纵向延伸建立高端品牌形象的初衷背道而驰，因此，这种由中低端产品向中高端产品进行产品纵向延伸的策略对于一般的企业而言是弊大于利。也许经过不懈努力，有些企业使用产品纵向延伸可能会取得一定的市场业绩，但是与企业推出全新的品牌向中高端市场延伸相比，将要花费更多的营销传播费用，才能逐渐改变消费者对旗舰产品的看法。因此，与其采用产品纵向延伸，不如直接向市场推出全新的高端品牌更为有效。

2.品牌名称延伸策略

企业实施品牌名称延伸策略能否成功的前提条件同样是能否将企业旗舰品牌商品的形象顺利地转移至延伸产品上，这又有赖于两个要素，即旗舰品牌的附加值水平和旗舰品牌产品与延伸产品之间的关联程度。

（1）品牌附加值水平。品牌附加值的构成主要包括三个方面：消费者对品牌的感受功效、品牌的社会象征意义和消费者对品牌名称的认知度。

就消费者对品牌的感受功效而言，如果消费者对旗舰品牌商品有高品质的感受功效，则企业实施品牌名称延伸策略将更有可能取得成功。这里最为关键的是消费者对旗舰品牌商品的感受，而不是旗舰品牌商品本身有多么优秀。比如，在运动产品领域，阿迪达斯与鸿星尔克的产品在品质上未必有多大的差距，但是消费者对这两个品牌的感受功效有较大差距，这种差距在相当大程度上决定了这两个品牌在实施品牌延伸策略时，阿迪达斯取得成功的概率要大大高于鸿星尔克（见图3-10、图3-11）。

图3-10　阿迪达斯品牌广告作品

图3-11　鸿星尔克品牌广告作品

品牌的社会象征意义对品牌延伸具有较大的影响。例如，保时捷汽车对消费者而言就要比现代汽车代表更高的社会地位，保时捷汽车的延伸产品自然要比现代汽车的延伸产品更有可能成功。因此，具有较高的社会象征意义的品牌要比具有较低的社会象征意义的品牌更适合实施品牌名称延伸策略。

一般来说，消费者对旗舰品牌名称的认知度越高，从旗舰品牌产品转移到延伸产品上的感受功效和社会象征意义也就越高，消费者对延伸产品的认同和信任度也就越高。因此，消费者对品牌名称的认知度也在很大程度上影响品牌名称延伸策略的成败。

（2）旗舰品牌产品与延伸产品之间的关联程度。旗舰品牌产品与延伸产品之间的关联程度主要包括四个方面的内容：两者的产品类别是否具有相似性、品牌定位属性的可延展性、两者的目标消费者是否具有相似性、两者在视觉风格上是否具有相关性。

① 产品类别上的相似性。就产品类别的相似程度而言，消费者认为旗舰品牌产品与延伸产品在产品类别上越接近，实施品牌名称延伸策略成功的可能性就越大。毕竟，大多数消费者都不会怀疑一个能够生产出品质优异的飞机发动机的企业（宝马）所生产的汽车发动机会有什么问题，但是让消费者相信宝马公司所生产的洗发水同样令人信赖则几乎是不太可能的，原因很简单，发动机与洗发水在产品类别上相差太远，两者完全没有相似性。

② 品牌定位属性的可延展性。就品牌定位的基础而言，如果企业对旗舰品牌产品的定位着重于产品的内在属性（功能特征），则实施品牌名称延伸策略获得成功的可能性就会非常渺茫。比如，海飞丝洗发水的定位强调的是功能属性——去头屑，假设将海飞丝的品牌名称延伸至其他任何一个产品类别，显然都是不适宜的。然而，如果企业对旗舰品牌产品的定位强调的是较为抽象的表意内容，则实施品牌名称延伸策略成功的可能性就会大大增加。比如，方便面市场中的康师傅与今麦郎，前者的定位强调健康亲切的品牌形象，

后者则着重于其面条的弹性，如果将这两个品牌进行品牌名称延伸，显然康师傅获得成功的可能性会大得多。

③目标消费者的相似性。就目标消费者的相似性而言，如果旗舰品牌产品与延伸产品具有基本相同的消费群体，那么企业实施品牌名称延伸策略，那些相同的消费群体就会很容易将对旗舰品牌产品的感知转移到延伸产品上，企业的品牌名称延伸策略更容易获得成功。比如，七匹狼的旗舰品牌产品是男士休闲服装，其目标消费者当然也就是男士，男士与抽烟之间又有着天然的关联，于是，七匹狼就将产品延伸至香烟并取得了成功。

④在视觉风格上的相关性。影响品牌名称延伸策略能否成功的最后一个因素是产品在视觉风格上是否具有相关性。这种相关性指的是延伸产品与旗舰品牌产品在包装的外观上是否基本一致，也就是说，消费者只要通过产品的包装或产品的外形设计、色彩等，就能很容易地将延伸产品与旗舰品牌产品归为同一家族。由于消费者很容易受到设计与象征物的影响，因而，统一的视觉风格设计十分有助于消费者将对旗舰品牌产品的认知与联想转移到延伸产品上。

3.品牌概念延伸策略

品牌概念延伸是指企业在实施品牌延伸策略的过程中，将旗舰品牌的诉求概念延伸到与旗舰品牌产品不同的产品类别中。品牌概念是企业在长期的传播活动中所反复诉求的企业的价值理念和个性特征，其内容更偏重商品的精神属性，这些价值理念已经被众多的消费者接受和认同，甚至已经成为品牌无形资产的重要内容。比如，哈雷-戴维森摩托车的品牌概念是"自由"，在长期的传播过程中，哈雷-戴维森几乎成为人们某种生活方式的象征，消费者对哈雷-戴维森摩托车似乎已经不那么看重了，他们更加看重的是自由生活本身。哈雷-戴维森利用其出众的品牌概念，将品牌延伸至众多的产品类别——服装、皮靴、啤酒、打火机、太阳镜、水壶等，无一例外取得了成功。

由于企业在实施品牌概念延伸策略的过程中，延伸产品与旗舰品牌产品在产品类别上毫无关联，企业不得不使用品牌许可的方式与其他企业合作生产延伸产品，从而使得品牌拥有者难以实际控制和保证其延伸产品的品质。因此，品牌拥有者在与其他企业合作之前，除了在品牌许可上规定品牌拥有方在财务和法律方面拥有监管权之外，还应增加品牌拥有方在衍生产品的营销方面的相关权益，以保证品牌拥有方对品牌的控制权，避免延伸产品由于品质问题造成对旗舰品牌产品的损害。

（二）品牌延伸决策的步骤

品牌延伸策略作为企业整体发展战略的一部分，其实施过程和步骤与企业战略管理过程一样，都必须经过营销调研、策略规划、策略实施与控制这三个阶段。

1.营销调研

企业在做出实施品牌延伸策略的决策之前，首要的工作是进行营销调研，调研的内容包括对企业所赖以生存的宏观市场环境分析、产业环境分析、企业内部环境分析和品牌认知度（资产价值）分析。品牌延伸策略的营销调研是一项基础工作，是实施品牌延伸的每一个步骤的决策依据。

（1）宏观市场环境分析。企业对所处的宏观市场环境进行分析是为了明确以下几个基本问题：企业可以进入哪些产业？企业可以向哪些市场拓展？企业在市场环境的变化中将

微课3-9

品牌延伸决策的第一阶段——营销调研

会有哪些机会或威胁？企业进行市场扩张的时机是否成熟？等等。企业所处的宏观市场环境在很大程度上决定了企业可以向哪些产业延伸和发展。宏观环境分析因素主要包括政治和法律因素、经济因素、技术因素和社会因素。

（2）产业环境分析。企业对自身所处的宏观环境的分析可以使企业清醒地认识到实施品牌延伸策略将有可能给企业的发展带来哪些机会，以及企业准备实施的品牌延伸策略将要进入的产业范围。接下来，企业有必要对即将进入的产业环境的竞争状况做比较深入的分析，以评估实施品牌延伸的可行性。

产业环境分析属于企业外部环境中的微观分析，主要分析内容是产业的竞争格局以及本产业与其他产业之间的关系。按照迈克尔·波特教授的观点，产业内部竞争的激烈程度和产业的利润状况并不是偶然的结果，而是取决于产业的基础结构和五种竞争力量的博弈。

通过对五种竞争力量的综合分析，企业对准备进入的产业内部竞争状况就有了一个比较清楚的认识，这对于企业制定品牌延伸策略是必不可少的分析环节。不过，对于以实施品牌延伸策略为目的的产业竞争环境的分析，其分析的侧重点应是如何利用实施品牌延伸策略的机会。在分析企业通过什么样的产品线延伸、产品种类延伸或市场延伸来抓住产业发展的机会时，尤其要注意产业未来的发展趋势给企业的品牌延伸带来的机会或威胁。

（3）企业内部环境分析。企业内部环境分析包括很多方面，如企业组织结构、企业文化、企业资源条件、企业核心能力及价值链等。按照企业的成长过程，企业内部环境分析又可以分为企业成长阶段分析、企业历史分析和企业现状分析等。

企业成长阶段分析就是分析企业处于成长阶段模型的哪一个阶段，据此有针对性地制定企业的品牌延伸战略。

企业历史分析包括企业过去的经营战略和目标、组织结构、过去五年的财务状况、过去几年的人力资源战略以及人力资源的现状等。

企业现状分析包括企业现行的营销战略和目标、企业文化、企业各项规章制度、企业的技术研发能力、设备状况、产品的市场竞争地位及市场营销能力等。

（4）品牌认知度分析。企业在正式做出品牌延伸策略的决策之前，还必须对自身品牌的资产价值，也就是企业品牌在市场上的认知度、美誉度及消费者对品牌的忠诚度等有关内容进行广泛的调查和分析，以确定企业的旗舰品牌是否有足够的影响力带动延伸产品在市场上有出色的表现。品牌认知度调查的范围包括企业的旗舰品牌、与旗舰品牌形成竞争关系的其他品牌、企业准备推向市场的延伸品牌等。调查的内容主要包括消费者对品牌的认知度、美誉度、品牌联想、忠诚度及其他资产。

微课 3-10

品牌延伸策略规划和品牌延伸策略的实施与控制

2.品牌延伸策略规划

品牌延伸策略规划的主要内容包括延伸产品的属性分析、品牌决策分析、延伸产品品牌归属分析、延伸产品与旗舰品牌的适应度分析、品牌延伸策略选择分析和品牌延伸的顺序分析等。

（1）延伸产品的属性分析。在分析宏观环境、产业竞争状况和品牌在目标市场的认知度之后，企业就可以从战略层面审视自己通过实施品牌延伸策略所要进入的产业，以及在将要进入的产业里可以推出哪些产品。对于将要推出的延伸产品，企业还应充分分析产品的属性，包括技术属性、功能属性、利益属性和消费者的心理感受，以便企业做出正确的品牌延伸策略的决策。

（2）品牌决策分析。通过对品牌认知度和产品属性的分析，企业就可以对将要推出的新产品在市场上的发展态势有一个大致的预判，有助于企业决定需要推出几种新产品以及这些新产品的特色。一般而言，如果企业需要实施品牌延伸策略，应首先考虑使用自身的现有（旗舰）品牌。在特殊的情况下，企业也许拥有好几个自有品牌，且各品牌都有独特的品牌价值和品牌个性及识别元素，此时，企业就有必要将这些品牌的基本属性与将要推出的新产品的属性进行比较分析，从而决定新产品以哪个品牌推出。

分析的结果有可能是企业的现有品牌还不具备带动新产品上市推广的能力，此时，企业就需要考虑通过收购或创立新品牌来实施其市场扩张策略。这里的"不具备"包含两层意思：一是企业将要推出的新产品不适合在现有旗舰品牌之下进行延伸，否则将可能导致品牌产品之间的冲突或彼此伤害；二是企业的旗舰品牌产品与将要推出的新产品之间缺乏关联，这就更不适合使用品牌延伸策略。在这种情况下，企业可以考虑使用外包品牌或另创品牌的方法，这样可能会取得较好的市场效果。

（3）延伸产品品牌归属分析。企业在规划品牌延伸策略的过程中，必须对将要推出的新产品的品牌归属做细致的分析和审查。审查的原则是要尽量避免在某个现有品牌之下推出新产品之后，却导致新老两个产品产生冲突。在分析的过程中，应该着重分析将要推出的新产品是否有可能对旗舰品牌产品造成伤害，是否有可能稀释旗舰品牌产品的个性，是否会导致消费者认知混乱，是否会遭到中间商的抵制等。经过分析，如果发现将要推出的新产品与某个现有品牌有较好的共存关系，则应将其归入该品牌。

（4）延伸产品与旗舰品牌的适应度分析。通过对将要推出的新产品的品牌归属分析，企业可以对新产品应该借助哪个现有品牌进行市场推广做出正确的决策。由于企业在未来的发展过程中可能还会出现一系列的新产品使用某个现有品牌的情况，企业有必要对各个新产品与现有品牌之间的适应度进行分析，以便根据新老产品之间的适应度，排列出适应度的序列，为品牌延伸策略规划的下一步骤做好准备。

（5）品牌延伸策略选择分析。经过对准备推出的新产品的属性、品牌决策、延伸产品的品牌归属、延伸产品与旗舰品牌的适应度等相关内容进行分析，企业可以选择不同的品牌延伸策略。企业可以根据不同的品牌延伸目的将品牌延伸策略划分为以下几种类型：如果企业希望通过实施品牌延伸策略对企业的品牌形象或品牌的核心价值起强化作用，则这种品牌延伸策略可以称为强化策略；如果企业希望通过实施品牌延伸策略对品牌形象起维持作用，则此种品牌延伸策略可以称为固守策略；如果企业希望实施品牌延伸策略对品牌形象起到改变作用，则该品牌延伸策略可以称为改变策略。当然，企业实施的每一种品牌延伸策略必须是企业根据其内部环境和所掌握的资源以及所处的外部市场环境的竞争状况所进行的慎重决策的结果。

不同的品牌延伸策略对企业所推出的新产品与现有品牌产品的适应度的要求是不同的。如果企业采用强化策略或固守策略，则应是新产品与现有品牌适应度较好的情况；如果企业采用改变策略，则应是新产品与旗舰品牌产品的某些具体属性相关，新产品在其他方面的具体属性和可能引起的抽象联想可以支持现有品牌或旗舰品牌的形象及核心价值的改变。

（6）品牌延伸的顺序分析。企业在对延伸产品品牌归属分析之后，必须考虑在今后的市场发展过程中，企业在不同的发展阶段所选择的品牌延伸策略其新产品将以什么样的先后顺序推出。总体而言，决定品牌延伸先后顺序的基本原则是企业在一定的约束条件下，根据是否有利于提升品牌形象及其程度确定。

3.品牌延伸策略的实施与控制

品牌延伸策略的实施是一个具体操作过程，即如何在一个品牌之下成功地将一种新产品推向市场，这就需要企业对新产品在生产和营销两个环节进行有效的管理，根据市场的接受程度对品牌延伸策略实施的结果予以评估，并对后续工作进行反馈控制。

（1）新产品生产与营销管理。企业对品牌延伸策略规划做了大量的分析和决策之后，下一步的工作就是要把新产品生产出来，并选择恰当的时间向目标市场推出。此时，企业应该考虑的是使用哪种管理方式更有利于品牌延伸策略的实施。目前，国外许多企业都实行品牌经理制，即企业在拥有多个品牌的情况下，为每个品牌设置一名具有高度组织能力的经理，对产品生产、新产品开发、产品包装设计、品牌营销调研、产品营销、流通渠道策划甚至品牌策划、品牌传播等与品牌相关的工作进行协调和执行。使用这种管理制度，对品牌形象的塑造、维护和传播均能产生积极的效果。不过，目前国内许多企业并没有实行品牌经理制，这在一定程度上使品牌产品在生产与营销两个环节容易形成分离而难以整合。在这种情况下，尽量减少这种不利因素影响，只能通过在生产与营销两者之间更多地沟通。

（2）品牌延伸效果的评估。企业在实施了品牌延伸策略之后（至少为一年），应该对其市场效果进行评估，以判断是成功还是失败，抑或在目前市场上暂时处于维持状态，但将来可能会有较大的上升空间。在具体的评估过程中，企业可以把握以下四个标准。从较为宏观的层面来考虑有两个标准：实施品牌延伸策略是否符合企业的整体发展战略目标和是否在生产环境发生变化时及时把握住有利的市场机会。从微观的层面来考虑也有两个标准：品牌延伸策略能否巩固或提升企业的品牌形象和延伸产品被市场接受的程度。

（3）反馈控制。企业实施品牌延伸策略之后，及时启动反馈控制系统是十分必要的，因为制定任何策略都是基于系统的观点和动态的观点。所谓系统的观点，是要求系统内部的各要素保持整体的平衡和优化，这就要求主体（企业管理层）不断地根据系统输出的结果对系统内的各要素进行反馈调整。所谓动态的观点，是要求主体不断审视市场环境的变化，并根据市场环境的变化随时做出有利于企业发展的战略调整。在品牌延伸策略的管理过程中，企业应根据品牌延伸的评估结果对品牌延伸策略实施过程中的每一个步骤进行反馈控制，以使企业管理层能够及时做出正确的决策。

【任务实施】

（1）自由分组，每6人一组。

（2）小组成员讨论品牌延伸战略的内涵、品牌延伸战略的优点、品牌延伸战略的风险、品牌延伸战略的决策选择，讨论时间为20分钟。

（3）小组成员根据所学知识，对创建的模拟品牌进行品牌延伸战略选择，训练时间为30分钟。

（4）任务评价（见表3-4）。

表 3-4　　　　　　　　　　　　品牌延伸战略选择训练任务评价表

评价指标	评价标准	分值	评估成绩
品牌延伸战略选择训练效果	1.理解品牌延伸战略的内涵、品牌延伸战略的优点、品牌延伸战略的风险、品牌延伸战略的决策选择	20	
	2.能识别品牌延伸战略选择训练易犯错误	20	
	3.能灵活运用品牌延伸战略选择训练的应对策略	20	
	4.讨论积极，效果明显	15	
	5.态度认真，遵守时间	10	
	6.汇报得当	15	
小组综合得分			

【知识拓展】

品牌战略规划的三个重要步骤

品牌战略规划是任何企业实现战略目标的首要前提，所谓战略规划就是根据对目前市场环境的分析以及对品牌未来的发展情况的洞悉，制定科学的品牌组织架构、探索适合的落地执行方案、开发高效的品牌推广营销渠道等，帮助品牌快速进军市场，从而获得长远的发展。

第一步：制定科学的品牌组织架构。

品牌战略规划的重要意义在于帮助品牌厘清方案步骤，协调执行步伐。科学的品牌组织架构能够帮助企业在实行过程中节省不必要的成本，由于企业的规模大不相同，所以制定的组织架构也会存在差异，如果只是套用一个架构，品牌根本无从发展，反而会加快品牌的灭亡。适合自己的才是最好的。

第二步：探索适合的落地执行方案。

品牌战略规划的目的在于实施，将所制定的规划落地执行，收到市场的良好反馈是品牌战略规划的使命所在。充分理解品牌组织架构并将其落地执行，是开拓产品市场的关键。其实不难发现，很多企业因为没有科学地把握品牌架构，在发展产品时失误，从而给企业造成巨大的损失。

第三步：开发高效的营销推广渠道。

高效的营销推广渠道是深化消费者对品牌进行认知的过程，品牌的最终目标是被大众市场所认可，一个成功的营销推广渠道是加快实现品牌战略规划的重要体现。通过利用品牌符号，把无形的营销网络铺建到社会公众心里，强势占据消费者的内心，为品牌进入市场打下坚实的基础。

资料来源　王海忠.品牌管理［M］.北京：清华大学出版社，2020.

【项目小结】

品牌营销战略制定首先要深入分析目标市场、消费者需求及品牌核心竞争力，确立以消费者为中心的营销理念。通过制定差异化的市场定位，明确品牌的独特卖点，并设计与之相匹配的营销策略组合，包括广告、公关、社交媒体等多种手段，旨在提升品牌知名度和美誉度。品牌延伸战略选择，需要审慎评估品牌的核心价值和市场潜力。在确保不损害原有品牌形象的前提下，选择与品牌核心价值相契合的延伸领域，并制定具体的延伸策略。这些策略旨在扩大品牌的市场覆盖面，提升品牌的整体竞争力。品牌营销战略制定和品牌延伸战略选择都是基于深入的市场分析和品牌定位，旨在提升品牌的市场影响力和竞争力。企业应该持续关注市场动态，不断优化和调整战略，确保品牌的持续发展。

【项目实训】

1.各小组根据之前所选定的品牌策划提案，对品牌的营销发展战略进行规划，并提出近五年的品牌营销战略管理的策划报告。

2.各小组根据所选定的品牌策划提案，设定用该品牌即将向市场推出一款新产品，并使用品牌延伸策略进行市场推广。请各小组撰写该新产品的品牌延伸策略规划实施方案。

【项目测试】

项目测试3

一、单项选择题

1.企业往往将品牌作为核心竞争力，以获取差别（　　　）。

A.利润与价值　　　　　　　　B.收入与成本

C.利润与成本　　　　　　　　D.支出与收益

2.理性的品牌延伸策略的目的就是增强品牌的竞争实力，持续获取较好的市场销售与（　　　）。

A.企业利润　　　　　　　　　B.成本核算

C.财务收益　　　　　　　　　D.核心效益

3.在产品线中增加高档次产品生产线，使商品进入高档市场，这属于（　　　）。

A.向下延伸　　　　　　　　　B.向上延伸

C.双向延伸　　　　　　　　　D.发散法延伸

4.将强势品牌名冠于别的产品上，如果不同产品在质量、档次上相差悬殊，就会使原强势品牌产品和延伸品牌产品产生冲击，这属于不当延伸的（　　　）。

A.淡化品牌特性　　　　　　　B."跷跷板"现象

C.有悖消费心理　　　　　　　D.株连效应

5.品牌延伸的规律第一条（　　　）。

A.新老产品之间有较高的关联度　　B.考虑企业的资源能力

C.竞争者的品牌策略　　　　　　　D.品牌核心价值的相容性是根本

6.消费者在消费某一名牌产品并获得了满意感后，就会形成一种名牌的"光环效应"，从而影响这一品牌下的其他产品或服务。这是（　　　）。

A.企业实力的内在驱动　　　　B.市场竞争下的品牌扩张压力所导致的

C.品牌扩张的消费者心理基础　　　　D.外界环境压力下的品牌扩张

二、思考题

1.品牌营销战略的特征有哪些？

2.品牌战略有哪些？选择的主要依据是什么？

3.企业实施品牌延伸策略的目的是什么？

4.品牌延伸策略存在哪些风险？

5.品牌延伸策略主要应把握哪几个基本原则？

三、案例分析题

（一）茅台酒的品牌延伸策略分析

1.茅台酒品牌延伸策略现状分析

巩固核心品牌，扩展延伸子品牌。一直以来，在品牌的控制上，茅台酒非常严格。多年来，茅台系列产品品种达上千种，有茅台不老酒系列酒、中王龙系列酒、茅乡龙系列酒、新茅乡系列酒、天赐鸿福系列酒、星级葡萄酒、茅台啤酒等。茅台酒以高端品牌策略紧紧抓住高端客户，占领利润大、竞争相对较弱的高端市场，获得了良好的效益。由于在高端市场上遭受五粮液等品牌产品的冲击，针对市场趋势，茅台集团推出了中低档的产品，如茅台王子酒、中王龙系列酒、茅台迎宾酒、福缘、小幸福等茅台酒系列产品，力争在中低端市场占有一席之地。其发展思路是：在巩固、发展高档白酒细分市场的基础上，向中低档细分市场进行一定的品牌延伸。

2.茅台酒品牌延伸策略存在的问题

（1）形成"株连效应"

茅台集团做啤酒、干红等的初衷是借助茅台酒的品牌号召力获得消费者认同，但白酒和啤酒是完全不同的酿造工艺，茅台酒主要是以高粱和小麦酿造，啤酒的主要生产原料为大麦和啤酒花，工艺完全不同。茅台白酒之所以品质高，与当地的水、气候、菌类等有关，实践证明，只有茅台镇能酿造出高品质的茅台酒，茅台的啤酒厂则在遵义。从生产工艺、原料、产地等方面分析，茅台啤酒除了有"茅台"的名号外，基本跟茅台无关。茅台做啤酒失败正是因为其过度使用茅台的品牌影响力。有分析认为，茅台的品牌号召力延伸到中低端白酒，如茅台迎宾酒、茅台王子酒还可以，茅台做啤酒则完全是外行。茅台做干红也面临同样的问题，茅台干红的生产基地位于河北昌黎，除了酒厂是茅台集团的子公司，产品名字上有"茅台"二字，实际上与茅台白酒的高品质并无实质关系。将原有强势品牌冠名于其他的产品上，如果原有品牌产品和延伸品牌产品中的任何一个出现问题，都会影响到品牌在消费者心目中的形象，从而损害品牌声誉。品牌延伸的新产品可以成为企业新的利润增长点，但也会因管理跨度的增加、企业力量的分散而成为风险点。若某一新产品选择或生产不当，则不但无法收回巨额投资，还会影响企业其他方面的发展，使企业陷入危机，导致品牌形象受到损害。

（2）淡化品牌特性

茅台酒一直主打高端市场，高端产品代表的是一种身份和地位，目标顾客是高收入、高消费人群，消费者会认为茅台酒是高端产品，延伸产品仍旧如此，这样不仅在消费者心中淡化了品牌的特性，还会削弱茅台酒原本的品质。当一个品牌在市场上取得成功后，在消费者心目中就有了特殊的地位，消费者的注意力也集中到该产品的功用、质量等特性上。如果企业用同一品牌推出功用、质量相差无几的同类产品或与原有产品关联性不强的产品，会使消费者迷惑不解，该品牌特性就会被淡化，这样会削弱长期建立起来的品牌形象，失去广大的客户群。营销专家艾·里斯说过："实际上被输入到顾客心目中的根本不是产品，而是产品的名称，它成了潜在顾客将属性挂与其上的挂钩。"成功的品牌在消费者心中形成了鲜明的定位，之后的品牌延伸能否成功直接影响到这种定位。

（3）品牌延伸过度

茅台10多个品牌的白酒能被消费者叫上名号的并不多，主要业绩仍是靠茅台飞天系列白酒。茅台干红和茅台啤酒更是难以打开局面。从营销角度分析，茅台高端白酒是典型的卖方市场，长期处于供不应求状态。茅台所生产的其他品牌白酒和干红、啤酒等则是买方市场，需要茅台去铺设营销网络和宣传。茅台在白酒领域长期的王者思维影响下，显然不可能投入大量人力、物力、财力去做利润率并不高的二线产品。品牌延伸并不是随心所欲的，要面临广度和速度的问题。延伸广度过小，会造成资产浪费；延伸广度过大，延伸品牌无法得到原品牌的有力帮助，成长缓慢艰难。延伸速度太慢，会错过时机；延伸速度太快，则会造成原品牌严重透支。

3.针对现有问题提出的改良措施

（1）对延伸产品采用主副品牌策略

为了避免单一品牌延伸可能带来的株连效应，企业可实行主副品牌策略。副品牌就是企业为多种产品采用统一品牌的同时，再为每种产品取一个独特的名字。副品牌是对主品牌的补充和递进，是品牌延伸的重要形式，是企业防范单一品牌延伸风险的有效方法。主品牌可使企业的产品一体化，副品牌可以彰显产品个性，二者配合使用，相互补充，使企业的品牌更丰富，更易传播。这样可以使各种产品在消费者心目中有一个整体的概念，又在各种产品间形成一定的差异，使产品在统一中保持鲜明的个性。以"茅台"作为统一品牌，再根据不同产品的特征起一个富有魅力的名字作为副品牌，以突出产品的个性形象。采用副品牌，让人感受到全新一代产品和改良产品的问世，创造了全新的卖点，给品牌注入了新鲜感和兴奋点，获得消费者新的心理认同。

（2）品牌延伸要符合核心价值

核心价值是对消费者心理需求的反映，核心价值存在于消费者的意识中。就如同在一群人中，特点鲜明的人很容易被人记住，若此人具有大家所欣赏的个性比如真诚，就会被人们接受并喜爱。当然，消费者并不是任何产品都接受，他们只接受他们认可的产品。只有具有被消费者欣赏的个性的产品，才能被消费者接受。没有个性的产品只会淹没在商品的汪洋大海之中，这样的产品是不会有品牌价值的。产品个性是品牌价值的核心，提升品牌价值就必须创造出与众不同的产品个性。对不同的产品，采用不同的营销策略。比如，在酒瓶的正标做个性化的贴标，或者利用企业特有的图片或具有纪念意义的图片设计成用户专用的酒。针对不同的消费者，设计不同的品牌个性化形象，这有利于显示对主人的重视，有利于显示企业的雄厚实力。采取个性化品牌策略，企业的整体声誉不至于受某种商品声誉的影响。个性化品牌策略增强企业的竞争力，提高市场占有率，可以获得更大的经济效益，加大了口碑宣传。

（3）品牌延伸要适度

用一个知名品牌带动不同种类的产品，加速了品牌认知过程，降低了产品的市场风险。在企业快速发展阶段，品牌延伸经常会被广泛使用。但任何品牌的内涵都不是无穷尽的，品牌延伸也要有个度。品牌延伸不能只追求数量，应努力培养旗舰产品，主要是为增强品牌形象，其次是培养核心产品。可见，品牌延伸主要是为了获取利润，维护旗舰产品和核心产品，避免遭受其他竞争品牌价格的影响。如果能够把现有的几个产品做强、做大，将远远胜过延伸出多个没有影响力的产品。顾客就是企业的生命，企业要想在市场上获得一席之地，就必须满足消费者多样化的需求。例如，为会员提供最低的会员价，会员购买可以获得积分，享受最好的国酒服务，为会员免费进行真伪茅台酒的辨别咨询，凡是会员都可参加"茅台俱乐部新品品鉴会""茅台俱乐部成功人士联谊会""消费者权益维护免费咨询活动"等，这些都能为产品进行很好的口碑营销。虽然这样变相增加了广告成本，但是可以提高产品知名度，更重要的是可以增加顾客的"黏度"。

问题：

1. 茅台酒是否有明确的品牌定位策略？如果有的话，该定位策略是否适合茅台酒开展品牌延伸策略？如果没有的话，茅台酒又该如何开展和实施品牌延伸策略？

2. 茅台酒的品牌核心价值是什么？消费者对茅台酒的品牌联想是什么？这样的品牌联想对开展品牌延伸策略的利与弊是什么？

（二）快递跨行拍电影，德邦快递春节TVC如何实现品牌破圈

2021年春节，快递"不打烊"首次成为快递行业常态，各家快递公司纷纷喊话春节照常营业。除了在业务层面积极筹备，各大快递品牌在营销层面也各显神通，希望借助春节营销活动树立全新的快递业品牌形象。

据观察，快递公司在以往的春节营销中，通常采用的传统手段是宣传快递员舍小家为大家坚守岗位难团圆的故事，突出了一线人员的负责与牺牲精神。日前，德邦快递制作了一段春节TVC，以明快的画面和节奏，传达企业的希望和期待，令人眼前一亮，由此实现了品牌营销方式的突围。

1. 立足于年轻群体的情感诉求，实现差异化的精准传播

2020年春节对于大多数人来说，是一个特殊且年味不足的假期，大家都希望可以度过一个温馨的牛年春节，因此，在2021年的春节营销中，各大品牌尤其注重以"温暖、希望、期待"为底色的情感沟通招牌。

在此背景下，德邦快递制作了以"我开门，你收获"为主题的TVC。画面中，全国各地的德邦快递网点纷纷开门，热度持续的快剪镜头凸显了春节来临前的蓄势待发；与此相呼应，消费者打开家门收货，先前的期待瞬时化作了收获的喜悦。通过"开门"这个keyword（关键词），这段春节TVC传达了一种充满希望、令人期待的情愫，突破了以往快递员无法回家团圆的故事套路。

值得一提的是，这段TVC以电影级别的画面质感，在短时间内刷屏社交媒体；同时，在传播渠道上，以"优爱腾+芒果"等视频平台贴片广告，抖音、微信朋友圈、App视频信息流等多元形式呈现，精准触及年轻群体的情感诉求，进而与之产生情感共鸣。

2. 以"开门、收获"为纽带，传递希望和期待

李奥贝纳说："占领市场必先占领消费者心灵。""开门"和"收货"是这段快递题材TVC的两大主要场景，连接起品牌方和用户的情感沟通，让受众能迅速进入营销语境中，从而使用户对品牌、产品产生情感认同。

"开门"作为主视觉元素在片中多次出现。无论是在曙光中慢慢开启的快递网点卷帘门、运输过程中贴有喜庆"福"字的厢货门，还是用户为奔波的快递员们打开的家门，在场景频频交替的画面里，用户和品牌之间的情感对话像红线一样贯穿始终。每一次充满诚挚情感的送达，都让人在屏幕前产生共鸣。

这段TVC另一处值得点赞的细节，就是人们收到年货的展示场景。以往快递公司的广告为了表达服务品质，大都展现快递小哥热情的形象，将画面聚焦于送件人。而德邦快递的TVC摒弃旧思路，以POV视角，展示了收件人从包裹中取出礼物时的收获感、满足感，这也从侧面巧妙地反映出德邦快递的服务水准与服务品质。

收货场景下展示的年货品类，也暗藏了德邦快递的小心思。包裹中的礼物从颇具家乡风味的腊肠到灯具、衣服、雪板，再到大屏电视，这些产品其实也代表着德邦快递的优势专业领域，如食品生鲜、家电家居、鞋服日化、运动健康等。凭借一以贯之的精准化品牌营销，德邦快递使这些优势的行业场景更深入人心。

3.跨界+出圈：传统行业的营销新启示

这段春节TVC延续了德邦快递一贯的营销风格，通过"我开门，你收获"的口号，在业务交流之外，德邦快递与用户进行了一次有效的情感沟通，全面地展示了品牌温度与价值观，也必然引发传统行业品牌对于如何与用户进行有效沟通的思考。

事实上，这已不是德邦快递第一次，凭借营销破圈。在抗疫题材报告剧《在一起》中，德邦快递进行影视植入，随着剧集迎来口碑和收视双丰收，该品牌也赚足了一波好感和存在感；2019年"双十一"的"魔性视频"——大件快递收货指南，凭借"洗脑旋律"，圈粉社媒用户；在体育营销方面，其签约单板滑雪世界冠军刘佳宇、赞助CBA，获得了一大批体育迷支持；等等。

众所周知，建立与消费者的情感联系和共鸣，在品牌塑造过程中占有重要地位。传统营销类似卖瓜一样的时代已经过去了，营销早已不再是单调宣传卖点，而是聚焦用户，为用户发声。德邦快递的营销思路应当能够为传统行业的品牌营销带来一些新启示。

资料来源　程晨.送快递的都在跨行拍电影了？德邦快递春节TVC如何实现品牌破圈［EB/OL］.［2021-02-01］.https://www.pai.com.cn/138446.html.

问题：

1.德邦快递制作了以"我开门，你收获"为主题的TVC体现了哪种方式的品牌延伸？通过哪些网络媒体产生了何种品牌效果？

2."开门"和"收货"是这段TVC的两大主要场景，它们如何连接起品牌方和用户的情感沟通？值得点赞的细节有哪些？

3.德邦快递凭借营销破圈本质上是品牌延伸，快递企业的品牌延伸有何特点？有何启示？

项目四

品牌传播基础分析

学习目标

★ 知识目标

（1）能够描述品牌传播环境分析的内容；

（2）能够执行品牌传播环境分析的方法；

（3）能够运用品牌传播竞争分析（SWOT分析法）；

（4）能够操作市场细分与集中法、态度研究法与行为研究法；

（5）能够实施消费者分析工具。

★ 能力目标

（1）能够运用所学知识进行品牌传播环境分析；

（2）能够运用SWOT分析法进行品牌传播竞争分析；

（3）能够运用所学工具进行消费者分析。

★ 素养目标

（1）树立品牌意识；

（2）具有强烈的市场意识；

（3）具有创新精神和人文关怀；

（4）具有良好的职业道德和品牌忠诚度。

项目导入

任何一个品牌在开展品牌形象传播活动之前，都应该针对市场和消费者进行深度调查和分析研究，否则，很有可能因错误的决策而导致失败。

企业在实施品牌传播战略之前，必须对所开展的品牌策划与传播活动以及目前市场环境的变化状况进行分析评估。由于这两个评估内容在时间上有先后之分，即便企业以前所开展的品牌策划与传播活动较为成功，也不能保证在目前市场环境已经改变的情况下还能取得成功。因此，应该重新制定品牌策划与传播战略，而不是对以往活动进行简单重复。品牌传播基础分析涵盖多个关键方面，包括：①品牌传播环境分析：评估宏观环境（如政策、经济、技术）和微观环境（如行业趋势、消费者习惯），为传播策略制定提供依据；②品牌传播竞争分析：分析竞争对手的传播策略和市场表现，找出差异，为品牌塑造独特形象；③品牌传播对象分析：深入了解目标受众的需求、偏好和媒体接触习惯，确保信息精准传达。

【项目实施】

任务一　品牌传播环境分析

【任务解析】

　　企业进行品牌策划与传播之前必须了解品牌产品所处的整个市场的发展现状及趋势，以便根据市场环境的变化采取相应的品牌策划与传播战略。品牌传播环境分析的任务主要聚焦于对影响品牌传播效果的外部环境进行全面、深入的理解，包括分析政治、经济、文化、消费者习惯等宏观环境，以及品牌传播媒介、渠道、竞争对手等微观环境。任务的关键在于准确识别环境因素对品牌传播活动的潜在影响，以便为品牌传播策略的制定提供科学依据。通过环境分析，企业可以更加精准地定位目标受众，优化传播内容，选择有效的传播渠道，从而提高品牌传播效果。

【知识链接】

微课4-1

品牌传播环境
分析

一、经济与社会环境分析

　　经济与社会环境分析主要包括品牌产品所处市场的经济发展水平、增长率、经济体制现状、通货膨胀率、失业率、消费者对经济的态度以及法律制度体系的完善等。通过分析，判断消费者对政治、经济局势的展望以及未来一段时间的消费趋势。

　　（一）经济环境分析

　　市场是由那些有需求并且有购买力的人构成的，购买力是构成市场和影响市场规模的一个重要因素，整体购买力即社会购买力又直接或间接地受到消费者收入、价格水平、储蓄信贷等经济因素的影响。因此，企业在进行经济环境分析时，要着重分析以下几个因素。

　　1.消费者收入的变化

　　消费者的购买力源于消费者的收入，因此，消费者的收入是影响社会购买力、市场规模以及消费者支出多少和支出模式的一个重要变量。

　　消费者并不是将全部收入都用来购买商品或服务，用于购买商品或服务的支出只是其收入的一部分。因此，在分析消费者收入这一要素时，应区别"消费者可支配的个人收入"和"消费者可随意支配的个人收入"这两个概念。

　　消费者可支配的个人收入是指扣除消费者个人缴纳的各种税款和交给政府的非商业性开支后可用于个人消费和储蓄的那部分个人收入。可支配的个人收入是影响消费者购买力和消费支出的决定性因素。

　　消费者可随意支配的个人收入是指可支配的个人收入减去消费者用于购买生活必需品的支出和固定支出（如房租、保险费、分期付款、抵押贷款、水电气、物业费、车位费等）所剩下的部分。一般而言，大多数消费者将可随意支配的个人收入用于购买家庭耐用消费品、旅游度假或具有一定品牌力的商品。

另外，还要注意区别"货币收入"与"实际收入"的概念，实际收入会影响消费者的实际购买力。假设消费者的货币收入不变，如果物价下跌，其实际收入增加；反之，其实际收入便会下降。即使消费者的货币收入随着物价上涨而增加，但是如果通货膨胀率超过了货币收入的增长率，消费者的实际收入也会减少。

最后，不仅要分析消费者的平均收入，而且要分析各个阶层消费者的收入，不同阶层消费者的实际收入可能有着巨大的差异。此外，由于各个地区的工资水平、就业情况不同，消费者的收入水平和增长率也会有所不同。

2.消费者支出模式的变化

消费者支出模式的变化无疑将随消费者收入的变化而变化，这种变化大体上有基本的规律可循，这个规律就是恩格尔定律。

德国统计学家厄恩斯特·恩格尔1857年根据其对法国、英国、德国和比利时等国工人家庭收支情况的调查研究，发现了工人家庭收入变化与其消费支出变化之间的关系的规律：随着家庭收入的增加，用于购买食品的支出占家庭收入的比重就会下降，用于住宅建筑和家务经营的支出占家庭收入的比重大体不变，用于其他方面的支出（如服装、交通、娱乐、卫生、保健、教育、旅游等）和储蓄占家庭收入的比重则会上升。

（二）社会环境分析

社会环境分析主要是了解品牌商品所在的国家或地区社会开放的程度和消费者的价值取向与消费观念的变化，从而较为准确地把握消费者需求的变化趋势。

1.政治法律背景

企业商品准备进入某一国家或地区之前，企业应该深入考察和研究所在国家的政体、方针、政策限制等政治因素以及法律法规、条例和规定等法律因素。如果不注意分析这些社会环境因素，企业的品牌传播活动可能会受到阻碍或挫折。而研究分析这些社会环境因素，就可以利用这些因素给企业的品牌传播带来机会。企业对《中华人民共和国商标法》《中华人民共和国消费者权益保护法》《中华人民共和国广告法》是必须掌握的。另外，我国领导人的讲话和新闻媒介的报道也是分析研究的内容。

2.文化背景

企业的产品准备进入某一国家或地区之前应该对该国或该地区的文化传统与背景进行深入分析研究。文化是由不同的历史、不同的地域所形成的各种差异很大的价值观念、风俗习惯和宗教信仰所构成的，它在很大程度上左右着人们的世界观，更会深刻地影响消费者在选择和评价商品时的基本态度。文化还具有一种自觉性，使人像被催眠一样不由自主地采取下意识的行动。在大多数情况下，文化远比法律的约束力强，对人的影响力也是难以改变的。因此，企业在进行品牌传播的过程中一定要深入地了解、掌握和适应当地的文化，才能使品牌传播活动取得理想的效果。

二、市场环境分析

市场环境分析所涉及的内容较多，对于品牌策划管理人员而言，应重点分析市场规模、市场发展趋势、市场占有率、流通渠道和市场结构类型及市场地位等。

（一）市场规模与发展趋势

在分析某一市场的规模时，可以通过商品的普及率、生产量、销售量和消费额予以分析。比如，某品牌咖啡准备进入某一市场，就必须分析该市场的咖啡普及率、近5年销售总量等基本数据，以便比较清楚地了解该咖啡市场的规模大小及该市场目前是处于导入期、成长期、成熟期还是衰退期。一般情况下，当某一市场的产品销售总额的增长率大于10%时，该市场就处于成长期；当某一市场的产品销售总额增长率在1%～10%之间时，该市场处于成熟期；当某一市场的产品销售总额增长率小于0时，该市场处于衰退期。

（二）市场占有率

在市场环境分析中，市场占有率是一个重要的概念。市场占有率是指在市场中某品牌产品的营业额占总营业额的比率。企业在分析市场占有率时，不应只分析本品牌产品的市场占有率，还应该对市场上其他重要品牌产品的市场占有率进行分析，通过比较明确本品牌产品与竞争品牌产品在市场上各自所占有的位次，据此制定更有针对性的品牌传播策划方案。

（三）流通渠道

如果说市场规模分析是对市场销售总量的研究，对市场占有率的分析是对各品牌市场份额的研究，对各品牌产品的流通渠道的分析就是对销售策略的研究。通过对流通渠道的分析可以明确各竞争品牌在销售环节的基本策略和现实状况，具体包括各品牌产品的铺货率、店面占有情况、库存量等。

（四）市场结构类型及市场地位

对于市场结构类型的判断及对市场地位的识别参见表4-1和表4-2。

表4-1　　　　　　　　　　　　　　　　　市场结构类型的判断

市场类型	规模	集中度
完全垄断	大	高
寡头垄断	大	高
垄断竞争	小	低
完全竞争	小	低

表4-2　　　　　　　　　　　　　　　　　市场地位的识别

市场地位	特点
市场领导者	（1）市场占有率最高；（2）在市场上处于主导地位；（3）市场竞争的导向者；（4）其他品牌挑战、仿效或躲避的对象
市场挑战者	（1）在市场上处于次要地位；（2）向领导者挑战
市场跟随者	（1）在市场上处于中间地位；（2）不热衷于挑战，安于中间地位
市场补缺者	（1）在大企业的夹缝中生存和发展；（2）提供专业化的服务

【任务实施】

（1）自由分组，每6人一组。

（2）小组成员讨论品牌传播的经济与社会环境、品牌传播市场环境，讨论时间为20分钟。

（3）小组成员根据所学知识，对创建的模拟品牌进行品牌传播环境分析，训练时间为30分钟。

（4）任务评价（见表4-3）。

表4-3　　　　　　　　　　　**品牌传播环境分析训练任务评价表**

评价指标	评价标准	分值	评估成绩
品牌传播环境分析训练效果	1.理解品牌传播的经济与社会环境、品牌传播市场环境的内容	20	
	2.能识别品牌传播环境分析训练易犯错误	20	
	3.能灵活运用品牌传播环境分析训练的应对策略	20	
	4.讨论积极，效果明显	15	
	5.态度认真，遵守时间	10	
	6.汇报得当	15	
小组综合得分			

任务二　品牌传播竞争分析

【任务解析】

由于消费者最终是通过购买和使用产品对某品牌产生正面或负面的印象，产品本身的品质、特性以及与竞争对手相比具有哪些差异是其品牌能否在市场上获得消费者认可的重要因素。品牌传播竞争分析的任务主要是深入理解和评估品牌在市场竞争中的地位和表现，包括分析竞争对手的品牌传播策略、市场份额、消费者认知度等关键指标，以及识别竞争环境中的机会和威胁。任务关键在于明确自身品牌的优势与劣势，通过对比分析和SWOT分析等方法，为品牌传播策略的制定和调整提供有力支持。

【知识链接】

一、分析产品的竞争优势

（一）产品的基本概念

产品是指能够提供给市场，被人们使用和消费并满足人们某种需求的任何东西，包括有形的物品、无形的服务、组织、观念或它们的组合。产品一般可以分为三个层次，即核心产品、有形产品和附加产品。核心产品是指整体产品提供给购买者的直接利益和效用。有形产品是指产品在市场上出现的物质实体外形，包括产品的品质、特征、造型、商标和包装等。附加产品是指整体产品提供给顾客的一系列附加利益，包括运送、安装、维修、保证等在消费领域给予消费者的

微课4-2

分析产品的竞争优势和分析企业与竞争对手

好处。

（二）产品竞争的基本策略

一份新产品上市失败的调查报告显示，造成新产品失败的原因大体上有七个方面：市场分析不足（占32%）；产品缺失（占23%）；成本过高（占14%）；时效不佳（10%）；竞争者反制（占8%）；营销策略不当（占7%）；时间不够（占6%）。从该调查得出的基本结论说明新产品上市失败主要有三个问题：其一是企业没有深入细致地对市场进行分析便匆匆进入市场；其二是新产品本身还有待完善；其三是新产品的成本过高。显然，企业如果希望自己的品牌产品能够在激烈的市场竞争中占据有利的位置并保持竞争优势，基本的竞争策略主要有以下三点：

1.领先性

品牌产品的领先性对于占领市场具有举足轻重的作用。品牌产品的领先性不仅是指产品自身在工艺和技术层面的品质、功能等要素上领先，还包括品牌产品在价值取向、包装审美等意识形态层面等要素上领先。比如，英特尔公司拥有在微处理器研发上巨大的人力和技术优势，这就使得其产品在微处理器市场上比竞争对手保持6个季度的领先优势，从而确保英特尔微处理器在市场上牢牢居于领先地位。

2.差异化

差异化是指企业根据竞争对手产品所忽略的环节以及目标消费者所需要的利益而研发与竞争对手有较大差异的产品，其核心就在于及时发现市场最新的需求并努力使自身产品在本产业中独树一帜。差异化主要包括有形和无形两个方面。有形的方面通常是围绕着产品来进行的，如产品的设计与生产、交货系统及促销活动等；无形的方面主要是指提供免费的售后维修、服务和独特的审美感受等。

企业实施差异化的产品策略将产生两方面的利益：一是给供给者或生产者带来的利益，即能有效地回避正面碰撞和竞争，同时还可以削弱购买者手上的权力，因为市场上缺乏可比的选择，最后还能够阻碍后来的竞争者，因为在差异化策略下，得到满足的顾客会产生品牌忠诚度。二是给消费者带来的利益。差异化给消费者带来的利益非常明显，即产品质量更好，价格更低，消费者的需求得到更贴切的满足。

企业致力于培养自己的品牌，构成品牌的根本要素实际上就是产品与消费者。在当今的市场中，新产品一上市，很快就会被模仿。广告研究者史蒂芬·金提出，管理者最好致力于产出特别的东西，使产品具有"特定族群"的附加价值，拥有越多附加价值就越能满足消费者的需要。这个特别的东西就是差异化产品，这个特定族群就是细分的目标消费者，两者的共同根源就是差异化。

3.成本领先

成本领先就是在同类产品中本品牌产品的生产和销售成本最低，在企业认为需要时可以用低于竞争对手的价格销售本品牌产品。当然，并不是所有类别的产品都需要规划或制定成本优势，相对而言，那些无差异化的产品（如土豆、番茄、玉米等农作物和煤矿、铁矿等原材料）尤其需要实现成本优势。在手机行业，华为手机和小米手机的市场营销和推广策略就是采取和利用成本领先优势，即用低于苹果手机和三星手机40%的价格销售产品，获得了较大的市场份额。

二、分析企业与竞争对手

哪里有市场，哪里就有竞争。品牌策划管理人员在对品牌进行策划的过程中应该重点分析本企业与竞争对手的实力和各自所拥有的资源，通过比较得出更为准确和具有针对性的竞争策略。

（一）企业自身的优势分析

企业开展品牌策划与推广活动，其宗旨是善加利用自身的优势，竭力克服或避开自身的劣势。因此，明晰企业或品牌自身的优势是企业开展品牌策划和推广活动的基础工作之一。

1.了解企业自身所掌握的资源、能力和竞争关系

企业在开展品牌策划与推广活动之前，必须对自身所掌握的资源和拥有的能力以及与竞争对手的关系有一个全面、客观、公正的评价，知道自己的优势和劣势，以及竞争对手的优势与劣势。这里的资源可以分为两种：一种是有形的，如人力、财力和物力等；另一种是无形的，如品牌、技术、声誉和人际关系等。

2.能力之争——核心竞争力

核心竞争力是指企业积累多年形成的在人才储备、研发能力、管理体系等领域的优势，是企业维持竞争优势的关键因素。企业的核心竞争力主要包括五个方面：一是产品优势；二是成本优势；三是品牌优势；四是渠道优势；五是附加价值优势。

（二）竞争对手分析

企业除了要知己，还必须知彼，即要充分了解主要竞争对手的市场运作情况。首先，要明确最直接的竞争品牌是哪个。在消费者心目中各种品牌的排位，本品牌排在第几位。其次，要明确与本品牌有直接竞争关系的品牌的优势与劣势，并找出竞争品牌薄弱的环节与缺陷。

1.企业的竞争威胁分析

企业的竞争威胁主要可以从以下四个方面进行分析：其一，确定现实的竞争者，也就是目前在市场上与本企业构成直接竞争关系的企业；其二，预测将来的竞争者，也就是潜在进入者，即在不久的将来有哪些企业有可能进入同一市场并与本品牌构成竞争关系；其三，分析供应商的发展态势，如果供应商的发展速度过快，其议价能力必将极大增强，这无疑会在原材料供应方面构成威胁；其四，分析替代品的出现有可能对本品牌产品构成威胁。

2.从5W着手了解竞争对手

5W分析模式就是以竞争对手为导向并在此基础上提出营销传播战略。其关键之处在于不强调和分析消费者，而是努力从竞争对手身上寻找营销传播的突破口。5个W分别是：竞争对手在做什么？为什么那样做？没有做的是什么？做得好的是什么？做得不好的又是什么？

一般而言，企业可以将上述5W中的两个作为开展品牌策划与传播活动的切入点：其一，竞争对手没有做的是什么？也就是在市场上的空白点，如果没有竞争品牌产品进入此区域，对于本品牌产品而言是最理想的市场状态。其二，竞争对手做得不好的又是什么？也就是说企业只要能够将竞争对手的缺点分析清楚，就知道自己应该采取何种策略开展品牌传播活动。

此外，行业竞争压力分析参见表4-4，竞争对手分析模型参见图4-1。

表4-4　　　　　　　　　　　　　行业竞争压力分析

竞争压力	表现形式
1.购买者的权利	（1）分销商的权利；（2）团体消费者的权利；（3）个体消费者的权利
2.竞争厂商的角逐	（1）产品；（2）价格；（3）渠道；（4）服务
3.替代品的威胁	（1）价格上的吸引力；（2）质量、性能和其他一些重要属性方面满足消费者需要的程度；（3）购买者转向替代品的难易程度
4.潜在进入者的威胁	（1）挤占已有的市场份额；（2）挤占投入要素的获得
5.供应商的作用	（1）供应商形象；（2）供应商产品投入对成本和品牌差别化的影响

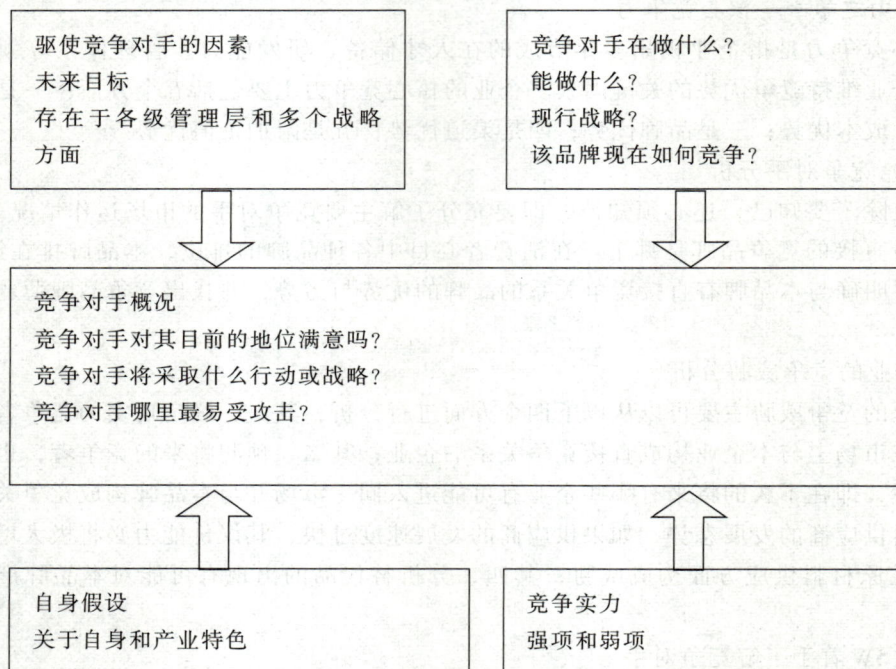

图4-1　竞争对手分析模型

三、品牌传播竞争分析（SWOT分析法）

微课4-3

品牌传播竞争分析（SWOT分析法）

　　品牌传播作为一项目的性和综合性极强的系统化操作程序，必须从战略的高度对企业自身和环境状况进行分析并排出优先次序，以作为战略规划实施的依据。SWOT分析是品牌传播战略策划的第一个步骤，该分析所要关注的四个要素分别是影响产品或品牌的企业内部优势（Strengths）或劣势（Weaknesses）、企业在外部环境的变化过程中所面对的机会（Opportunities）或威胁（Threats）。

（一）SWOT基本概念

1.SWOT界定

所谓SWOT分析，即基于内外部竞争环境和竞争条件下的态势分析，将与研究对象密切相关的各种主要内部优势、劣势和外部的机会和威胁等通过调查列举出来，并依照矩阵形式排列，然后用系统分析的思想，把各种因素相互匹配分析，得出一系列相应的结论，结论通常带有一定的决策性。

运用这种方法，可以对研究对象所处的情境进行全面、系统、准确地分析，从而根据研究结果制定相应的发展战略。按照企业竞争战略的完整概念，战略应是一个企业"能够做的"（组织的强项和弱项）和"可能做的"（环境的机会和威胁）有机组合。

2.SWOT分析工具

（1）优势与劣势分析（SW），即内部要素，是指企业自身可以控制的变量，包括企业的研发技术、专利、分销渠道、产品覆盖面、定价策略、品牌定位、品牌知名度、财务实力、品牌形象、企业声誉、企业文化等。这些变量在与竞争对手进行比较后又可以划分为优势与劣势。优势其实就是企业凭借所能够利用和控制的资源为自身带来的诸多竞争对手所得不到的利益；劣势则是企业相对于竞争对手所表现出来的尤其是被消费者所感受到的差距。

由于企业是一个整体，并且竞争优势的来源具有广泛性，在做优劣势分析时必须从整个价值链的每个环节将企业与竞争对手做详细对比，如产品是否新颖，制造工艺是否复杂，销售渠道是否畅通，价格是否具有竞争性等。如果一个企业在某一方面或几个方面的优势正是在该行业应具备的关键成功要素，那么该企业的综合竞争优势就强一些。需要指出的是，衡量一个企业及其产品是否具有竞争优势，只能站在现有和潜在用户的角度考虑而不是站在企业的角度。

（2）机会与威胁分析（OT）。外部要素是指企业难以控制或无法控制的事情，包括竞争活动、相关法律和政策、企业所处社会经济环境和市场环境的变化等。这些要素对于企业所产生的影响分别是机会或威胁。机会是指随着社会经济或市场环境的变化，市场上出现有利于企业发展或有利于产品销售的态势；威胁则是指随着社会经济或市场环境的变化，市场上出现不利于企业发展或产品销售的态势。

替代品限定了公司产品的最高价。替代品对公司不仅有威胁，可能也带来机会。企业必须分析替代品给公司的产品或服务带来的是"灭顶之灾"，还是提供了更高的利润或价值；购买者转而购买替代品的转移成本；公司可以采取什么措施来降低成本或增加附加值来避免消费者购买替代品。

SWOT分析模板见表4-5。

表4-5　　　　　　　　　　　　　　　　SWOT分析模板

优势	机会
品牌是否有良好的背景和信誉？ 品牌是否存在相对优势？ 品牌是否存在渠道或价格的相对优势？	是否有良好的社会大环境？ 是否存在潜在消费者的需求？ 是否存在适宜的上市时机和市场空缺？
劣势	威胁
产品是否不够独特？ 新品牌是否不易被接受？ 是否存在渠道和价格的劣势？	是否存在竞争者的威胁？ 产品淡旺季是否不平衡？ 是否会有跟随者加入？

（3）整体分析。从整体上看，SWOT分析可以分为两部分：第一部分为优势和劣势，主要用来分析内部条件；第二部分为机会和威胁，主要用来分析外部条件。利用SWOT分析方法可以找出对自己有利的、值得发扬的因素，以及对自己不利的、要避开的因素，发现存在的问题，找出解决办法，并明确以后的发展方向。根据SWOT分析，可以将问题按轻重缓急分类，明确哪些是急需解决的问题，哪些是可以稍微拖后一点的事情，哪些属于战略上的障碍，哪些属于战术上的问题，并将这些列举出来，依照矩阵形式排列，然后把各种因素相互匹配起来加以系统分析，得出一系列相应的结论，有利于领导者和管理者做出较正确的决策和规划。SWOT分析图参见图4-2。

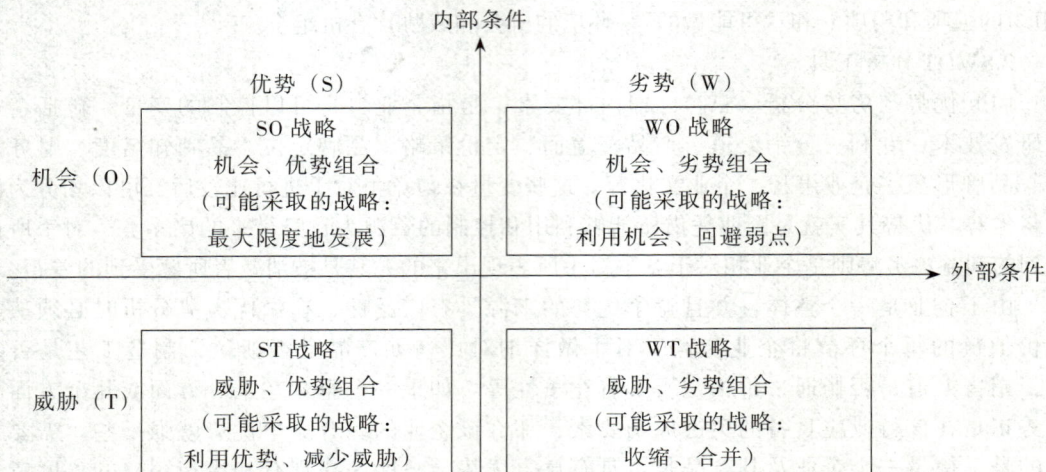

图4-2　SWOT分析图

（二）SWOT分析工具使用方法

品牌管理人员在使用SWOT分析工具时，绝不只是对自身品牌的优劣势和所处环境的机会与威胁进行分析，而是应该按照以下两个步骤使用。

1.以目标消费者为中心展开分析

在对企业的外部要素，即由于环境的变化所形成的机会和威胁进行分析的过程中，营销传播人员站在企业或行业的角度思考问题。而对于企业的内部要素，即企业与竞争对手相比较有哪些优势或劣势，则要复杂得多。比如，在具体的实践中，某企业的高层主管认为本企业的优势在于拥有较高文化素质和专业技能的员工，营销经理则认为企业的优势在于建立了较为完善的销售渠道，但是经过市场调研发现，消费者对该企业的品牌产品与竞争对手的品牌产品的评价并没有什么差异。因此，企业的营销传播管理人员在运用SWOT分析工具时，应以消费者为中心，从4C（消费者、成本、便利和沟通）的角度思考和解决问题，通过对目标消费者深入调研，从目标消费者的立场和角度分析企业品牌相比于竞争对手到底存在哪些优势或劣势。

2.排列SWOT要素的先后次序

企业的营销传播管理人员在对SWOT各要素进行分析并做出基本的判断之后，就要根据这些要素的重要程度排列先后次序。在具体排列的过程中，有许多因素需要考量。对大多数企业和产品而言，以下四个方面的因素是需要着重考量的。

其一，如果企业所面对的威胁或自身所存在的竞争劣势没有及时处理，将会对品牌形象和品牌资产造成多大的损失。

其二，如果企业所面对的机会或自身所存在的竞争优势能够及时利用，企业将会获得多少实际利益。

其三，企业处理或利用每个SWOT要素所需投入的成本是多少。

其四，企业处理或利用每个SWOT要素所需花费的时间是多少。

表4-6是A汽车公司2024款××车型的SWOT分析量化排序。

表4-6　　　　　　　　A汽车公司2024款××车型的SWOT分析量化排序

SWOT分析各项要素按重要程度 从低到高量化打分，最高分为3分		不处理 则受损	利用 则受益	处理或 利用的成本	处理或利用所 需花费的时间	总计
优势	强大的顾客特许权	—	2	3	1	6
	良好的经销网络	—	2	3	1	6
	可确认的目标市场	—	3	3	3	9
劣势	缺乏品牌认知度	3	—	2	3	8
	次年春季前产品无法上市	3	—	3	3	9
	没有足够的预算经费，上市前没有营销传播活动的支持	3	—	2	3	8
机会	市场对XX车型的需求呈增长趋势	—	2	1	2	5
	良好的经济形势	—	3	3	3	9
威胁	竞争对手的品牌影响力大	3	—	3	1	7
	新品牌的市场投入大	2	—	2	1	5

将SWOT各项要素进行量化打分之后，接下来企业就可以根据分数的高低将急需利用和解决的要素予以排序。排序之后就可以清楚企业的工作目标，即企业应该在最短的时间里尽可能地利用环境变化所带来的机会并努力发挥自身的竞争优势，努力减少由于环境变化所造成的威胁或避开自身在竞争中的劣势。虽然企业很少能有充足的时间和资源克服或利用所有已经发现的SWOT要素，但这种量化分析及排序的方法可以帮助企业在制定整合营销传播战略时明确自己的方向。

表4-7是A汽车公司2024款××车型根据SWOT分析量化打分排序之后所制定的整合营销传播的初步计划。

表4-7　　　　　　A汽车公司2024款××车型的整合营销传播初步计划

SWOT要素	营销传播目标	营销传播工具推荐	确定使用/不使用的理由
品牌认知度不高	在目标受众中创造50%的品牌认知度	广告	由于有较大的受众规模，产品刚刚上市且预算充足，确定使用广告
可确认的目标市场	在目标受众中创造30%的品牌偏好度	直接营销	针对目标受众开展信息交流更顺畅和更互动
上市问题	产品上市后吸引10%的目标消费者到展厅看车	直接营销	培养目标对象的好奇心并激发他们的兴趣
预算不高和缺少营销传播支持	在产品上市前预售出8 500辆	直接营销	在预售产品面向目标市场的推广过程中，个人接触性质的媒介能发挥良好作用

【任务实施】

（1）自由分组，每6人一组。

（2）小组成员讨论分析企业产品的竞争优势、分析企业与竞争对手、品牌传播竞争分析（SWOT分析法），讨论时间为20分钟。

（3）小组成员根据所学知识，对创建的模拟品牌进行品牌传播竞争分析，训练时间为30分钟。

（4）任务评价（见表4-8）。

表4-8　　　　　　　品牌传播竞争分析训练任务评价表

评价指标	评价标准	分值	评估成绩
品牌传播竞争分析训练效果	1.理解企业产品的竞争优势、分析企业与竞争对手、品牌传播竞争分析（SWOT分析法）	20	
	2.能识别品牌传播竞争分析训练易犯错误	20	
	3.能灵活运用品牌传播竞争分析训练的应对策略	20	
	4.讨论积极，效果明显	15	
	5.态度认真，遵守时间	10	
	6.汇报得当	15	
小组综合得分			

任务三 品牌传播对象分析

【任务解析】

开展任何一项传播活动必须首先明确的一个基本问题是：谁是传播对象。实施整合营销传播（IMC）活动之前同样必须界定谁是目标消费者以及谁是潜在消费者，将这个问题研究清楚了，所提出的相关策略就可以做到有的放矢。品牌传播对象分析的任务是深入理解目标受众的特性和需求，以确保品牌传播活动的针对性和有效性；包括分析目标受众的人口统计特征、消费习惯、心理需求、媒介使用习惯等方面，对目标受众形成全面画像。任务的关键在于洞察目标受众的真实需求和期望，为品牌传播内容的创作和传播渠道的选择提供指导。通过精确分析目标受众，品牌能够更有效地与他们建立联系，提升品牌认知度和忠诚度。

【知识链接】

一、市场细分与集中法

识别并界定目标消费者和潜在消费者，这是营销传播的起点，也是营销传播策略的基础。在整合营销传播理论诞生之前，营销传播理论中划分目标消费者和潜在消费者的方法主要是市场细分和集中法。

微课 4-4

市场细分与集中法

（一）传统的市场细分理论

"市场细分"这一术语产生于 20 世纪 50 年代中期，它是传统的营销传播流程中以 SWOT 分析为根本出发点的一个重要环节，在营销传播中发挥了巨大作用。

1.市场细分概念的产生

20 世纪 50 年代中期，美国宝洁公司最先将市场细分的概念运用于营销传播活动中。当时，宝洁公司发现许多消费者因为服装面料和质地的不同而对洗衣皂的去污力有不同的需求。据此，宝洁公司便改变了以往只生产单一洗衣皂的做法，向市场推出了三种去污力不同的洗衣皂：一种是去污力特别强的强碱性洗衣皂；一种是弱碱性洗衣皂；一种是中性的多功能洗衣皂。之后，美国著名的营销学者温德尔·斯密在对宝洁公司的这种营销传播策略进行总结的基础之上，提出了市场细分这个市场营销理论的全新概念。

2.市场细分概念的界定

市场细分概念相对于其他营销传播概念而言，比较清楚且容易达成共识。市场细分就是企业根据消费者的欲望、需求、购买习惯和消费行为等因素，将整个市场划分为若干有着不同消费特征的亚市场，并选择其中一个亚市场作为本企业开展市场营销传播的目标。

企业在对市场进行细分的过程中，往往组合运用相关变量，而不是采用某个单一变量。划分消费者需求的相关变量大体上可以分为四大类，即地理变量、人口变量、心理变量和行为变量。以这些变量为依据进行市场细分，产生了地理细分、心理细分、人口细分和行为细分四种基本形式。

市场细分理论的提出基于一个观点，即消费者的需求是有差异的，也就是多元异质性，它在一定程度上显示了对消费者需求差异的尊重和承认。虽然整合营销传播理论认为市场细分的方法存在缺陷，但是目前国内外许多企业在营销传播的实践中还是广泛运用这种方法。

3.市场细分方法的缺陷

整合营销传播理论认为市场细分方法有很大的缺陷，这些缺陷主要表现在以下两个方面：首先，市场细分方法从本质上说是对消费群体的划分而不是对消费个体的划分，这就使得市场细分方法不可能对目标消费者或者潜在消费者进行具体的分析和个性化的探讨；其次，市场细分方法对于消费者的关注只停留在表面，难以对消费者行为进行深入研究。

（二）集中法分析理论

1.集中法的提出

针对市场细分方法的缺陷，整合营销传播理论认为对于消费者的划分不能仅仅从消费者的地理环境或者其他变量入手，而是应该偏重消费者行为。在这种思路的引导下，整合营销传播理论提出了集中法，其核心内容就是根据消费者的行为将消费者划分为不同的类型。集中法认为，消费者的分类应该以消费者的行为作为衡量标准，而不是以市场形成的消费群体作为衡量标准。例如，一些消费者习惯于购买同一类别的品牌产品，或者以相似的方式处理有关该品牌产品的商业信息或促销活动等，这种消费者就可以集中划分为同一类型。这种以消费者的行为作为衡量标准的方法忽略了消费者的年龄、收入和地理环境等变量，将划分的标准锁定在消费者的行为上，即只要消费者的行为接近，无论在其他方面有多大差异，都可以将这些消费者划分为同一类型。因此，消费者以往的购买方式、购买习惯等信息远比他们的年龄、性别或居住地信息更有价值。

2.集中法的具体运用

集中法在具体运用过程中，由于其衡量标准集中在消费者的行为上，因此，根据消费者与品牌产品的关系（消费者行为）将消费者归为三个类别：现有消费者、竞争消费者和新兴消费者。

现有消费者指的是经常购买本企业产品并为企业带来利润的消费者，他们可以被企业当作单一的目标群体，也可以进一步细分为品牌产品的忠诚消费群体，或者是品牌产品的重度消费群体，或者是品牌产品的临时性消费群体等。竞争消费者指的是在本品牌产品和其他品牌产品之间游移不定的消费者。新兴消费者指的是那些现在不是，但将来有可能使用本品牌产品的潜在消费者。

使用集中法对消费市场进行划分从理论上说应该比市场细分法更有价值，但是从操作层面来说则有相当的难度。集中法的理论根据是消费者的行为，要全面深入地掌握消费者的行为就必须获得消费者行为数据，这对企业建立专业的数据库提出了较高的要求。相对而言，运营电子商务的各大商业网站采用集中法对消费者进行分类就比较容易。比如，亚马逊会根据会员输入的个人资料以及过去购买图书的记录对会员进行分类，及时向不同类别的会员发送他们有可能感兴趣的图书资讯，以促进图书的销售。

微课4-5

态度研究法与
行为研究法

需要注意的是，集中法虽然有更为明显的优势，但是在具体运用时，还是应该注意将集中法与市场细分法加以整合使用而不是彼此对立。仅仅依据消费者的一两次购买行为预测该消费者的长期购买意向显然是不可能的。事实上，影响一个消费者购买行为的因素有很多，企业在具体实践中必须注意结合多种因素对消费者的购买行为加以界定和判断。

二、态度研究法与行为研究法

使用集中法对消费者进行分类，将消费者划分为现有消费者、竞争消费者和新兴消费者需要有一个划分标准。下面主要介绍对消费者行为进行分类的具体方法。

（一）态度研究法

1.态度研究法的基本逻辑

态度研究法在20世纪40年代出现，许多欧美国家的广告公司在对消费者进行分析时广泛运用该方法。这种方法是基于一个假定的判断，即消费者的态度可以影响消费者的行为。其基本逻辑是传播活动将会导致消费者对某一品牌产品产生认知，进而产生喜好，最后产生购买行为。

该模式假设营销传播是促成消费者产生消费行为的有力工具。因此，消费者接触某品牌产品的信息越多，其购买某品牌产品的概率就越大。这一观点为一些企业采用大规模的广告投放策略提供了理论上的支持。

2.态度研究法的缺陷

根据态度研究法的观点所衍生出来的传播效果等级模式从逻辑上看似乎有一定道理，但是许多专家学者经过大量的实证研究之后发现该研究方法存在一些缺陷。首先，态度研究法简单地将传播活动放置在一个真空状态，也就是说没有考虑在实际的竞争环境中目标受众（消费者）有可能受到诸多因素的干扰。事实上，任何一位消费者在接触广告之后是否会改变对该品牌产品的态度，都受到诸多因素的影响。其次，态度研究法建立在条件假定的基础上，但假定毕竟只是假定，还没有任何的实证研究数据证明该模式是可行的。

行为主义研究者认为，态度改变未必就一定会引起人们行为上的改变，因此，态度上的认同也未必就一定会导致消费者产生购买行为。一些实证研究显示，对于企业而言，关于消费者最有价值的信息是他们在前段时间里去了什么地方、何时购买了哪些品牌的产品。一个人的行为往往是习惯的产物，消费者在过去发生的消费行为对企业有重要参考价值，因为消费者将来很可能还会采取相似的消费行为。据此，在对消费者进行分析和研究时，与其用态度的改变来预测消费者将来的消费行为，不如根据消费者过去的消费行为来进行分析和预测。

（二）行为研究法

行为研究法是测量消费者购买行为的一种方法，即从财务上的利润回报来测量营销传播的效果。根据消费者购买行为在财务上的利润回报，可以计算出短期客户投资回报率和长期客户投资回报率。研究消费者的购买行为不仅可以反映企业以往的营销传播活动的投资回报率，还可以预测企业今后的营销传播活动对消费者未来购买行为的影响，从而推断企业营销传播活动的实际效果。

计算消费者实际的购买行为为企业带来的投资回报，分析消费者今后的消费行为倾向，对于企业制定营销传播规划十分重要。行为研究法能够推断目标消费者有多少钱以及将来会有多少钱，据此判断消费者的购买行为会给企业带来多少利润。使用这种研究方法计算利润科学可靠，可以大大减少企业在划分目标消费者时由于主观判断导致的不确定。

三、分析目标市场和关系

整合营销传播除了要分析和识别本品牌产品的目标消费者和潜在消费者，还要分析品牌与目标消费者之间处于一种什么样的关系。

对目标消费者的识别与分析应该关注以下几个问题：第一，最有可能再次购买本品牌产品或愿意积极影响其他消费者购买本品牌产品的是哪些人？第二，以前没有购买过本品牌产品，但是通过周围人的推荐有可能购买本品牌产品的是哪些人？第三，出于某种原因需要企业给予特殊关注的消费者（如降低对本品牌的购买频率、曾经历过本品牌销售人员慢待或曾了解过本品牌产品但一直没有购买的顾客）是哪些人？另外，其他能够影响上述三类消费者及与本品牌有利益关系的特殊群体也可能被列为目标对象。

在品牌与消费者之间的关系上，企业应该使用持续的客户反馈和详细的消费者研究来确定品牌与消费者之间的关系，以及自身品牌具有哪些优势。对品牌与消费者之间关系的评估，可以围绕以下几个方面进行：第一，信任品牌；第二，对品牌满意；第三，认为企业是可以接近的；第四，认为企业是负责任的；第五，能够感受到企业对消费者的利益非常重视，并将其放在第一的位置上。

识别和分析目标消费者只是手段，努力与消费者建立一种彼此认同并为双方带来利益的良好关系，才是整合营销传播战略实施的最终目的。

四、消费者分析工具

（一）消费者需求分析

根据马斯洛的需求层次理论，寻找消费者需求与品牌价值的契合点，以确定品牌传播的方向（见图4-3）。

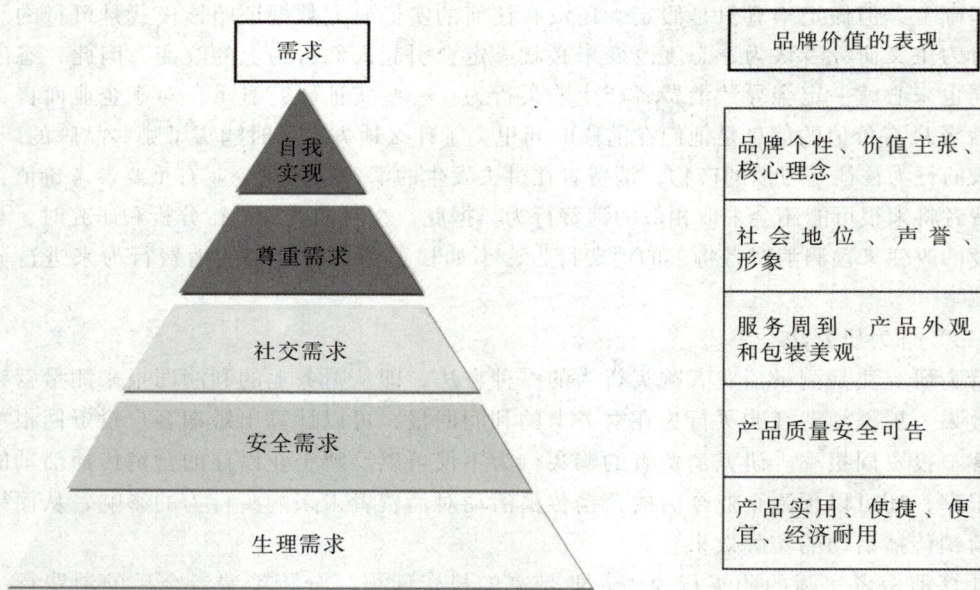

图4-3　马斯洛需求层次理论与品牌价值的契合分析

（二）消费者心理分析

消费者心理决定了消费者对媒介信息的认知方式、涉入程度、情感、态度以及购买行为。企业对消费者心理的分析直接影响品牌传播策略。消费者心理分析的主要内容见表4-9。

表4-9   消费者心理分析的主要内容

消费者心理		
消费者认知	消费者情感	消费者态度
认知是消费者通过感觉、知觉、联想、记忆和思维等心理活动对事物进行综合反应的过程	情感指消费者的感觉或者对特定品牌的喜好程度，包括渴望、偏好或者确信等较强程度的喜好	态度是消费者对品牌产品所持有的基本评价和行为倾向，在很大程度上决定其购买行为

（三）消费者对信息的认知过程分析

通过下面的分析模型可以了解消费者对信息的认知反应过程。该分析模型的核心是确定广告信息唤起消费者反应的类型，以及这些反应与广告、品牌态度、购买意愿之间的关系。第一类消费者认知反应是针对产品、服务和传播过程的正反面观点；第二类消费者认知反应是对传播信源可信度的评价；第三类消费者认知反应是消费者个人对广告本身的情感判断，包括其对广告要素如创意、视觉效果、音乐、色彩等的反应。

（四）消费者购买行为分析

消费者的购买行为会受到内外部双重因素的影响，消费者行为总体分析模型囊括了影响消费者购买行为的众多因素以及各个影响因素之间的相互关系，综合反映了消费者在购买过程中的决策过程（见图4-4）。

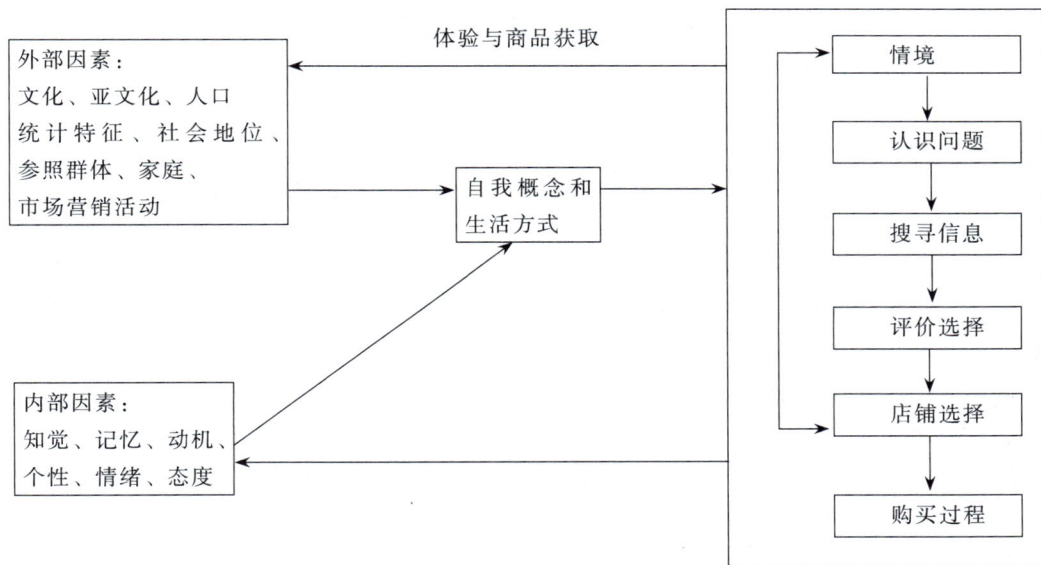

图4-4　消费者行为总体分析模型

【任务实施】

（1）自由分组，每6人一组。

（2）小组成员讨论市场细分与集中法、态度研究法与行为研究法、分析目标市场和关系、消费者分析工具，讨论时间为20分钟。

（3）小组成员根据所学知识，对创建的模拟品牌进行品牌传播对象分析，训练时间为30分钟。

（4）任务评价（见表4-10）。

表4-10　　　　　　　　　品牌传播对象分析训练任务评价表

评价指标	评价标准	分值	评估成绩
品牌传播对象分析训练效果	1.理解市场细分与集中法、态度研究法与行为研究法、分析目标市场和关系、消费者分析工具	20	
	2.能识别品牌传播对象分析训练易犯错误	20	
	3.能灵活运用品牌传播对象分析训练的应对策略	20	
	4.讨论积极，效果明显	15	
	5.态度认真，遵守时间	10	
	6.汇报得当	15	
小组综合得分			

【知识拓展4-1】

关于品牌与传播的六点思考

1.品牌的群体印象

公众人物的声望往往始于站队，获得同类的认可；毁于被扣帽子，成为群体斗争的牺牲品。在理想的互联网平台，应该有一个良性的话题讨论氛围，百家争鸣。不过实际的情况是，不少话题讨论到最后，呈现数量即是正义的现象，多数人的声量，会逐渐淹没少数人的声音。这时候一些意见领袖发现，不需要人见人爱，甚至不需要陈述自己的真实想法，而只需要站好主流舆论阵地，煽动大众的情绪，把话题从是与非的争论，带到价值观角度的讨论，就可以立于不败之地。毕竟，事情对错好判断，但价值观的取舍，就像关公战秦琼，如何分出高低对错？

事实上，在与理性的正面冲突下，感情很少有失手。因为，理性像大脑的浅层记忆，而情感倾向更像是肌肉记忆，一旦烙上了印记就很难更改。勒庞提过，群体只会干两件事：锦上添花或落井下石。所以品牌应该更关注对群体印象的塑造，哪怕不产生正面的印象，也尽量避免负面印象的出现。

2.为什么奢侈品不能轻易降价？

品牌传播的底层逻辑是整个社会的规则。奢侈品的核心商业逻辑并非"卖产品"，而是"卖价值"——包括品牌溢价、身份象征、稀缺体验等无形价值。"不能轻易降价"本质上是为了维护这些核心价值不被稀释，奢侈品需要避免促销信息过多占用目标用户的视线，而尽量做高价值的事提升品牌的体验感。

3.品牌的共情能力

品牌的共情能力的本质是品牌通过"理解、回应、契合消费者的情绪、需求与价值观"，与用户建立情感连接的能力。它不是简单的"讨好"，而是人与人之间的真诚互动——品牌能"看见"用户的真实感受（哪怕是未说出口的），并用恰当的方式传递"我懂你"的信号，最终让用户觉得"这个品牌和我同频"。

4.品牌的发展阶段

第一步知道是什么，即明确定位。明确企业自身阶段的核心任务，不为外部干扰所动容，这是品牌必须有的定力。第二步知道不是什么，即公关的边界。学会什么是宣传红线，什么话题会影响品牌印象。第三步知道什么时候用，即因时、因地制宜。

5.品牌的数据分析

品牌通过收集、整理、分析与自身相关的各类数据（如用户行为、市场表现、竞品动态等），从中挖掘规律、洞察问题、预判趋势，并最终用于指导品牌决策（如产品设计、营销推广、用户运营等）的过程。它不是简单的"看数字"，而是通过数据"读懂市场和用户"，让品牌运营从"凭经验判断"转向"用数据驱动"。

6.品牌传播的入口

互联网的应用让生产模式发生了变化。从之前"厂家—代理商—买家"变为"买家预付款需求—平台方收集数据—厂家定制"。大数据的应用进一步推进了供需模式变革。买家喜欢什么，企业就生产什么。互联网本身是效率工具，而不是价值创造工具。

资料来源　杨明浩.奢侈品品牌管理［M］.北京：清华大学出版社，2020.

【项目小结】

品牌传播基础分析是品牌策略制定中不可或缺的一环，它涵盖了品牌传播环境分析、品牌传播竞争分析和品牌传播对象分析等多个方面。这些分析共同构成了品牌传播策略制定的基石，有助于品牌更好地定位自身，制定有效的传播策略。品牌传播环境分析是对影响品牌传播的外部因素进行考查和评估。包括宏观经济环境、政治法律环境、社会文化环境以及技术环境等。通过对这些环境因素的分析，企业可以了解当前的市场趋势和变化，从而预测未来可能的发展方向，为品牌传播策略的制定提供重要参考。品牌传播竞争分析是对竞争对手的品牌传播策略、市场份额、消费者认知度等方面进行深入剖析。通过对比竞争对手的优势和劣势，企业可以明确自身在市场中的定位，找到与竞争对手的差异，从而制定更具针对性的传播策略。此外，竞争分析还有助于品牌发现市场中的机会和威胁，为品牌的发展提供重要指导。品牌传播对象分析是对目标受众进行深入研究和理解。包括分析目标受众的人口统计特征、消费习惯、心理需求以及媒介使用习惯等方面。通过对目标受众的全面画像，企业可以更准确地把握他们的需求和期望，为品牌传播内容的创作和传播渠道的选择提供有力支持。这种精准的分析有助于品牌与目标受众建立更紧密的联系，提升品牌认知度和忠诚度。

【项目实训】

1.各小组根据之前所选定的品牌策划提案，对品牌传播基础进行分析，并提出近五年的品牌传播基础分析报告。

2.请同学们自由组合成立品牌策划小组，在组长的安排下对本地区白酒市场现状的做全面分析，提交内容较为完整的调研报告。

【项目测试】

项目测试4

一、单项选择题

1.口碑是一种主要通过亲友或社交媒体向（　　）传播企业产品（或服务）信息的非常有效的营销方法。

A.营销人员　　　　　　　　B.目标受众

C.谈论者　　　　　　　　　D.社会各界

2.下列属于品牌联想度量标准的是（　　）。

A.品牌利益　　　　　　　　B.美誉度

C.产品属性　　　　　　　　D.企业行为

3.评估细分市场时要着重考虑的因素不包括（　　）。

A.细分市场的规模　　　　　B.细分市场的内部结构吸引力

C.细分市场的地理人口因素　D.企业的资源条件

4.（　　），不仅是实施品牌生命周期管理的关键步骤，也是正确制定品牌营销策略组合的基本前提。

A.正确识别品牌在竞争力矩阵哪个象限

B.正确识别品牌在生命周期哪个阶段

C.正确识别品牌在品牌认知度模型哪个象限

D.正确识别品牌在品牌美誉度模型哪个象限

5.品牌推广的重心是营造基于消费者的（　　）。

A.品牌认知　　　　　　　　B.品牌关系

C.品牌形象　　　　　　　　D.品牌价值

6.（　　）的传播目标是在提高品牌知名度的同时，加强品牌美誉度的培养，其本质在于提高销量，获取利润，并引导消费者形成品牌偏好。

A.品牌导入期　　　　　　　B.品牌成长期

C.品牌成熟期　　　　　　　D.品牌衰退期

7.营销传播理论中划分目标消费者和潜在消费者的方法主要是（　　）。

A.态度研究法　　　　　　　B.行为研究法

C.市场细分和集中法　　　　D.目标市场分析法

二、思考题

1.在开展品牌策划与传播活动之前，为什么必须对品牌所在市场环境进行研究和分析？研究分析的资料和数据从何而来？如果没有第一手资料或数据，这种研究和分析是否就毫无意义？

2.本项目介绍了诸多对市场、环境、竞争对手及目标消费者分析的方法，你认为在具体实践中应该如何使用这些分析方法？

三、案例分析题

小罐茶走红背后的营销逻辑

这两年，不管你是否喜欢喝茶，一定都曾被电视里循环播放的"小罐茶，大师作"这句广告词洗脑。精美的小罐包装、高端的品牌形象、简约的店面设计，让小罐茶迅速成为中国茶叶界的新晋"网红"，不过，争议也随之而来。

2019年1月15日下午随着一条"小罐茶大师会不会累坏了？"的微博迅速蹿红网络，引发了广大网友的热议。小罐茶2019年初公布其2018年的销售额为20亿元，按照全国统一价，一盒80克的小罐茶为500元，平均每克6.25元，共有8位大师，那么每位大师全年得炒8万斤茶，也就是全年不休平均每天得炒220斤茶。如果再按照"四斤鲜茶叶炒一斤毛茶，一斤毛茶经过挑梗除片筛末可以得0.6斤净茶"，也就是说，每位大师一天要炒1 467斤鲜茶叶，一般情况下手工炒茶师傅一天也就炒30斤左右的鲜茶叶。因此，"小罐茶、大师作"涉嫌虚假宣传。

一、定位品牌茶，彰显地位和身份

在中国目前的社会环境下，存在着三种不同的茶。一种是"柴米油盐酱醋茶"的茶，俗称"大众茶"；一种是"烟酒茶"的茶，和茅台、中华烟一样用来送礼的，俗称"品牌茶"；还有一种是"琴棋书画诗酒茶"的茶，也就是讲究享受、讲究品位的"文化茶"。小罐茶的定位其实就是像茅台、中华烟这样的"品牌茶"。

"文化茶"就像珍稀古玩一样，尽管价格高，但是消费市场很狭小，也难以通过品牌获取定价权。因此，兼具文化气息的顶级"品牌茶"是小罐茶定位的不二之选。那么，小罐茶的目标客户是谁呢？说到底，小罐茶针对的就是那些追求优雅、优质生活的富裕人群，卖的其实是成功人士的身份和地位的象征。有了这个定位后，小罐茶的价格定为1克12元，相当于每斤6 000元左右。接下来要做的就是如何让消费者接受这么一款"品牌茶"。

二、产品标准化，让价值被认知

可能很多人都觉得一个品牌能否成功关键在于营销。但在营销之前，最核心的是产品本身。就连靠着营销起家的杜国楹也这样说："说到底，好的产品才是前提，营销只能是技术，是好产品的放大器，为产品服务。"

那么，小罐茶的产品是如何打造的呢？小罐茶找的突破点是重新制定茶叶的认知和体验标准，简单地说，就是做"减法"，也就是统一重量、统一包装、统一价格、统一工艺等，让小罐茶集约化、标准化、品牌化。为了达到这个目的，小罐茶邀请8位顶级制茶大师出山，为小罐茶打上了"大师作"的标签。

可能有人会问，"大师"的称谓究竟是如何定义的？实际上，你认不认识这些所谓的"制茶大师"根本不重要。在小罐茶看来，重要的是"大师作"的概念，能够代表消费者对"品牌茶"的认知和体验标准，这就够了。

三、设计高端化，凸显差异化价值

为什么有的包装，消费者一看就会觉得高大上；为什么有的门店，必须开在豪华的商区中心地段呢？因为，这意味着高端。包装使消费者对产品产生最直观的感受，它承载了产品的附加价值，门店的设计又直接影响着消费者对品牌的评判。

为此，小罐茶找来了日本设计大师，在历经数稿后才确定了铝合金小罐的包装，并且配以极致的撕膜体验和充氮等设计。这样既克服了消费者每次都要伸手抓茶叶的不便，也避免了出差旅途中袋装茶叶易碎的情况。当然，最重要的还是给人的第一感觉就是高大上。

小罐茶还邀请了苹果的御用设计师参与实体门店的设计，采用极简风格，既简单又不失大气，产品的品位瞬间就显现出来。小罐茶的门店会从味觉、触觉、视觉等多个维度给消费者沉浸式的体验，体现出小罐茶的高端，这也是小罐茶将门店开在核心商圈的原因。

经过以上设计，最大化地体现出小罐茶高端的差异化价值。

四、媒体高端化，进一步提升品牌形象

有了好产品之后，如何精准地找到目标消费者至关重要，这就落实到具体的媒介投放和选择上。小罐茶在媒体投放上选择了央视、航空及高铁媒体。

央视广告具有强大的口碑支撑，能为小罐茶的高端形象做背书。互联网媒介则存在天然的缺陷，难以体现出品牌的高端形象和价值。这也是绝大多数高端品牌拒绝互联网的主要原因，尤其是对于初创品牌而言。

小罐茶的广告费用尽管很高，但是与其他品牌不同的是，小罐茶的广告投放更多的是跟着目标客户走，相对来说更精准。比方说，小罐茶相当一部分是用来做"礼品茶"赠送的，这就决定了很大一部分客户是商务人士。因此，在机场和高铁上投放广告也就不难理解了。

对于小罐茶来说，投放广告的目的不仅仅是增加产品的销量，还兼具打品牌的作用。

五、全产业链经营，创新商业模式

除了营销上的成功，还有小罐茶在商业模式上的创新，使乱而杂的茶叶产业链实现了有效整合，这也是小罐茶能够成功的关键因素之一。小罐茶采取的模式是"从市场到工厂，从工厂再到茶园"。这样一种模式刚好与传统的茶行业相反。为什么小罐茶要反其道而行之呢？

原来，由于茶农都很分散，很难集中起来，即使产品好，也很难突破"从茶园到工厂"这道坎。如果直接"从茶园到市场"，这样操作不仅会限制产量，而且难以实现品牌价值。因此，小罐茶的反向思维更具有可行性。

2017年，小罐茶投资15亿元的首个智慧化工厂在黄山破土动工。小罐茶还通过控股、自建等多种方式布局茶园，还涉足了有机生态茶园。也就是说，依靠全产业链布局，小罐茶不仅加强了综合竞争力，品牌的"护城河"也越挖越深。

六、品牌高端化的背后是消费升级

有人说，这是一个消费降级的时代，但这其实只是站在不同的角度，得出不一样的结论而已。谁也不能否认，如今的消费者活得越来越精致了。小罐茶如此之高的定价，在没有促销更谈不上补贴的情况下，在2017年销售额为11亿元，2018年达到了20亿元。

没有成功的企业，只有时代的企业。消费升级浩浩荡荡，顺势者昌，逆势者亡。

资料来源　作者根据网络相关资料整理.

问题：

1.消费者为什么购买茶叶？是不是因为对这些消费者来说饮茶是一种健康的生活习惯？如果是的话，消费者更加关注茶叶的什么信息？

2.茶叶品牌究竟应该如何塑造？小罐茶能否作为一个品牌在同类茶叶商品中形成差异化优势？

3.小罐茶的品牌个性是什么，品牌联想是什么，品牌广告语是什么，品牌竞争力

何在？

4.如果仅仅以大师作和高价格就可以使得消费者产生消费需求，那么其他的产品是否也可以用这种套路创造出理想的市场需求呢？

项目五

品牌传播策划

学习目标

★ 知识目标

（1）能够说出品牌形象传播策略的任务与目标；

（2）能够描述品牌广告传播策略的基本作用及其执行要点；

（3）能够执行广告文案的基本结构和创作方法；

（4）能够应用广告传播的诉求策略和广告创意的表现方法；

（5）能够描述品牌叙事传播策略的基本构成要素、作用及主要表现形式；

（6）能够陈述品牌传播的核心信息的作用及其具体提炼方法。

★ 能力目标

（1）能运用所学知识进行品牌形象传播策划；

（2）能运用所学知识进行品牌广告传播策划；

（3）能运用所学知识进行品牌叙事传播策划。

★ 素养目标

（1）具有对优质品牌的认可与选择能力，以及对市场的敏感度和洞察力；

（2）具有团队协作与沟通能力以及自我约束与持续学习能力。

项目导入

如果说产品的价值在于质量，那么品牌的价值就在于传播。通过对传播活动的整合及实施，企业可以有效地帮助消费者形成和加强对品牌的认知与理解；同时，企业为品牌投入的传播费用还可以转化为品牌的资产。可以说，传播创造了品牌的附加价值。

品牌传播是一种操作性的实务活动，也就是企业通过广告、公关、新闻报道、人际交往、产品服务等传播手段，塑造和提升品牌形象以及品牌在目标消费者心目中的认知度、美誉度。品牌传播策划涵盖品牌形象、广告、叙事和公共关系等多个方面。品牌传播策划需明确品牌定位、评估市场环境、制定传播策略。品牌形象策划要统一视觉识别；广告策划要创新吸引目标受众；叙事策划要挖掘品牌故事，引起共鸣；公共关系策划则要构建良好品牌声誉。通过综合策划，确保品牌传播项目顺利启动，实现品牌目标。

【项目实施】

任务一　品牌形象传播策划

【任务解析】

　　品牌传播是企业的核心战略，也是超越营销的不二法则。品牌传播的最终目的是发挥创意的力量，利用各种有效发声点在市场上形成品牌声浪，有声浪就有话语权。传播是品牌塑造的主要途径。品牌传播是企业满足消费者需要，培养消费者忠诚度的有效手段，是目前企业家们高擎的一面大旗。品牌形象传播策划聚焦于深入理解和分析品牌的核心价值、目标受众以及市场环境，制定一套有针对性的传播策略。这一任务要求策划者不仅要有创意，还须具备敏锐的市场洞察力，以便准确捕捉品牌与受众之间的连接点，通过多元化的传播渠道和创新的传播方式，有效传递品牌信息，增强品牌认知度和美誉度，进而提升品牌影响力，促进品牌价值的实现。品牌形象传播策划旨在通过精心策划和有效执行，将品牌理念、价值和故事传递给目标受众，构建并维护一个积极、健康的品牌形象。

【知识链接】

一、品牌传播概念的提出

　　品牌传播的概念是在整合营销传播理论基础上提出的。一些品牌专家和传播学者将传播学理论的研究成果应用于品牌营销的实务活动，以期提升品牌形象在目标受众心目中的认知度和美誉度，从而使企业在激烈的市场竞争中占据有利地位。

微课 5-1

品牌传播概念的提出和构成要素

　　品牌传播是指企业告知消费者品牌信息，劝说其购买品牌以及维持品牌记忆的各种直接及间接的方法。

　　品牌传播可以运用媒体新闻作为企业宣传的一种推广方式，相对于硬性广告或传统的B2B平台宣传等，消费者对新闻这一推广方式的接受程度要高很多。同样是开展宣传和营销，同样是希望找到并影响、打动潜在消费者，以新闻的形式做宣传，可以让消费者不知不觉地接收信息，这是品牌传播的最新趋势。

　　品牌传播概念的提出并不是偶然的，它是在时代环境的变化中应运而生的，直接导致该理论诞生的主要因素包括以下三点：

　　（一）品牌传播是企业在全球市场开展市场竞争的利器

　　随着全球市场一体化的形成，市场竞争的范围从国家市场扩大到全球市场，竞争也必然更加激烈。在市场环境的变化过程中，那些缺乏品牌核心价值支撑的企业会处于十分不利的地位；相反，那些拥有强势品牌的企业却能够迅速使自己的产品在全球市场扩张。这是因为全球市场的竞争实际上更多地体现为强者博弈、名牌对决，也就是各个跨国公司及其所拥有的品牌之间的竞争。

（二）媒体环境的变化使品牌传播概念成为可能

20世纪90年代以来，媒体环境发生了巨大变化，新兴的、具有巨大潜力的信息媒体以惊人的速度进入千家万户，新媒体的出现不仅改变了传统的营销方式，也改变了消费者的生活方式，但是在信息渠道和信息流量大规模增加的同时，在信息传播过程中，来自各个方面的干扰也明显增加。对企业而言，在正确的时间、正确的地点向正确的目标受众传递正确的信息显得更加重要，但是企业要找到那些正确的目标受众越来越困难。企业所要解决的一个基本问题就是如何在有限的时间和空间里向目标受众传递最有可能引起他们关注的信息。当下消费者每天都将接触超过 1 500 条的商业信息，企业所提供的信息如果不能从众多的商业信息中脱颖而出，将毫无价值可言。

在这种背景下，企业在市场营销过程中，不论是利用广告、公共关系还是其他营销传播手段，都必须将经过整合的、最有可能被目标消费者接受和认可的且最能够满足他们心理需求的、最有价值的信息传达给目标消费者，这就使品牌传播概念的提出和运用成为一种必然。

（三）品牌传播成为整合营销传播理论的核心

在现代市场营销实践中，伴随着现代广告、公共关系、销售促进等传播实务和理论的出现，由美国西北大学的唐·舒尔茨教授提出的整合营销传播理论在20世纪90年代初期应运而生。整合营销传播理论的核心有三点：一是强调从消费者的需求出发，将与目标消费者进行有效的沟通作为开展市场营销的基础；二是强调将广告、公共关系、企业形象识别、促销、直销、包装、新媒体运用等一切传播手段加以整合，使企业能够向目标受众传递一致的品牌信息；三是强调传播是营销的前提，营销是传播的结果，检验传播效果的标准就是销售的效果。

从上述整合营销传播理论的三个核心内容来看，有效的营销源自有效的传播，整合营销传播中"将所有的信息整合成一个声音"的观点，实际上是将整合营销传播的核心指向了品牌，因为企业只有通过品牌才能将营销传播的诸多信息整合到一个平台之上，也就是说，品牌传播才是整合营销传播在实际运作中的核心。美国的营销与广告传播学者乔治·贝尔奇等曾深入分析过整合营销传播理论兴起的内在原因，正是由于许多企业在市场营销的实践过程中充分认识到了战略性地整合多种传播手段的价值，才使整合营销传播理论得到广泛运用。品牌传播不仅是企业参与国际市场竞争的有力武器，更是企业在所有市场中营销操作的必然选择。

二、品牌传播概念的构成要素

所谓品牌传播，是指品牌所有者通过各种传播手段，持续不断地将事先提炼的品牌核心价值理念同目标受众交流与沟通，以使目标受众认同、喜爱品牌核心价值理念，并逐渐成为该品牌商品的实际消费者和忠诚消费者，从而提升品牌的无形资产价值。

（一）传播手段

品牌传播实际上就是企业对各种传播手段进行信息控制和利用的过程，在这个过程中，企业如何利用、整合和控制这些传播手段将成为传播取得成功的关键。企业可以利用的传播手段包括广告、公共关系、人际传播以及各种媒介资源等。

在实施品牌传播的过程中，企业需要思考并解决的主要问题有以下两个：

一是随着市场竞争日益激烈，企业的广告预算不断增加，以广告经营作为主要收入来源的媒体为获得更多的广告客户，必然会不断地开发媒体种类、媒体时段与空间，其结果是商业信息泛滥，企业的广告成本不断上升，广告效果却日益下降。另外，企业对品牌传播所投入的资金是有限的，还要面对竞争品牌广告信息的干扰。面对这一状况，企业必须思考如何对传播资源进行有效的、创造性地整合利用，以尽量减少资源损耗。

二是在品牌传播过程中，如何掌握好广告传播的资源控制和产品渠道与终端销售的资源控制间的平衡关系。如果企业仅仅将注意力集中于对广告传播资源的控制，但对产品的销售渠道的资源控制不力，其结果往往是原本可以控制与利用的资源被闲置，造成品牌传播资源的浪费。

（二）受众目标

品牌传播的主要目的是塑造与传播品牌形象，因此，品牌传播的对象就不能局限于对品牌商品有购买欲望的消费者或潜在消费者，而是应该包括所有对品牌商品进行价值判断和审美判断的目标受众。比如，宝马汽车在品牌传播过程中针对的就是目标受众，也许其中的大多数受众买不起宝马汽车，但是这并不妨碍他们对宝马品牌产生喜爱，提升宝马品牌的资产价值。本教材对品牌传播对象的界定就没有局限于与品牌具有交易关系的消费者，而是将传播对象的范围扩大为目标受众。

从品牌传播源于传播学的理论体系来看，传播的对象应该称为受众。"消费者"与"受众"这两个不同的表述体现了两种不同的思维观念：消费者的概念强调的是对品牌商品的消费，体现的是企业与消费者之间的交易关系；受众的概念强调的则是对品牌商品的认可与接受，体现的是受众与品牌商品之间的信息分享和平等沟通的理念。因此，品牌传播对象的表述就更应该是受众。

不过，与其他信息传播一样，企业在品牌传播的过程中，也需要对传播受众进行细分，以便大致确定品牌传播的目标受众。企业所确定的品牌传播的目标受众可以是消费者或潜在的消费者，也可以是品牌的关注者或通过特定媒介积极主动的"觅信者"。企业只有事先确定了较为明确的目标受众，其品牌传播对象的本体意识才能得到充分体现，受众对品牌信息才会主动接受与认可，相应的品牌传播策略才会有成效。

三、品牌传播的特征

对于品牌传播的特征，其比较对象应该是广告传播和大众传播，也就是说，与大众传播或广告传播相比，品牌传播有与之不同的特征。通过比较分析，品牌传播具有以下几个方面的特征：诉求主题的抽象性、诉求表现的文化性、传播目的的社会性、传播方式的整合性。

微课 5-2

品牌传播的
特征

（一）诉求主题的抽象性

品牌传播与广告传播或大众传播一样，都必须在实施传播活动之前确定一个明确的传播主题。广告传播诉求的主题大都是产品能够为目标消费者提供的物质利益，也就是更偏重商品形而下的物质属性，并促进目标消费者对产品的实际消费，如云南白药牙膏的广告诉求主题是专治"口腔溃疡、牙龈出血、牙龈肿痛"（见图5-1）。大众传播则更偏重新闻传播，其传播的每一条消息也都有其内在的主题。不过，大众传播中某条消息的主题的重要性远不如广告传播中的主题，这是因为如果广告传播的主题不能吸引目标消费者的关注，则广告传播活动基本等于失败，而大众传播中某条消息的主题并不承担吸引受众阅读的责任，也就是说，吸引受众关注某条消息的关键并不是该条消息的主题提炼得如何，而是该条消息本身是否具有轰动性或者与读者的生活背景、经历和兴趣爱好等具有一定的关联性。比如，对于一个文化程度有限且缺乏抽象思维训练的人而言，可能就不会对报纸上关于汉娜·阿伦特（《极权主义的起源》一书的作者）的采访报道感兴趣，哪怕该报道的主题再精彩都无济于事。

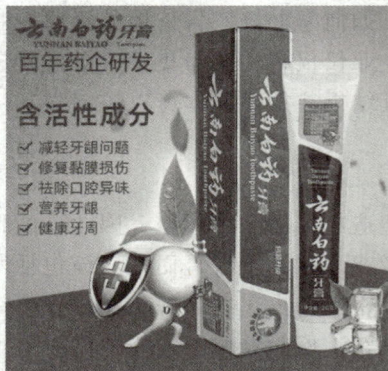

图5-1　云南白药牙膏广告作品

品牌传播的诉求主题是某品牌能够为目标受众提供的非物质性的利益，也就是更偏重品牌形而上的精神属性的诉求，并希望通过以满足目标受众心理需求为主要内容的传播来达到使目标受众对品牌价值观念认同或喜爱的目的。如阿迪达斯品牌传播的诉求主题就是"没有不可能"（见图5-2），该品牌所传播的信息就是典型的抽象信息，它所满足的是目标受众的心理需求。这种以精神属性为主要内容的信息，实际上表达的是企业的一种价值观念。品牌传播就是企业向目标受众传播这种价值观念，并希望通过品牌传播与目标受众建立起彼此认同的关系。对于企业来说，与目标受众建立彼此认同的关系是巩固和提升品牌资产的重要基础。

图5-2　阿迪达斯品牌广告传播创意作品

需要指出的是，在实际操作中，并不是所有的品牌传播策略都必须诉求产品的非物质利益。有些产品本身没有多少精神属性，如洗发水或洗衣粉这类个人卫生用品，其品牌传播也可以考虑以物质利益作为诉求主题。如海飞丝的"去头屑"就是典型的以物质属性作为诉求主题并获得成功的品牌传播。

（二）诉求表现的文化性

品牌传播的第二个特征就是其诉求表现具有较强的文化性。这一特征是由品牌诉求主题的抽象性所决定的。比如，迪赛尔品牌传播的诉求主题是"为了成功的生活"，对于这一抽象的诉求主题，品牌传播必然要表现出一定的文化性，否则就难以很好地诠释主题。

由于许多品牌诉求主题涉及价值观念、审美情趣等意识形态方面的内容，品牌传播在具体表现上必然具有文化性这一特征。比如，贝纳通向目标受众诉求的主题就涉及反对战争、种族平等、尊重人性等具有强烈价值取向的内容，要准确地表现这些抽象的内容，品牌传播必须具有文化性。

需要说明的是，本书所说的文化性不能简单理解为高雅文化。事实上，在商业活动中谈高雅是不合时宜的。文化就是文化，既包括高雅文化，又包括通俗文化。在品牌传播中，大多数企业更倾向于以通俗文化来表现和传播其品牌形象，但是我们也不能否认有一些企业在品牌传播中所表现出来的是较为高雅的文化，而且取得了极大的成功。企业以什么样的文化来表现和传播品牌并不重要，重要的是企业应该知晓什么样的文化更能够被目标受众认可、喜爱，以及什么样的文化与自身的品牌商品或品牌形象具有更多的关联性。

（三）传播目的的社会性

此特征具有相对性而不具有绝对性，也就是说，如果将品牌传播的目的与广告传播的目的进行比较，那么品牌传播则更具有社会性，这也是品牌传播的第三个特征。

企业希望投入的广告预算在下一个年度有所回报，其广告传播追求效益性。然而，品牌传播追求的是建立品牌形象和同目标受众的沟通与交流以及由此产生的品牌认知与品牌联想，并不过度看重在短期回报，因此，品牌传播的目的从企业竞争的角度而言具有战略性和长远性，从目的而言则更具有社会性（见图5-3）。

图5-3　比亚迪汽车广告创意作品

（四）传播方式的整合性

品牌传播的第四个特征就是传播方式的整合性。传播方式主要由两个方面的内容构成：一是传播手段；二是传播内容。

在传播技术革命性变革的今天，新媒介与传统媒介共同造就了传播媒介多元化的新格局，这为品牌传播提供了新的发展机遇，同时也对多元化媒介的整合提出了新的挑战。传统的大众传播媒介如报纸、杂志、电视、广播、路牌、海报、POP、DM、车体、灯箱等，对于现代社会的受众而言魅力犹存，企业在品牌传播过程中组合运用这些传统媒介，这本身就具有高度的多元性与整合性，新媒体的诞生则使品牌传播媒介多元性的特征更加突出。

在动态的品牌传播过程中，传播信息的整合性是由静态的品牌信息决定的。品牌信息主要由两方面的内容构成：一是包括品牌名称、标志、色彩、包装等在内的表层信息；二是包括品牌商品特征、为消费者所提供的利益点、品牌认知和品牌联想等在内的深层信息。这两方面的信息构成了品牌传播的信息源，也从总体上决定了品牌传播信息的整合性。

微课 5-3

品牌传播的意义和品牌形象传播策划的任务与目标设定

四、品牌传播的意义

传播对品牌力的塑造起着关键性的作用。

（一）在传播中才能体现出品牌力

品牌力主要是站在消费者的角度提出的，要使有关品牌的信息进入消费者的心智，唯一的途径是通过传播媒介。如果少了传播这一环节，那么消费者将无从了解产品的效用和品质；会忽略产品的定位和产品的特定目标市场；品牌文化和品牌联想的建立几乎是不可能的。

（二）传播过程中的竞争与反馈对品牌力有很大的影响

传播是由传播者、媒体、传播内容、受众等多方面构成的一个循环往复的过程，其中充满竞争和反馈。在当下"传播过多"的社会中，人们不能企望接受所有信息，而是逐渐学会了有选择地汲取、接受，即只接受那些对他们有用或吸引他们、满足他们需要的信息。例如：在电视机前，当你不满某个品牌的广告时，就会对该品牌不满。如果绝大多数的人都产生这样的情绪，传播者在销售的压力下，就不得不重新考虑其传播的内容。同样，如果只有一个人不满企业的一个公关活动，传播者就会站在目标消费者群体的角度坚持这个活动，不会因为一个人而改变其运行。因此，想要在传播中塑造品牌力就必须考虑如何才能吸引、打动品牌的目标消费者，考虑如何在传播中体现出能满足更大需求的价值。

五、品牌形象传播策划的任务与目标设定

（一）品牌形象传播策划的任务

规划品牌形象传播策略的基本构想是企业根据市场的竞争格局、自身所掌握的优势资源、本品牌产品或服务的竞争特点和目标消费者对同类产品的需求状况等因素，确定本品牌产品在不同时期的营销目标任务，并据此制定阶段性品牌形象传播方案，通过持续执行品牌传播管理的各项职能，使得企业所规划的品牌形象能够顺利地获得目标消费者的关注与认同。

品牌形象传播策略的总体任务必须服从品牌的基本战略目标，企业为了完成其市场战

略任务，要确定在不同时期品牌传播所必须达到的基本目标，并以此作为任务导向，制定具体的品牌传播实施方案。

品牌形象传播的总体任务应该根据品牌产品在市场中所处的竞争状况，有针对性地规划和制定。一般而言，可以从三个角度规划品牌形象传播总体任务。

其一，基于竞争地位设定品牌形象传播任务。在不同的市场结构下，由于品牌形象传播的市场环境和品牌所处的竞争地位不同，品牌形象传播自然有其特定任务。

处于领导者地位的品牌，即该品牌产品处于同类产品市场的前三位，其品牌形象传播任务是努力稳固自身品牌的市场领先地位，避免现有的市场份额被竞争品牌蚕食。

处于跟随者或挑战者地位的品牌，即处于市场第二阵营的品牌，在市场上处于同类产品较多但各自的市场占有率偏低的状况，其品牌形象传播的任务是努力提升本品牌产品在行业中的位次，提高市场占有率。

处于新进入者或变革者地位的品牌，其品牌形象传播任务是在行业中寻找利基市场，或者引导新的消费价值标准，通过分割市场获得发展机会。

处于以上竞争地位的品牌的品牌形象传播任务模板见表5-1。

表5-1　　　　　　　　　　　基于竞争地位的品牌形象传播任务模板

品牌的竞争地位	品牌形象传播任务	设定传播任务的评估因素
领导者	1.突出领先优势，提高顾客忠诚度 2.强化品牌好感，拉大领导者与挑战者的距离 3.增加信任，配合新产品上市 4.将核心能力转化为对价值优势的认同	1.领导者的领先地位是否受到挑战？ 2.是否需要应对新的竞争者的干扰？ 3.是否需要突出领导者差异化核心能力？ 4.是否需要配合进行市场延伸和市场渗透，提高市场占有率
跟随者或挑战者	1.为市场增加新的气息，获得年轻群体认可 2.引导或变革某种价值偏好 3.聚焦局部价值优势，细分市场 4.在局部市场争取成为领先者	1.市场是否处于成长阶段？ 2.领导者倡导的消费价值标准是否过时？ 3.领导品牌对市场细分是否粗放？ 4.领导品牌的满意度是否出现波动？ 5.是否具备市场渗透能力
新进入者或变革者	1.获得利基市场和小众人群认同 2.突出新的价值标准 3.树立变革者形象	1.行业中产品是否更新换代较慢？ 2.市场是否出现"消费厌倦"现象？ 3.领导品牌是否出现价值标准过时现象？ 4.在低集中度产业是否具有提升市场占有率的机会

其二，基于差异化战略角度设定品牌形象传播任务。品牌差异化战略决定了企业长期的战略行为选择，也决定了品牌形象传播的基本使命和长期任务，品牌形象传播的策略目标必须服从品牌发展的总体战略思想和个性风格。根据顾客价值理论，可以将差异化竞争战略分为降低顾客成本的差异化战略和提升顾客获得价值的差异化战略两种基本模式。

一是选择成本差异化战略的品牌，由于要面对的是购买力波动、消费结构变化的特殊市场，其品牌形象传播任务是努力稳固自身的品牌形象和地位，避免现有市场被同样实施差异化战略的竞争品牌蚕食。

二是选择价值差异化战略的品牌，必须了解市场的成长性和消费多元化的趋势，其品牌形象传播任务是选择稳定的有价值的市场细分领域，建立品牌在细分市场中的领导地位，努力提高市场占有率。

三是选择成本差异化和价值差异化混合模式的品牌，其品牌形象传播任务是努力追求顾客价值与顾客成本之间的平衡匹配，精准把握市场细分的机会和持续发展的执行力。

基于战略导向的品牌形象传播任务模板见表5-2。

表5-2　　　　　　　　　　　**基于战略导向的品牌形象传播任务模板**

战略类型	品牌形象传播任务	设定传播任务的评估因素
成本导向型	引导消费者认同实惠消费方式	1.是否存在价格敏感性高的人群？ 2.宏观经济环境是否出现通货膨胀，或者进入通货紧缩时期？
技术导向型	引导消费者崇尚新技术、新功能	1.市场需求是否处于成长期？ 2.技术创新是否存在价值差异化机会？ 3.技术升级引致新的消费旺盛的可能性是否存在？
服务导向型	突出特定的选择标准，引导消费者对服务满意的认知	1.消费者是否在购买过程中所花费的时间成本较高？ 2.产品在使用过程中的维护保养是否很重要？ 3.是否存在较长的客户生命周期？
时尚创新型	获得消费时尚的领导者地位	1.宏观经济景气度是否较高？ 2.社会是否崇尚娱乐化消费？ 3.社会是否崇尚文化性消费？

其三，基于品牌发展阶段（品牌生命周期）设定品牌形象传播任务。

在品牌生命周期的不同阶段规划和制定品牌形象传播活动的目标、任务和手段自然也是不尽相同的。在品牌新进入市场阶段，其品牌形象传播的主要任务是努力获得市场认同，增加首次购买量，尽快跨越成长"裂谷"；在品牌成长阶段，品牌形象传播任务就应该是正确把握市场成长机会，扩大品牌优势，抢占市场领先地位；在品牌成熟阶段，品牌形象传播任务是努力对市场精耕细作和对品牌进行精细化管理，提升现有顾客的满意度和忠诚度，提高目标消费者对品牌的黏性，提高顾客份额占有率；在品牌衰退阶段，品牌形象传播任务是努力活化品牌，增加品牌价值创新和品牌形象的活力、亲和力，努力延长品牌在市场上的存活时间。

基于品牌生命周期的品牌形象传播任务模板见表5-3。

表5-3 **基于品牌生命周期的品牌形象传播任务模板**

品牌生命周期	品牌形象传播任务	设定传播任务的评估因素
导入期	品牌新人，获得青睐	1.避免低位徘徊，必须快速获得市场认同，增加消费者首次尝试性购买。 2.市场关注和首批顾客认同效应放大，扩大市场影响范围，迅速跨越成长"裂谷"
成长期	品牌新星，持续走红	1.市场需求处于成长期，存在价值差异化机会，技术升级引致新的消费旺盛。 2.正确把握市场成长机会，扩大品牌优势，抢占市场领先位置
成熟期	品牌明星，稳固地位	1.对市场精耕细作和实施品牌精细化管理，增加目标消费者对品牌的黏性，提高顾客份额占有率。 2.是否存在较长的客户生命周期？是否有提升现有客户的满意度和忠诚度的市场机会
衰退期	老树新生，转型发展	1.活化品牌，增加品牌价值创新和品牌形象活力，增加品牌亲和力。 2.公司基于市场战略调整，实现品牌核心价值创新，采取品牌再定位策略

（二）品牌形象传播策略的目标

品牌形象传播策略的目标可以从传播对象和品牌传播管理两个不同的角度出发来决定。在实践中，企业应该基于自身的实际情况并根据市场和竞争状况加以选择。

一是从传播对象的角度设定具体的传播目标。在具体的操作中可以考虑从消费者接收广告信息到准备购买产品的四个不同阶段，针对品牌现状诊断需要解决的关键问题，确定品牌形象传播的基本目标。

1.知晓

如果市场上的多数目标消费者均不知道本品牌产品的相关信息，那么品牌形象传播的目标当然就应该是想方设法使更多的目标消费者知晓本品牌产品的相关信息。

2.认知

目标消费者可能对本品牌产品有所知晓，但对关键信息并不了解或所知有限，品牌形象传播的目标就应该是努力提高目标消费者对本品牌产品的价值和个性特征的认知和熟悉程度。

3.偏好

目标消费者虽然对本品牌产品有比较全面的认知，但是并没有引起目标消费者对本品牌产品的情感偏好，品牌形象传播的目标就应该是在诉求产品的品质、服务、性能和竞争优势的同时，通过介绍品牌文化价值的广告作品，使目标消费者产生价值认同，进而对本品牌产品产生偏好。

4.购买

有些消费者虽然对本品牌产品具有正面的印象和基本的偏好，但由于价格或其他原因迟迟没有做出购买决定，此时应该开展有创意的促销活动吸引这部分消费者尽快采取购买行动。

针对目标消费者的品牌形象传播目标设定与分析模板见表5-4。

表5-4   针对目标消费者的品牌形象传播目标设定与分析模板

传播目标	品牌形象传播目标处于哪个层次阶段	是否针对消费者购买行为不同阶段的下述特征
品牌形象传播目标设定	知名度目标	1.是不是新上市品牌？ 2.是否存在品牌低知名度问题？
	认知度目标	1.品牌是否存在消费者认知发散、零乱、偏差现象？ 2.消费者关注度是否较低？
	偏好度目标	1.消费者是否对品牌缺乏好感？ 2.是否存在消费者对品牌的转换惯性？
	信任度目标	1.是否存在信任障碍？ 2.品牌是否老化？
	购买率目标	1.购买频率是否较低？ 2.品牌诉求的核心利益对消费者的诱惑是否不够？
	满意/忠诚目标	1.消费者对品牌的满意度是否下降？ 2.顾客份额占有率波动是否明显？

二是从品牌形象传播管理的角度设定具体的传播目标。对目标进行量化和细化，即应用不同的品牌管理指标，将品牌形象传播目标予以量化，使其成为品牌传播绩效考核的依据。另外，还可以针对不同时期和市场发展不同阶段的品牌形象传播任务，将品牌形象传播的量化指标予以阶段性分解，使品牌形象传播目标具有可操作性。具体的设定步骤见图5-4。

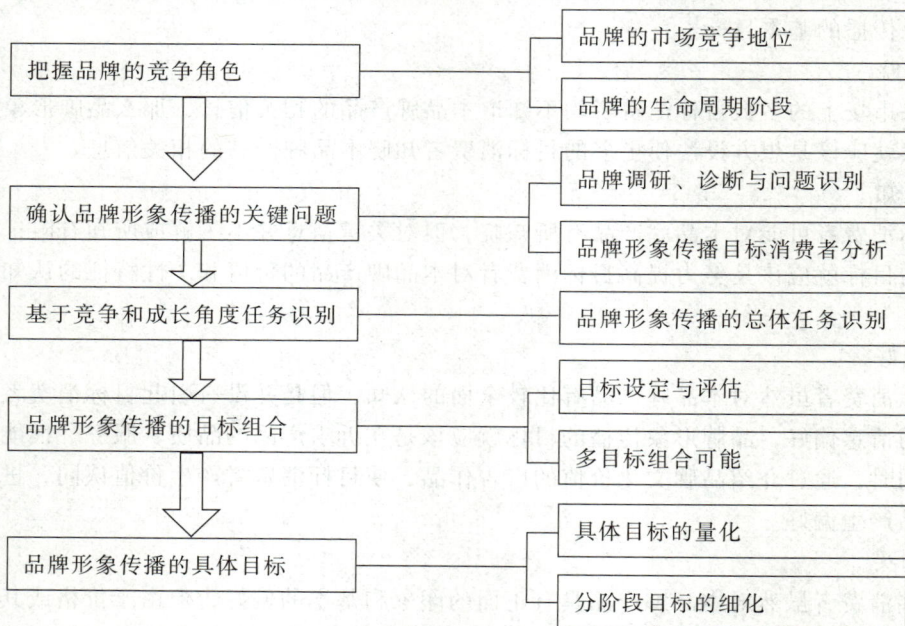

```
把握品牌的竞争角色 ──┬── 品牌的市场竞争地位
         │         └── 品牌的生命周期阶段
         ▼
确认品牌形象传播的关键问题 ──┬── 品牌调研、诊断与问题识别
         │              └── 品牌形象传播目标消费者分析
         ▼
基于竞争和成长角度任务识别 ──── 品牌形象传播的总体任务识别
         ▼
品牌形象传播的目标组合 ──┬── 目标设定与评估
         │            └── 多目标组合可能
         ▼
品牌形象传播的具体目标 ──┬── 具体目标的量化
                      └── 分阶段目标的细化
```

图5-4   从品牌形象管理的角度设定品牌形象传播目标的步骤

【任务实施】

（1）自由分组，每6人一组。

（2）小组成员讨论品牌传播的概念、品牌传播的构成要素、品牌传播的特征、品牌传播的意义、品牌形象传播策划的任务与目标设定，讨论时间为20分钟。

（3）小组成员根据所学知识，对创建的模拟品牌进行品牌形象传播策划分析，训练时间为30分钟。

（4）任务评价（见表5-5）。

表5-5

品牌形象传播策划分析训练任务评价表

评价指标	评价标准	分值	评估成绩
品牌形象传播策划分析选择训练效果	1.理解品牌传播的概念、品牌传播的构成要素、品牌传播的特征、品牌传播的意义、品牌形象传播策划的任务与目标设定	20	
	2.能识别品牌形象传播策划分析训练易犯错误	20	
	3.能灵活运用品牌形象传播策划分析训练的应对策略	20	
	4.讨论积极，效果明显	15	
	5.态度认真，遵守时间	10	
	6.汇报得当	15	
小组综合得分			

任务二　品牌广告传播策划

【任务解析】

广告是品牌传播战略中最为重要的手段，更是那些以大众为诉求对象的快速消费品企业最为倚重的信息传播方法。在广告传播活动中，善于提炼和正确把握产品诉求概念是品牌传播活动成功的关键。品牌广告传播策划的任务是设计并执行一系列广告活动，以有效地传达品牌信息、强化品牌形象并促进销售。策划者需深入理解品牌调性、目标受众及市场环境，制定创意独特、策略性强的广告方案，具体包括选择合适的媒体渠道、制定吸引人的广告内容、确定合适的广告时机等。通过精准定位和有效传播，实现广告与消费者的深度沟通，提升品牌知名度和美誉度。

【知识链接】

一、品牌广告传播认知

广告作为一种主要的品牌传播手段，是指品牌所有者以付费方式，委托广告经营部门通过传播媒介，以策划为主体、以创意为中心，以品牌名称、品牌标志、品牌定位、品牌个性等为主要内容的宣传活动。

对品牌而言，广告是最重要的传播方式，有人甚至认为：品牌=产品+广

微课5-4

品牌广告传播认知

告，由此可见，广告对于品牌传播的重要性。根据资料显示，在美国排名前20位的品牌，每个品牌平均每年广告费用为3亿美元。

人们要了解一个品牌，绝大多数信息是通过广告获得的，广告是提高品牌知名度、信任度、忠诚度，塑造品牌形象和个性的强有力的工具。由此可见，广告是品牌传播的重心所在。鉴于广告对品牌传播的重要性，企业在做广告时一定要把握以下几项内容：

1.要做市场研究

做广告时，要先寻找一个有潜力的市场，进行市场研究，了解市场消费需求、消费心理和消费习惯，再运用广告等手段来宣传和美化产品以吸引消费者。

2.要把握住时机

做广告时，要根据不同的市场时期，对广告的制作和发布采取不同的策略应对。

3.要连续进行

广告有滞后性，如果一个广告播放一段时间效果不明显就不播了，这是很不明智的选择。因为这样会使之前的广告投入全部打水漂。所以，广告投放一定要持续，千万不能随意停下来；否则，就会引起很多臆测，反而给企业和品牌带来不利影响。

4.要把握性价比

在做广告时，一定要注意广告媒介的选择和资源投入的比例，因为在广告传播活动中，媒介的传播价值往往是不均等的。

【案例分享】

可口可乐广告媒介策划

广告媒介策划就是选择恰当的广告媒介。广告媒介的种类很多，有报纸、杂志、电视、广播、录像、影碟、网络等。广告媒介不同，其广告效果亦不同，在选择广告媒介时要注意以下几个问题：（1）广告媒介的收费高与低；（2）广告媒介的影响层和影响力；（3）广告媒介的发布时机和效率；（4）各种媒介的配合；（5）商品的特殊性和销售范围；（6）宣传对象。

中国台湾地区的可口可乐广告策划对广告媒介进行了详尽的分析，对所选择媒介的理由进行了详尽的陈述，现转录如下，可作参考。

一、广告媒介之选择

在地区方面，根据客户之意见，以中国台湾北部为主，中部及南部为次。

在种类方面，根据两项原则取舍：①要能为可口可乐找到推销对象；②能最有效地表达可口可乐的广告特色及主题。

根据上述两项原则，我们建议可口可乐之广告应综合利用以下四类媒介：电影院、电视、电台和报刊。

第一类，电影广告。理由为：

● 电影院能吸收我们所需要之对象。

● 电影院能以完备之"声"及"光"，将可口可乐广告片中之美丽色彩、活泼形象、动听乐曲以及广告主题完全表现出来。

故此类广告非但能为可口可乐找到所需之收入家庭成员，而且综合发挥视觉与听觉之美感，直接、有效地将广告目的传达给观众，使其留有深刻印象。

第二类，电视广告。电视与电影性质相同，而且拥有电视的家庭，在当下往往具备一定的消费能力与信息接收需求，这类群体正是品牌宣传可以重点触达的目标对象。

第三类，电台广告。此类广告的优点在于能利用音响，以乐曲形式，加深听众对可口可乐广告主题之印象，并易于记忆。我们选择了两家听众较多的电台。

二、各类广告媒介分配

（1）电影院方面，开始于5—9月，在首轮电影院放映1分钟广告片。

（2）电台方面，我们建议一家电台由5月起至9月止每日为青少年举办流行歌曲特约节目1小时，由此特约节目可得4分钟广告时间，如善为利用，可播出25秒广告8次。此广告量甚为可观，且定价亦合理。

另一家电台收费较贵，故只用插播，由5—9月，每日插播30秒广告10次。

（3）电视方面，由于广告太挤，只能在开始之5月及7、8两旺月，每星期3天，每日插播乙级时段30秒广告3次。

总括而言，我们之广告分量，极为充足。在开始之5月及7、8旺月，广告量尤为集中。

三、各类广告观众数目

我们推算：电影院观众约有64万人；电视观众约有57.5万人；电台听众约有53.2万人。

资料来源 克洛.广告与促销：整合营销传播视角［M］.北京：中国人民大学出版社，2021.

对绝大多数的产品而言，广告是决定性的促销工具。在非处方药（OTC）、日化、房地产等行业，广告在缩短产品与消费者的距离、帮助大众做出购买决策等方面发挥着重要的作用。可以这么说，竞争越激烈的行业，品牌就越重要，广告对品牌力的影响也越深刻。

首先，广告告知目标消费者产品的特点和概念。广告通过向消费者提供产品的信息来指导消费，同时也在很大程度上创造着人们的需求。它向消费者提供购买的理由，引发他们的购买动机和购买行为。广告向目标市场诉求产品的功效、品质和定位，以及不同品牌之间的差异，强化产品与消费者之间的联系，使产品的定位在大众心智上确立起来。

其次，品牌文化在很大程度上是通过广告来设计创造的。与其他信息相比，广告是在研究心理学、传播学、市场营销学等基础上形成的，是唯一有着强烈说服策略、传达策略的，向大众传播的信息。因此，广告对消费者的影响很大。由于品牌文化是无形的，消费者很难从产品上体会到，而广告将它所指向的某种生活方式或价值取向明示出来，是一条最直接的途径。这样可以让目标消费者通过认同广告中的价值取向，进而迅速认同品牌。例如：我国台湾的一家广告公司在为统一企业推广奶茶时，就在广告中设计了一家"左岸咖啡馆"，刻意营造出一种极其雅致的文化氛围，结果使销售大涨，甚至不少观众纷纷向企业打听这家咖啡馆在什么地方。

在通过广告进行品牌传播时，要注意以下几点：

1.围绕品牌力进行广告创作

考察当前广告与品牌的关系，除了诸如海尔（见图5-5）、养生堂等少数企业在广告中体现着一贯、和谐的品牌形象外，绝大多数国内企业的广告中存在品牌形象频繁变动的现象。大卫·奥格威认为："市场上的广告95%在创作时是缺乏长远打算、仓促推出的。年复一年，这样的广告始终没有为产品树立具体的形象。"

图5-5　海尔广告

造成品牌形象频繁变动的原因，一方面是企业主尚未清晰地意识到坚持品牌个性的重要性，另一方面是企业不断更换广告公司。不同广告公司会提出自己对产品定位的看法和对创意的主张，导致企业始终无法确立明确的品牌形象。很多世界著名的企业都很注重与广告公司的长期合作。如菲利普·莫里斯公司和成功地为万宝路烟草创造"万宝路牛仔"形象的李奥贝纳广告公司（LeoBurnett）一直合作至今；著名的宝洁公司（P&G）为各个品牌聘用的广告公司平均使用期也高达37年。品牌经营者在谨慎选择广告公司之后坚持长期合作，使广告公司放心地从长远的角度来制定广告战略，从而避免了"营销短视"。

2.广告对品牌性格的投资应持之以恒

大卫·奥格威提到，金宝汤罐头公司（Campbell's Soup Cans）、象牙香皂（Ivory）、埃克森美孚公司（Exxon Mobil Corporation）等企业正是由于塑造了协调一致的形象并持之以恒地在广告中传播而取得成功。最终决定品牌市场地位的是品牌总体上的形象，而不是产品间微不足道的差异。事实上，品牌形象是在消费者心理上形成的一个品牌概念，与品牌力有着密切的联系。一个品牌要在消费者心智中牢牢地占据一席之地，具有强大的品牌力，不仅要求品牌个性的鲜明与独特，而且对这个品牌形象的推广也应持之以恒，这样才能做到深入人心。

对品牌的形象塑造，最好是在广告中打造品牌文化。一个成功的品牌不单有成功的产品，还要与品牌形象相吻合的积极向上的文化理念。"化妆品公司出售的并不是香水，而是文化、期待、联想和荣誉。"在广告中注入文化意蕴，可以在潜移默化中培养人们对品牌的好感和忠诚。

3.成功的广告定位是提高品牌力的利器

20世纪70年代早期，人们提出定位的概念。定位就是用广告为产品在消费者的心智中找出一个位置。例如：高路华定位为"老百姓买得起的名牌"，在众多彩电品牌中，强调优质低价的品牌形象。在产品既定的情况下，广告的作用就是"去操纵已经存在于人们心中的东西，去重新结合已存在的联结关系"。这时定位就是找出产品"与生俱来的戏剧性"，以及让消费者铭记这种能产生促销效果的戏剧性。例如，乐百氏（如图5-6）在广告中以"27层纯净"作为定位策略，七喜在广告中以"非可乐"作为定位。要进行成功的广告定位必须事先了解产品的特点和竞争品牌的优劣，挖掘市场空白进而对其进行"猛攻"。

图5-6　乐百氏广告

二、提炼品牌传播的核心信息

如果说传播战略规划具有宏观色彩，那么对品牌产品核心信息的提炼就是在微观层面进行具体探讨。

（一）核心信息的作用

提炼品牌产品的核心信息既可以使传播活动更有具象性和感染力，又可以为传播活动的下一个环节——广告创意（也就是"怎么说"的创作活动）奠定基础。所谓核心信息，实际上就是企业通过营销传播活动向目标消费者和潜在消费者传播品牌所能带给他们最核心的利益（物质的或精神的）。

比如，大众Polo轿车的核心信息为"结实"，这是企业向目标消费者所提供的最有价值的利益点，也是该品牌在广告传播活动中约束其创意表现的核心要素（见图5-7）。

微课5-5

提炼品牌传播的核心信息

Small but tough. Polo.

图5-7　大众 Polo 轿车广告

说明：广告诉求点非常清楚：小，但是结实。此作品的创意构思是警察接到报警后匆匆赶到出事现场，均不约而同地躲到大众Polo轿车的后面，以车身为掩体向歹徒喊话。显然，警察之所以纷纷躲在Polo轿车的车身后，是因为Polo轿车更结实，可以挡住歹徒射过来的子弹！

企业对核心信息的提炼实际上就是要解决"说什么"的问题。企业在开展营销传播活动时，借助媒介或其他传播方式向目标消费者传递的应该是最能引起其兴趣的关键信息。在信息冗余的今天，消费者只能记住一则广告中最为核心的信息。因此，能否提炼出准确的并有竞争力的核心信息，是营销传播活动能否取得成功的关键。

（二）核心信息的提炼

提炼品牌诉求的核心信息不外乎两种思路：要么沿用在大众传媒中所使用的核心信息，要么根据市场变化重新提炼核心信息。

1.检讨品牌产品原有的核心信息

由于企业实施营销传播的基础情况不同，提炼核心信息所使用的方法也不尽相同。大体而言，企业实施营销传播的基础有两种：一是过去没有做过营销传播活动，因此必须提炼一个全新的核心信息；二是过去做过较大规模的营销传播活动，核心信息已经传播了一定时间。

如果是第一种情况，对核心信息的提炼就相对简单一些。企业必须在掌握大量目标消费者及竞争对手信息的基础上，对产品的物质属性（品质、价格、包装、服务维修、功能等）或精神属性（品牌理念、价值观念、社会地位象征、时尚流行、精神归属）的优势或特征逐一进行比较分析，提炼出本品牌产品的核心信息，也就是广告业内人士习惯使用的术语——诉求点。

如果是第二种情况，对核心信息的提炼就相对复杂一些。企业首先要对企业以往的营销传播活动尤其是原核心信息的传播效果作一个全面客观的判断，得出的结论有两种可能：一是原营销传播活动比较成功，其核心信息比较准确；二是原营销传播活动没有什么成效，原核心信息明显不正确。

如果是前者，则应坚持使用原核心信息，所要考虑的是如何在核心信息不变的情况下使创意的表现形式更能引起目标消费者的注意和兴趣。比如，Lee牌牛仔服的创意概念是"贴身"，由于种种原因Lee公司更换了自己的广告代理公司，新接手的广告公司经过全面深入的分析，认为"贴身"对于Lee牌而言最能表现品牌个性，也是目标消费者最为认可的创意概念。尽管该广告代理公司并不情愿使用原广告代理公司所提炼的核心信息，但从营销传播的效果出发还是必须继续使用"贴身"这一核心信息。

如果是后者，则必须重新提炼核心信息。比如，当年威廉·伯恩巴克接手安飞士出租车公司的广告业务之后，即对原核心信息予以全面否定，并根据当时的市场实际情况，主动将该公司摆在市场挑战者的地位，重新提炼出"第二名"的核心信息，取得了成功的传播效果（见图5-8）。

2.核心信息的具体提炼方法

核心信息的具体提炼方法不外乎两种。一种是由表及里、去粗取精。即先寻找或确定诉求主题，再将诉求主题提炼或简化。如TCL美之声无绳电话就是在其诉求主题"不仅方便，而且通话时不掉线、噪声干扰小、通话声音清晰"的基础上，将"清晰"提炼为营销传播活动的核心信息。另一种是直接抓住要害、一步到位。如金正DVD的核心诉求信息就锁定在"成熟"上，意在表明DVD技术已经成熟，消费者尽可以放心购买和使用。

Avis is only No.2 in rent a cars. So why go with us?

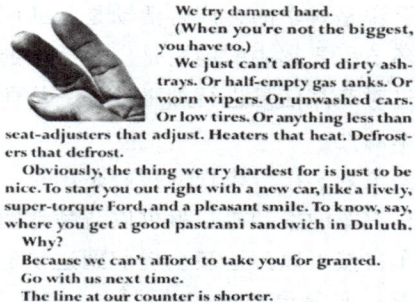

We try damned hard.
(When you're not the biggest, you have to.)
We just can't afford dirty ash-trays. Or half-empty gas tanks. Or worn wipers. Or unwashed cars. Or low tires. Or anything less than seat-adjusters that adjust. Heaters that heat. Defrosters that defrost.
Obviously, the thing we try hardest for is just to be nice. To start you out right with a new car, like a lively, super-torque Ford, and a pleasant smile. To know, say, where you get a good pastrami sandwich in Duluth.
Why?
Because we can't afford to take you for granted.
Go with us next time.
The line at our counter is shorter.

图5-8　威廉·伯恩巴克为安飞士出租车公司所创作的经典广告作品

核心信息可以是形而下的物质层面的内容，如海飞丝的"去头屑"，也可以是形而上的精神层面的内容，如飘柔的"自信"。对具体的品牌而言，核心信息是物质层面的还是精神层面的并不重要，重要的是与众不同，而且能够长期使用。

有些企业非常重视产品的技术改造和工艺革新，但往往新的技术和工艺很快便被竞争对手模仿或照搬，这就使得企业的竞争优势难以维持。如果企业在核心信息上占得先机，其他的企业就不能模仿或照搬，因为模仿或照搬只会使消费者加深对原品牌的印象，也就是说，跟进的品牌是在免费为本品牌做广告。品牌的核心信息一旦确定就要坚持不懈地长期使用，消费者自然对品牌的个性特征耳熟能详并记忆深刻。如瑞典的沃尔沃轿车的核心信息一直以来就是"安全"，久而久之，沃尔沃在消费者的心目中简直成了"安全"的代名词了，其他品牌的轿车不可能再使用"安全"作为自己的核心信息。

从不同的角度提炼的核心信息，其使用情况也会有所不同。总体而言，从品牌战略和品牌形象的角度提炼的核心信息，其使用的时间长一些，如可口可乐"快乐"的核心信息已经使用了将近100年，现在仍然继续使用。从产品销售的角度提炼的核心信息，其使用的时间相对要短一些，如Polo轿车"便宜"的核心信息并不是该品牌所要塑造的终极形象，只是力图在短时间内扩大市场销售的营销传播手段，其使用时间就极其有限。

三、广告创意与设计

广告传播活动最为关键的就是要解决好几个基本问题，即对谁说、说什么和怎么说。"怎么说"就是在广告传播过程中如何将品牌商品的相关信息艺术而巧妙地传递给目标受众，在专业领域里就是广告的创意与设计。

（一）广告创意的基本概念

1.广告创意的概念

对于广告创意的概念，学界还没有基本一致的看法。詹姆斯·韦伯·扬曾经对产生广告创意的原则做过十分精辟的归纳，即所谓"旧的元素、新的组合"，在广告界无人不认同，但这仅仅是对创意元素的归纳总结，并没有对广告创意的过程做深入阐述。

微课5-6

广告创意的基本概念

那么，广告创意到底是什么呢？为了能够清楚地解答这个问题，先将广告策划与广告创意做一个比较。

第一，广告活动是动态的运作过程，在这个运作过程中，包含调查、策划、创意、表现、发布及效果测定等诸多环节。广告策划和广告创意均属于广告活动的要素，广告创意是广告表现的核心要素。

第二，广告活动从整体上说是科学的，广告活动是帮助广告主实现销售目标的信息传播活动，在广告活动的策划环节所要解决的问题是广告活动的方向，在广告活动的创意环节所要解决的问题是如何通过对产品信息进行加工处理，从而让目标受众喜欢该产品，这就使广告创意带有明显的艺术属性。

第三，广告活动的基础是策划，广告表现的核心是创意。如果我们把广告策划比作汽车的方向盘，把广告创意比作汽车的发动机，就可以清楚地阐明两者之间的关系：如果方向正确再加上动力强劲，汽车自然可以到达甚至提前到达预定目标；如果方向正确而动力不足，汽车也能到达预定目标，只是要花更多的时间；如果方向不正确而动力十分强劲，那么汽车就会离预定目标越来越远。

据此，可以为广告创意下一个基本定义：广告创意是广告人员根据传播策略，将抽象的诉求概念提炼为物质层面的功能特征或精神层面的价值观念，并将之转换为具象的视觉符号，以达成理想的传播效果的创造性的形象思维活动。

对广告创意的这个定义，可以从以下几个方面加以理解。

其一，广告创意是创造性的思维活动。广告创意，关键在于"创"字。创造意味着产生、构想过去不曾有过的事物或观念，或者将过去毫不相干的两件或更多的事物或观念组合成新的事物或观念。

广告活动能否完成告知和劝服消费者的任务，在很大程度上依赖于广告作品是否具有创造性。精彩的广告创意作品使广告诉求信息更形象、更生动、更有说服力。

其二，广告创意的前提是科学地调查分析。广告创意必须符合广告产品的整体营销目标。广告创意人员必须充分掌握产品、市场竞争对手以及目标消费者的消费心理等各类信息，从中发现能够有效达成营销目标的创意主题。当年宝洁推出帮宝适婴儿纸尿裤时，想当然地以"方便"作为创意诉求主题，以为必能大受年轻妈妈们的青睐，然而结果大大出乎宝洁的意料，经过10余年的推广，帮宝适的市场份额竟然不到10%。后来经过深入细致的调查发现用纸尿裤使年轻妈妈们有一种由于太方便而没有恪尽母爱的负疚心理，直接影响了年轻妈妈们的购买行为。即使有的妈妈偶尔使用，一旦发现婆婆来看望孙儿，也会手忙脚乱地把帮宝适藏起来。找到了问题的症结，广告创意的诉求点就由原先的"方便"改为"保护婴儿皮肤干爽、防止尿布疹"（见图5-9）。果然大受年轻妈妈们的欢迎，销售状况得到了彻底的改善。广告的核心信息从"方便"转变为针对婴儿的健康利益的诉求，效果自然与之前大不一样。

其三，广告创意要将抽象的诉求概念转换为具象而艺术的表现形式。广告创意固然是创造性的思维运动，但又与一般意义的创造性思维活动不同，最大的区别就是广告创意在思维方式上并不是寻找解决某个问题的方法，而是寻求用形象生动的表现方式来说明某个产品的某个特点。这里的关键是转换，将抽象的概念转换为具体的形象（见图5-10）。

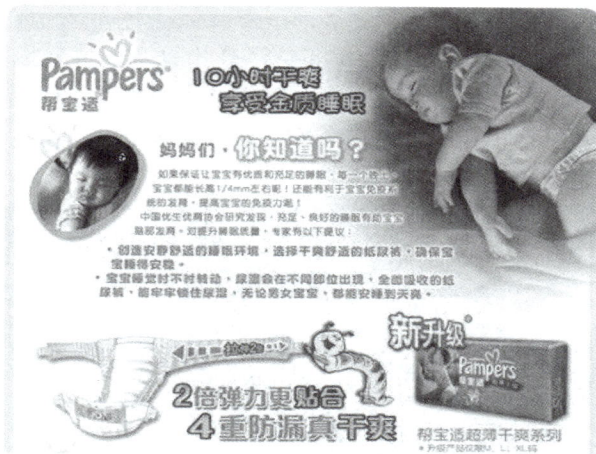

图5-9　帮宝适产品广告

2.广告创意的特征

广告创意是整个广告活动的灵魂，缺乏创意的广告活动就好像人没了灵魂。广告创意的特征至少应该包括四个方面的内容，即思维的转换性、策略的指导性、诉求的艺术性和创意的限制性。

图5-10　西门子吸尘器广告创意作品

说明：该广告的诉求概念是"无噪声"，广告创意就是要将抽象的无噪声诉求概念转换成形象生动的视觉符号。显然，该广告创意十分巧妙地通过一个音乐会的场景形象地展示了西门子吸尘器在工作时是多么的安静。

（1）思维的转换性

广告创意从本质上说就是一种创造性的思维活动，不过，这种创造性的思维活动与一般意义上的创造性思维活动有所不同，不同之处就在于广告创意除了具有一般意义上的创造性思维活动的基本特点之外（诸如思维的自主性、求异性、联动性、多向性、跨越性、顿悟性和辩证综合性等），还具有思维的转换性这一本质特征。

所谓思维的转换性，就是指从逻辑思维转换到形象思维的能力，或者说是将抽象思维转换到形象思维的能力。创意人员要以丰富的想象力及时转换思维，善于捕捉、发现生活中看似风马牛不相及的各种事物间的内在关系，使广告创意达到情理之中、意料之外的传播效果。

比如，图5-11中沃尔沃广告作品。沃尔沃选择用直观的情景构建，结合时下社会情绪，为消费者展示车辆的安全属性。例如在沃尔沃"小鬼当驾"的测试视频中，选择六一儿童节让一个五岁小女孩使用遥控器控制车辆，如玩具车般开过重重障碍，经历翻车、避障、躲避摆动球等一系列惊险刺激的过程。

图5-11 沃尔沃轿车的广告创意作品

（2）策略的指导性

这是指在广告创意过程中，始终围绕一个明确的传播概念进行思维创作。广告创意不是纯主观的艺术创作，不能随心所欲、信马由缰，它必须在广告策略的指导下，在事先确定好的主题概念的规范下进行创造性的思维活动，并通过创意的物化形式——广告作品——将广告信息准确地传达给目标受众。这一特征也是广告创意与艺术创作之间最大的区别。

艺术家在进行艺术创作时，往往是根据自身对生活、事物的观察，通过艺术作品表达创作者个人的主观愿望、情绪或感受，具有随意性和主观性。广告创意必须在广告策略的指导和规范下进行思维和表现，通过广告作品表达的是客观事物（广告产品）的本质特征或者目标消费者的主观感受、情绪和愿望而非创意者个人的主观情绪。

比如，百事可乐的广告创意就是在其整体广告策略的规范下进行的。由于始终有一个明确的创作主题，虽然作品在表现形式上有所不同，但是都围绕一个核心的主题，即百事可乐的品牌核心概念：精彩无限、活力无限。俗话说，万变不离其宗，对广告创意来说，这个"宗"就是广告策略。

（3）诉求的艺术性

广告创意的目的之一就是将产品的有关信息以艺术的方式表现。以艺术形式将产品信息准确有效地传播给目标受众，是广告创意相当重要的一个特征。

广告创意不同于文学艺术作品就在于广告作品的诉求性。广告创意所追求的目标是主动让目标受众接受某种观点、概念或产品信息并对之产生兴趣；文学艺术作品所追求的目标是被动地让读者或受众对作品中所表现的内容产生情感上的共鸣，至于有多少读者（受众）能够接受文学艺术作品创作者的观点，并不是其所追求的目标。

广告创意也不同于新闻报道，两者的真实性和承载的媒体大同小异，最大区别恰恰是在艺术性上。新闻报道不允许有艺术性的表现，广告作品则要借助各种各样的艺术表现形式达到理想的效果（见图5-12）。

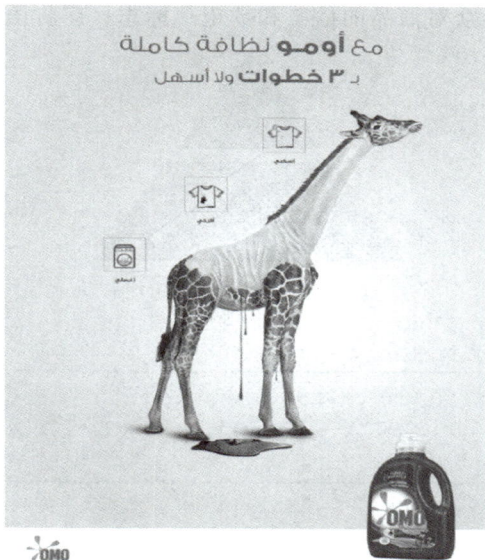

图5-12　奥妙洗衣液广告创意作品

（4）创意的限制性

一般来说，任何创作都忌讳条条框框的限制，广告创意却偏偏就有许多限制。有人曾说广告创意就像"戴着镣铐跳舞"，既有种种限制，又要想出精彩的创意，对广告人来说实在不是件容易的事。

其一，企业限制。一般而言，所有的企业都会对广告创意有这样或那样的限制要求，只是程度不同而已。有的企业对广告创意的表现方式可能会宽容一些，给广告创意人员更多的创意空间；有的企业则可能会对广告创意的表现方式有更为具体明确的要求，广告创意人员必须在各种限制要求下进行广告创意活动。

其二，广告媒介的限制。不同的广告媒介有各自的特征，广告创意人员必须根据广告媒介的特征进行有针对性的创意活动。对于电波媒介，广告创意在以时间为结构，以情节为线索的前提下，将广告信息用连续的视觉语言（画面）或听觉语言表现；对于平面媒介，广告创意在以空间为结构的前提下，将广告信息用静态的视觉语言进行表现。

其三，广告信息本身的限制。不同的广告信息本身往往限定了广告创意的构思方向。如感性商品的广告创意就应考虑从诗情画意、浪漫煽情的方向去进行构思；理性商品的广告创意则多从沉稳实在、以理服人的方向去构思。

（二）广告的文案创作

广告创意的表现除了视觉形象之外，还有广告文案，即广告作品中的语言文字部分。

由于广告文案创作在很大程度上受到媒介的限制，因此，在具体创作上，根据媒介的不同分为印刷广告文案、广播广告文案和影视广告文案。

1.印刷广告文案创作

在印刷广告中，图形、标题、副标题、正文、广告语、标志是最重要的构成元素。文案可以将创意金字塔的相关环节联系起来（见图5-13）。图形的作用是引起受众的注意；标题、副标题和正文的第一段引起受众的兴趣；正文负责建立受众对商品的信心和欲望；标志、广告语促使受众完成购买。

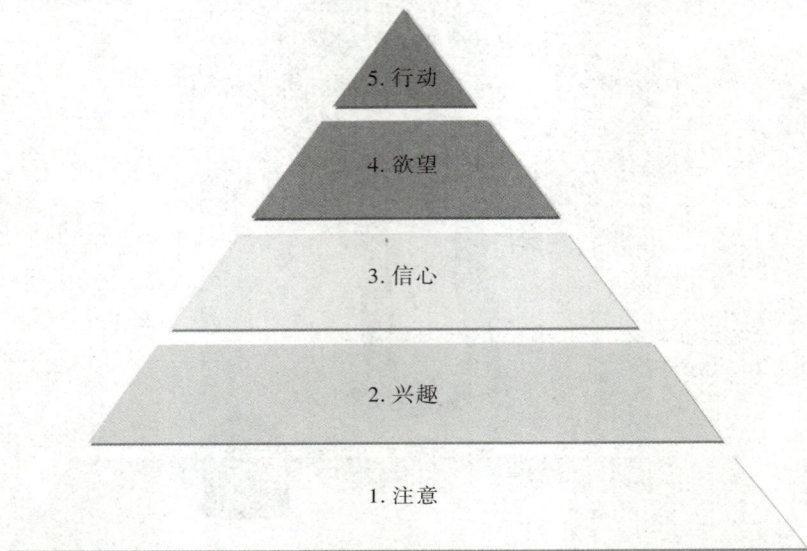

图5-13　创意金字塔

（1）标题

标题是广告文案中传达最为重要的或最能引起目标受众兴趣的商品诉求信息的简短语句，位于文案非常重要的位置，对文案全文起统领作用，吸引受众阅读文案内容。

①标题的作用。好的标题创意能够引起注意、吸引受众、诠释图形含义、将目标受众引向阅读文案正文及表现广告商品的诉求信息。

调查显示，阅读标题的受众比阅读正文的受众平均多2~4倍，如果广告标题不能打动人心，广告创作就几乎等于失败，广告费用也就白花了。奥格威曾经说过："标题是大多数平面广告最重要的部分，它是决定读者读不读正文的关键所在。读标题的人平均为读正文的5倍。换句话说，标题代表一则广告所花费用的80%。在我们的行业中最大的错误莫过于推出一则没有标题的广告。"

②标题的结构。其主要有三种：直接标题、间接标题和复合标题。

直接标题又称为直接诉求式标题，它以简明的文字向受众表明广告诉求的主题。如"教育是留给孩子最好的财富"（某信托银行储蓄广告标题）。该广告标题简洁质朴、意味无穷、一目了然，受众即使不看广告正文也能大致了解广告诉求的基本意思。

间接标题又称为间接诉求式标题，它并不直接点明广告文案的诉求主题，而是以耐人寻味的标题文字将受众的注意力转向广告正文。

　　复合标题又称为多重标题，它实际上是一个由引题、正题和副题组合而成的较为复杂的标题群。在这种标题群中，各个部分所起的作用不尽相同。引题是说明信息意义或交代背景，正题一般用来点明广告文案的主要事实，副题主要是对整体起补充说明的作用。

　　复合标题在具体运用时主要有三种组合方式。

　　第一种是引题、正题和副题齐全的组合方式。比如科宝排烟柜发布的报纸广告文案的标题就属于这种组合方式：

　　引题：用了抽油烟机，厨房还有油烟且拆清困难怎么办？

　　正题：科宝排烟柜，将油烟控制在柜内，一抽而净。

　　副题：全方位优质服务：免费送货安装（南三环至北四环），三年保修，终身维修。

　　该广告标题由引题渲染气氛、交代背景，正题单刀直入、突出主旨，副题则对广告产品的售后送货安装、保修等进行较全面的介绍，构成一个典型的复合标题。

　　第二种是引题和正题组合的方式。比如中国领先的旅游搜索引擎（目前全球最大的中文旅行网站）"去哪儿"发布的一则广告的标题就属于这种类型：

　　引题：人生的行动不只是鲁莽地"去啊"

　　正题：成熟冷静地选择"去哪儿"才是一种成熟的态度

　　该复合标题由引题导出否定判断，由正题给出肯定的选择，相辅相成，相得益彰。

　　第三种是正题与副题组合的方式。某制药公司在报纸上发布的一则广告的标题就是采用这种组合方式：

　　正题：蜜丽疤痕灵

　　副题：不知不觉 攻克病源

　　该广告正题突出广告诉求的产品名称，副题则点明广告诉求的具体内容。

　　（2）正文

　　正文是指广告文案中向受众传递大部分的商品信息，居于广告主体地位的语言文字。正文和标题的作用有所不同。标题的主要作用是引起受众的兴趣，正文的作用则是促使受众对商品的特性产生认知并激发受众的购买欲望。正文就是做进一步阐释和说明，使广告受众接受广告诉求的信息，进而采取购买行为。

　　正文由兴趣、信任、欲望甚至行动这几个环节组成，是标题内容的延伸和发展，所涉及的内容包括商品或服务的特点、利益和用途。

　　据调查，对于印刷媒体每10个广告受众中一般只有1个阅读正文，因此，正文必须努力引起受众的兴趣，并阐明广告商品或服务能够满足消费者需求的基本属性。

　　①正文的格式。正文优秀的关键是文字简洁、有序、可信和清晰，行文清楚、有趣、易记、有劝服性、令人激动等。印刷媒体的正文格式主要由预备段落、内容段落、收尾和结尾等构成。

　　预备段落是连接标题和正文诉求点之间的过渡性文字，其作用类似于副标题或新闻通稿的导语。预备段落属于兴趣环节，负责吸引受众并将受众对文案的阅读兴趣转化为对商品的兴趣。

　　内容段落是以商品诉求的实质性内容为主，包括为许诺和保证提供证明，建立广告的可信度，通过语言启发受众的想象力，激发受众的消费欲望。企业应借助调查数据、证言和担保来支持自己的产品承诺。这类证明有利于企业避免代价高昂的法律纠纷，使消费者确信产品品质真实可靠，增强对企业的好感，最终达到刺激销售的目的。

收尾部分交织在内容段落之中，主要是建议受众立刻采取行动。好的结尾会不止一次地要求受众采取行动。受众往往在阅读完后就已做出购买决定。

结尾部分除了继续鼓励目标消费者积极采取行动之外，更重要的是将如何购买商品的相关信息交代清楚，包括供货商店地址、电话、传真、网站等。

②正文类型。正文的表达方式没有固定模式，只要能够达到销售目的，采用什么方式都可以。常见的正文类型包括直接推销式、企业形象式、叙述式、对白/独白式和技巧式。

直接推销式是指在正文中以开门见山、客观、直截了当的方式，向目标受众诉求商品或品牌的相关信息。此种方式一般按产品诉求点的重要程度进行简明描述，特别适合需要受众仔细斟酌或使用难度较大的产品，尤其适用于直邮广告和工业或高科技产品。

企业形象式是指正文内容不涉及商品的具体诉求信息，而是推广企业的文化理念或品牌精神，其目的是赋予企业真诚、亲切、可信的形象。银行、保险公司、公共事业机构和大型生产企业常常采用这种方式。

叙述式是指在正文内容里先设定一个故事情景，在最后才亮出商品，让商品来解决故事中的问题。这种方式为情感诉求提供了平台。保险公司的广告常常采用这种方式，首先叙述一个人猝死的辛酸故事，最后才表明不幸中的万幸——这个人刚刚购买了保险。

对白/独白式是指以对话或第一人称的方式撰写正文，以表现文案的真实性和纪实性。不过，对白/独白式正文若写得毫无创意，则会单调乏味，甚至令人觉得矫揉造作。

技巧式是指在正文的写作过程中，运用一定的修辞手法（如双关、比喻、谐音、排比、夸张，甚至散文风格等）来增强受众的阅读兴趣和记忆。比如下面这则广告文案：

引题：情人节书展

正题：新的"书"情方式

正文：亚当阅读夏娃，找到上帝创世纪中不存在的秘密花园

罗丹阅读卡蜜儿，发现哥伦布没有发现的美丽海岸线

萨特阅读西蒙波娃，发现一本不是用荷尔蒙书写的爱情白皮书

罗密欧阅读朱丽叶，相信爱情不能得到永生，却比任何事情都值得去殉教爱情难求，情"书"唾手可得

今年情人节唯一可以取代玫瑰和巧克力的示爱品

二月三日至二月二十八日

五家诚品书店浪漫展出

（3）广告语

广告语又称广告口号，是为了加强受众对企业、商品或服务的印象，在广告中长期反复使用的简明扼要的口号性语言。广告语的内容主要是向目标受众传播的企业长期不变的品牌理念。其特性主要包括以下几个方面。

① 信息的单一性。广告语通常传播的是企业或产品的单一而明确的信息内容，毕竟广告语仅仅是一句口号，它不太可能也没有必要承载全部的商品信息诉求内容。如飞利浦电器的广告语"让我们做得更好"就是以这种方式创造的。

② 句式的简短性。广告语通常都使用简洁精悍的句式。如"请喝可口可乐""农夫山泉有点甜"这类广告语就是典型的例子。复杂、过长的语句会降低受众的理解程度、记忆

度和自觉传播的积极性，难以达到广泛传播的效果。

③语言的口语性。广告语通常使用大众熟悉的词汇和表达方式，很少使用生词、新词和难以辨认的字或书面语言。如"味道好极了""学琴的孩子不会变坏"等。受众对不熟悉的语言、文字的记忆较为困难，书面语言也不太可能在受众中流传和扩散。

长期性广告语通常要在一个相当长的时期内反复使用，很少轻易改变。受众从接触到认同，再到记忆直至自愿传播广告语，是一个较漫长的过程，广告语的频繁变化将影响广告语的传播作用，可能会使目标受众产生企业、商品或服务经营管理不稳定的印象。

2.广播广告文案创作

广播广告的文案创作与印刷广告的文案创作没有本质差别，只是在创作的格式上有所不同。

> 微课 5-8
>
> 广播广告文案创作和影视广告文案创作

广播广告的独特之处是通过声音来诉求广告信息，也就是"以声夺人"。广播广告的声音包括人声（语言）、音响和音乐，即广播广告的三要素。

（1）人声（语言）

人声主要指人的语言，同时也包括人的歌声、情绪声、呼吸声以及人群嘈杂、交谈声等。语言是人们交流中最常用、最重要的手段。广播中的语言与印刷媒介中的语言有着本质不同。印刷媒介的语言是抽象符号式的书面语言，广播中的语言则是有声的、无形的口头语言。

广播常被人们誉为"脑海中的剧院"，就是说它以人声为主来叙事，通过调动听众的想象力，给人一种"如见其人，如临其境"的感觉。广播是在人的脑海中以声音来塑造视觉形象的。

①广播语言的特色。广播广告的语言特色大体可归纳为通俗易懂、简洁明快和塑造情景。

首先，通俗易懂。广播是典型的大众媒介，听众人数众多，听众在收听广播的过程中没有任何障碍（印刷媒介的读者必须具备一定的文化水平）。让众多的听众听懂广告的诉求内容是广播广告首要任务。因此，通俗易懂、深入浅出、一听就明白是广播广告语言所必须具备的特点。

其次，简洁明快。广播广告的时间很短，仅有几十秒，最长也不过一两分钟，因此广播广告一定要注意语言简洁明快。一方面，简洁的语言可以为音乐留出时间，有助于营造广告整体氛围；另一方面，简洁的语言还可以使广告听起来快慢有致、抑扬顿挫，更富感染力。

最后，塑造情景。广播广告能调动人们的听觉、激发听众的想象力，因此塑造一个立体化的情景以强化听众对广告的整体印象就显得十分必要，这就要求广播广告的语言应尽可能形象、生动。

②广播广告文案的特性。由于广播广告的文案的最终表现形式是声音而不是文字，它与印刷媒介的广告文案相比就有诸多的差异。这些差异主要表现为以下几个方面。

第一，没有标题。在印刷广告文案中，标题起着提纲挈领、引起受众兴趣的作用，其重要性自不待言，但广播广告却没有这个优势。没有标题给创作增加了难度。创意人员必须考虑怎样在文案的开头部分就抓住听众的注意力，这是广播广告成功的关键所在。

第二，必须强化主题内容。广播广告不同于印刷广告之处还在于其转瞬即逝且不可重复。因此，广播广告文案应突出和强调广告主题，使听众即使记不清广告诉求的全部内容，至少也可以记住广告诉求的主题内容。

第三，广告语的作用更加重要。广告语的特点是简短易记、便于传播，能够突出品牌或企业的个性。大多数广播广告都用一种具有感染力的语音来强调和突出广告语，只要听众记住了广告语，广告的目的也就基本达到了。

（2）音响

音响是广播广告的主要表现手段之一，其作用是可以极大增强广播广告的表现力和感染性。概括地说，音响可以创造一个声音环境，可以叙述或表现一个事件，也可以表达人的思想和感情。

①音响的叙事性。现实中的一切生物和自然现象都有自己独特的声音，如风声、雨声、鸟鸣、马嘶、虎啸等，声音总是伴随着形象的，这就是人们通过听觉（音响）产生视觉联想的原因。

著名电影导演希区柯克曾说过："音响效果应该当作对话来处理，对话可以当作音响效果来处理，人的喊叫和笑声同样可以传达重要的信息。"希区柯克所提出的观点实际上就是音响的叙事性。

广播广告中的人物不需要说自己把碗打碎了，听众只要听到瓷器破碎的声音和人物感叹的声音就会立刻明白发生了什么事情。如果广播广告要表现喝饮料，只需使听众听到打开瓶盖时所发出的"嘭"的声音，再加上喝饮料时喉咙里发出的"咕嘟咕嘟"的声音，最后是喝完饮料后所发出的舒适愉悦的"哈"的声音，就会使听众产生极为鲜明的视觉联想和强烈的消费欲望。

②音响的个性化。现代企业都比较重视企业的形象视觉识别设计，希望通过统一的视觉识别系统使受众对企业/品牌形成认知与记忆。其实，企业也可以通过创作出有个性特征的音响识别来作为品牌的标识，使听众一听到这个音响就知道是什么品牌的产品或企业。这种听觉的识别音响可以采用与商品有某种联系的声音，如海鸥表就采用海浪的声音和海鸥的鸣叫声作为其广播广告固定的听觉识别标志。

（3）音乐

音乐是一种抽象的艺术形式，具有强烈的情绪，对于人的情感、态度、行为影响极大。音乐的最大特性是共通性，常常可以超越种族、年龄、地位、民族的界限，音乐的这一特点最适合广播这种诉诸听觉的媒介。

音乐虽然不像人声（语言）和音响那样能够准确地表达特定的信息内容，但是在表现感觉和情绪方面有着细腻感人的独特优势，这种能力是其他任何艺术手段都无法达到的。具体而言，广播广告中的音乐主要分为两种类型：背景音乐和广告歌曲。

① 背景音乐。其主要是利用乐曲来烘托气氛，配合人声使用。如某品牌的旱冰鞋的广播广告，开头部分以《溜冰圆舞曲》缓缓混入并配合始终。听到这首熟悉的优美抒情的乐曲，听众的脑海里自然就浮现出欢快的溜冰者在冰上翩翩起舞的动人场景，激发起听众溜冰的欲望。

② 广告歌曲。它是把广告中所要传递的重要信息用歌曲的形式表现出来。前几年步步高产品的广播广告就采用广告歌曲来传递诉求信息，起到了很好的传播效果：

世间自有公道，付出总有回报，说到不如做到，要做就做最好——步步高

3.影视广告文案创作

影视广告的文案创作与印刷广告和广播广告的文案创作有很大区别，这种区别在于印刷广告和广播广告的文案都是通过语言文字来表现的，受众通过阅读或收听来认知诉求信息，与人们阅读或收听文学作品的方式并无不同，这就要求印刷广告和广播广告的文案具有相当高的文采和艺术水准。印刷广告和广播广告文案的创作运用夸张、比喻、拟人、象征等修辞手段，这与文学艺术创作基本上是相同的。

然而，影视广告的文案创作则完全是另一回事。影视广告的文案创作必须经过视觉符号的转化，以画面和形象的方式向观众诉求广告信息，展现在观众眼前的作品是经过影视导演二度创作的视觉作品。如果说印刷广告和广播广告的文案创作还需要思考如何组织语言文字以最有效地传达商品或品牌的信息，那么在影视广告文案的创作过程中，则几乎不需要去思考如何用语言文字去传达信息。影视广告文案的创作实际上是将创意视觉化，再将脑海中的视觉形象用语言文字予以再现的过程。衡量影视广告文案的标准并不是其文字的表现力如何，而是有没有创意，以及通过视觉画面将语言文字所描述的内容予以创造性表现的能力。

由于影视广告文案创作涉及的专业较多，内容也比较复杂，因此，影视广告文案的创作大多是由一个创意小组完成的，但所创作文案的阅读者只有两个人：一个是企业，另一个就是影视广告的导演。

影视广告的创意脚本（文案）又可称为"故事板"。当创意小组选定创意方向及相应的表现策略之后，创意人员（美术指导和文案）便可着手撰写脚本。由于电视媒体的视觉影响力和表现力都非常强大，因此，创意人员的责任重大，他们必须与其他工作人员如美术、导演、摄影、服装、化妆、灯光、布景等通力合作，使创意最终转化成优秀的作品。

当文案人员将创意用文字撰写完毕之后，美术指导负责将脚本中的关键场景画成草图（速写），这项工作有点类似于给小说画插画（连环画）。草图是画在故事板上面的。故事板是一张预先印制好的纸张，上面有8～20个电视屏幕状的空白框，每个框的右边留有足够的空间填写广告文案内容，包括在拍摄过程中的专业手法等。

故事板的运用有助于创意人员从视觉上落实广告的格调和动作顺序，发现构思的不足，使创意提案具有形象性和直观性，便于获得企业的认可，还可作为广告作品拍摄的样稿。

四、广告传播策略

微课 5-9

企业在确定自己的广告目标时，应根据自身品牌和产品的特点、对市场竞争态势的分析和判断、目标消费者对本品牌的认知状况及其消费模式等因时因地因人而异。以下是一些常用的广告目标及围绕广告目标所采取的广告诉求方法。

广告传播策略

（一）提高品牌回忆度

提高品牌回忆度是指通过有效的广告诉求使目标消费者能够对本品牌名称保持较为深刻的记忆。毋庸置疑，企业希望自己的品牌名称能够在目标消费者的心里占据相当重要的位置，至少在考虑组里占据一席之地。考虑组是指目标消费者在想起某类商品或服务（如家电、服装、饮料、牙膏、洗发水等）时迅速想到的一组品牌名称（通常不超过7个）。在商品势均力敌（商品之间没有太大差别，如牙膏）或商品、服务的技术含量较低的情况下，消费者能想起的第一个品牌往往就是其准备购买的品牌商品，回忆度最高的品牌往往是最流行的品牌。那么，应该如何提高品牌回忆度呢？以下是几种常用的方法。

1.重复

重复是一种十分简单的方法，这种方法经过大量的实践证明是行之有效的，通过重复可以使目标消费者更容易记住品牌名称并保持下去。要做到广告诉求的重复，要购买大量的广告时间和空间，同一条广告连续重复三次，或者在广告诉求中多次（三次）重复品牌名称。研究表明，重复的次数越多，品牌名称就越容易被目标消费者记住。当目标消费者站在商品货架前，他们不可能对琳琅满目、五花八门的产品的不同特性逐一进行仔细的比较分析和判断，再作出购买决定，这时，他们大脑里能够回忆起的品牌名称（一种先为主的判断）或习惯（这种情况更常见）会驱使其作出购买决定。因此，如果品牌名称能够进入目标消费者的考虑组，那么该品牌产品就有更大可能被消费者购买。重复的方法在保持现有消费者的同时，还能争取新的消费者。

2.广告口号与歌谣

广告口号是一种通过简练的节奏和韵律或其他元素将品牌名称与令人难忘的意象联系到一起的语言技巧。如M&M巧克力豆"只溶在口，不溶在手"的广告语已经使用了近40年，又如耐克的"想做就做"、李宁的"一切皆有可能"、飞利浦的"让我们做得更好"等。

歌谣的创作方法与广告口号的创作方法基本相同，只是配上了音乐。例如人们耳熟能详的优酷的"这世界很酷"。

（二）逐渐培养目标消费者的品牌偏好

企业开展广告创意与传播活动，是希望消费者能够对本品牌产品产生偏好，最好能够使目标消费者对本品牌产品形成喜欢的心理认知和态度。喜欢不同于知晓或回忆度，喜欢是一种态度。培养目标消费者品牌偏好的方法有以下几种：

1.情感广告

通过营造和渲染人与人之间美好的情感来与品牌发生或明或暗的联系，使目标受众对广告作品本身的欣赏和喜欢转移到广告诉求的品牌上。这种看似简单的爱屋及乌的思维实际上在理论和实践上都比人们想象的要复杂也更有争议性，通过这种创作方法，企业可以引导目标消费者将好感与广告诉求的品牌联系起来，使他们更有可能购买本品牌产品。

不过，这种诉求方法的效果究竟如何目前还没有确凿的证据可以证明。目标受众对广告本身的欣赏和喜爱转向对广告商品的认可，也有可能受众的注意力全被广告本身吸引而干扰了对广告商品信息和品牌名称的关注，也就是说，受众被感动了，但对于被谁感动却一无所知。喜欢广告创意并不等于一定喜欢广告中的商品，不过，如果在广告创意中有意识地避免此类问题，这种方法还是有相当大作用的（见图5-14）。

消费者的好感到底是如何形成的，目前没有统一的答案。很多学者相信好感是受众对事物理解的结果，只是理解的方式因人而异，有的受众通过相当简单的联想来完成理解，有的受众则通过比较复杂周密的思考来完成理解。从总体上说，人类的理解过程是非常复杂的。人类可以在瞬间理解充满了符号、暗示、玩笑等内容的复杂的广告。虽然目前还不清楚为什么有些情感诉求广告的效果极佳，有的情感诉求广告却毫无效果，但有一点可以肯定，对目标消费者的社会背景给予更多的关注，对他们理解广告的方法予以深入的研究，可以对提高广告诉求传播的效果。

图5-14　哈根达斯广告

2.幽默广告

从逐渐培养目标消费者的品牌偏好的角度而言，幽默广告的目的与情感广告的目的完全一样，但从影响目标受众对广告诉求品牌的心理过程来看，幽默是另一种广告诉求的方法，即在广告中采用幽默是为了使受众对广告商品产生轻松愉快且难忘的品牌联想。调查显示，幽默广告的效果不如情感诉求广告的效果那么具有冲击力。如某人向朋友谈论他非常喜欢的广告，朋友被广告的情节逗得哈哈大笑，之后，这位朋友也许会说："我虽然不记得那是什么广告，但这条广告创意太棒了！"显然，这不能算是一条优秀的广告，因为受众记住的是广告中的笑料而不是最为关键的品牌信息，这当然是令人难堪的事情。采用幽默广告创作方法一定要将幽默成分与广告商品相结合，使两者不可分割，从而使目标受众更好地将幽默与品牌名称联系在一起（见图5-15）。

图5-15　奇瑞汽车广告

3.性感广告

广告诉求的对象是人而不是神，因此，在广告中采用性感诉求方式并不奇怪，问题是性感诉求的广告能否增强销售效果呢？从表面上看，答案是否定的，因为没有任何东西（包括性）可以左右人们购买商品的行为，但是，如果说性感诉求广告完全没有作用，似乎又与实际情况不符。应该说，性感诉求广告确实可以引起受众的注意，偶尔还会使人产生亢奋情绪，进而间接影响目标消费者对广告商品的态度。有些企业在广告创作的过程中对性感要素的表现效果坚信不疑，虽然目前还没有足够的证据证明性感诉求的具体作用。

对性感广告的具体创作细节历来都是一个充满争议的话题。如对性感诉求究竟有没有一个表现的限度？如果要暴露身体，暴露多少为宜？对美女的关注是否会影响受众对广告商品的注意等。对这些问题的把握没有通用的标准，只能是根据实际情况作出判断。

利用性感诉求来建立品牌形象似乎是很多人难以想象的，不过，事实上如范思哲、香奈儿5号等都是通过性感诉求成功地塑造了品牌形象，只是这些品牌产品大都是与性感关联较密切的服装或香水等产品。其他与性感毫无关联的产品使用性感诉求广告则基本不起作用（见图5-16）。

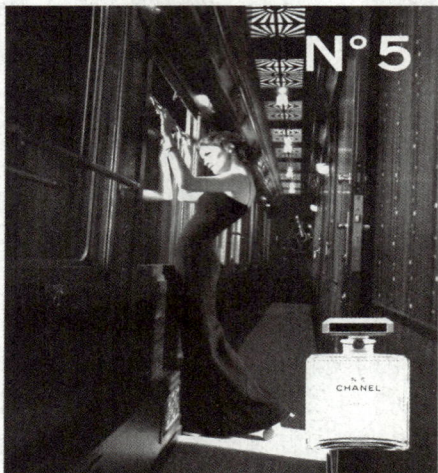

图5-16　CHANEL香水广告

（三）促进消费者尽快采取购买行为

此种广告传播诉求策略的目的就是通过直接诉求敦促目标消费者立即采取购买行为。近年来，即时反应广告日益流行，主要原因有三个：第一，许多即时反应广告都以价格诉求为主。消费者对商品的价格非常敏感，即时反应广告的减价、赠券等活动顺应了消费者的这一需求。第二，许多企业建立了数据库，这使企业能够瞄准具体的目标顾客，更有针对性地一对一传播特定信息。第三，企业要求广告代理公司拿出更多的证据证明企业所花的广告费的确产生了作用，广告代理公司发现即时反应广告最能直观地证明广告的作用，于是，广告代理公司纷纷用这种形式的广告证明自己的专业能力。

1.吓唬目标消费者以促使其采取行动

通过带有恐惧内容的广告诉求促使目标消费者采取有利于品牌的消费行为。恐惧是一种极其强烈的情感，可以刺激目标消费者采取消费行为，但是要适度，否则，过度恐惧很可能导致受众产生不利于广告商品的行为。

恐惧广告的诉求内容大多是突出表现目标消费者如果不使用广告商品或不采纳广告提出的建议所产生的危害或其他不利后果。企业之所以相信恐惧可以作为一种策略，是因为它们认为对目标消费者进行恐惧诉求可以促使其为摆脱恐惧而购买广告商品。如许多涉及驾车安全的公益广告、戒烟广告等采用以恐惧内容为主的广告诉求方式（见图5-17）。

图5-17　安全驾驶公益广告

然而，调查表明，利用恐惧诉求的广告的传播效果并不尽如人意，此种方法也引起许多社会心理学家和营销研究人员的争议。传统的观点认为，过于强烈的恐惧刺激实际上会妨碍受众对诉求信息的理解，并导致受众对广告诉求的品牌形成负面态度，因为受众对引起恐惧本身的信息过于关注而忽略了如何去克服这种恐惧。也有一些人认为，过多的恐惧可能会占据受众太多的认知空间以至于受众根本无法采取理性的购买行为。

2.引起目标消费者焦虑以改变其行为

和恐惧一样，焦虑也不是一种令人愉快的感觉。事实上，焦虑令人非常不舒服，许多人都想方设法地回避焦虑，或者尽量减少自己的焦虑，也有些人通过购物或消费来减轻自身的焦虑。一些企业正是利用目标消费者的焦虑来达到有利于购买其品牌商品的目的。一些广告通过许多情形来说明你为什么会产生焦虑以及减轻焦虑的方法。这种广告的诉求内容主要包括两个方面：一是强调目标消费者正面临着显而易见的危险；二是告诉目标消费者避免这种危险的方法，即购买广告推荐的商品。当海飞丝去头屑洗发水用"你绝不会有第二次机会给人留下第一印象"这个诉求主题进行广告传播时，受众就认识到海飞丝可以使自己免除因头屑引起的尴尬。

实际上，宝洁多年来始终如一地在使用这种方法，以至于在某些范围内，人们把焦虑诉求策略直接称为宝洁法。宝洁有一则描写一对夫妇因参加社交活动而产生焦虑的广告堪称经典：广告表现一对夫妻正在手忙脚乱地擦拭玻璃杯上的污渍，原因是他们没有使用宝洁的Cascade产品，如果用了的话，玻璃杯上绝对不会有污渍。

（四）劝服目标消费者

对许多新产品而言，采用这种传播策略是切实可行的。运用此种策略的广告关注度较高，其目的是通过商业性讲解，使目标消费者相信某个品牌的优越性。其诉求方法主要有以下几种：

1.推理式广告

在推理式广告中，广告主要对消费者进行劝告，向消费者说明为什么某个品牌令人满意，使人获益。如在广告中提出一些承诺——购买某品牌的七大理由，然后列举这七大理由，最后总结，经过那么多有力的证明，只有傻瓜才不会去购买某品牌的产品。有时候，广告会采用巧妙、难忘而又理智的方法向目标受众说明购买某种品牌产品的理由。这种广告最大的难点在于如何保证自己的推理言之有理，不会使消费者产生反感（见图5-18）。

2.强行推销式广告

强行推销式广告的特点是高压和催逼。这种广告比较有代表性的文案是"现在就行动""限时发售""最后机会""唯一的一次减价"等。这种广告的目的是制造一种紧迫感，促使消费者在冲动之下采取购买行动。当然，许多消费者已经学会如何分析和怀疑这种广告所传播的信息，这种广告常常失去应有的劝服效果。

3.比较式广告

通过与竞争品牌比较来展示本品牌商品的优异特性。此种广告可以作为有效的沟通手段以清楚有趣的方式向目标消费者传递大量的信息。如百事可乐和可口可乐之间的比较广告一直没有停止过。我国的《中华人民共和国广告法》不允许企业进行商品之间的直接比较，因此国内几乎没有比较广告，若有的话，也是非常含蓄的（见图5-19）。

图5-18 红米Redmi携手京东广告

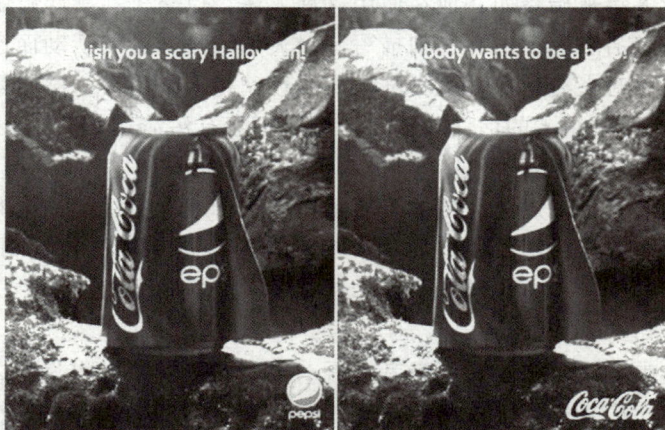

图5-19 百事可乐和可口可乐对比广告

4.纯信息式广告

纯信息式广告力图表现商品或服务的真实情况，当然，这些真实情况是经过精心挑选的，为劝服目标消费者服务的。实际上，世上根本就不存在所谓的纯信息广告。一般而言，具有明显个性的品牌商品可以充分利用此种广告，以帮助目标消费者识别品牌商品的突出个性。

5.证言式广告

这是比较常用的一种广告，即代言人向目标消费者推荐广告中的商品而不仅仅是提供信息。当代言人以倡导者的姿态出现在广告中时，这种广告就称为证言式广告。证言式广告的价值在于代言人以自身信誉为商品个性和利益作代言。证言式广告的创作方法主要有三种。

（1）名人证言

如迈克尔·乔丹为耐克做代言人，姚明为百事可乐做代言人，刘翔为安利纽崔莱做代言人等。企业大都相信，名人证言可以提高广告诉求的吸引力，使目标受众产生效仿名人的欲望。事实表明，最有效果的广告大部分都是以名人为主角的广告。当然，用名人做广告也要承担名人名誉受损的风险。

（2）专家证言

有些商品由于具有高科技含量，消费者可能会认为由专家来代言会更有说服力，于是许多广告就将代言人包装成医生、律师、科学家、园艺师或者其他与商品相关的专家，目的都是提高诉求信息的可信度（见图5-20）。

图5-20　舒适达广告

（3）普通用户证言

在这种广告中，代言人既不是名人，也不是专家，而是普通用户。之所以运用这种广告诉求方法，是因为目标消费者可以将自己与代言人联系起来。参照人群理论也为这种证言式广告提供了理论依据。该理论认为，消费者会相信参照人群的观点或证言而不相信客观的产品信息。简而言之，消费者的逻辑推理是"那个人和我差不多，他喜欢这个品牌，我也会喜欢这个品牌"。按照这个理论，消费者不再仔细考察商品信息，只是简单地用参照人群的观点取而代之。当然，在实际的运作过程中，这种方法实施起来并不是那么容易，精明的消费者很有可能马上就会明白广告的劝服企图。

6.演示式广告

通过实物演示证明广告商品质量优异。此种诉求方法如能运用得当，确实能够起到劝服消费者的作用。如当年有家生产席梦思床垫的企业，为证明产品质量过硬，竟然用坦克在席梦思床垫上压过去并在电视上全程演示，引起了轰动，产生了很好的劝服效果。

7.评论式广告

评论式广告是一种比较特殊的广告形式，国内俗称"软文"。此种广告的文体结构与印刷媒体的评论文章完全一样，但实际上是为某家企业及其产品或服务做的长篇广告。这种广告由于长度和体裁与客观公正的新闻评论难以区分，因而可以提高广告可信度。不过，这种广告形式也遭到了批评。批评者认为，由于广告与新闻评论难以区分，大多数受众根本没有意识到自己正在阅读的是一条广告，因而有明显的误导和欺诈嫌疑。

8.信息式广告

信息式广告实际上就是评论式广告的电视版本，其方法是企业买断电视台15～30分钟的时间来播出貌似专题片、纪录片的节目，实际上这些节目是广告。如房地产投资节目、减肥健美产品节目、游艺节目以及厨艺节目等，都是信息式广告的表现形式。该类节目通常设有一位主持人，由他提供产品信息，主持人还常常邀请一些嘉宾来证实他们使用产品的功效。

信息式广告可以带来巨大的销售推动力。如当年的商务通产品就是通过信息式广告获得了成功。不过，并非所有的产品都可以通过信息式广告获得成功。

【延伸阅读5-1】

高露洁品牌传播策略

创建于1806年的高露洁经过了200多年的风雨历程。它生产的个人护理用品已经销售到世界200多个国家，成为营业收入高达155.44亿美元（2018年度）的全球消费品公司。在国际品牌咨询机构Interbrand发布的2019年全球品牌100强榜单中，高露洁名列第66位，2019年品牌价值为88.24亿美元。

1806年威廉·高露洁以自己的名字注册了一家公司，以生产牙膏作为其毕生奋斗的事业。1890年，高露洁走出美国本土，开始在全球拓展业务。

一、经营理念

利用口腔护理业的领导地位，高露洁致力于提高全球的口腔保健水平，这是高露洁-棕榄公司的宗旨。在高露洁的业务史上，它一直坚持消费者导向，研创出高质量的产品，满足消费者不断提高的要求。

高露洁-棕榄公司也一直致力于发展能够适应全球消费者需求变化的先进技术。利用先进技术创造出提高顾客生活质量的产品是高露洁-棕榄公司不断追求的目标。

高露洁-棕榄公司的主业是消费品，它的成功取决于消费者的满意程度、信任和企业的商誉。高露洁-棕榄公司通过持续、公平和灵敏地与消费者交流，尽最大努力为消费者提供服务。

高露洁-棕榄公司在全球31个地区建立了消费者事务机构，其中大多数是免费服务，在中国也开通了免费服务电话。

二、品牌策略

高露洁-棕榄公司在诸多国家获得牙医学会广泛认可的奖章共有130多项，树立起其"口腔护理专家"的品牌形象。这些奖章充分证明了高露洁-棕榄公司的产品符合世界各地牙科界制定的严格要求。

（一）口腔护理树品牌

高露洁-棕榄公司品牌策略的最大特点是充分运用品牌优势，在品牌线上打上自己的名称，如高露洁牙膏、高露洁牙刷等。这些品牌名称大大提高了其知名度、美誉度与可信度，在消费者心中高露洁几乎就是口腔护理、防止蛀牙的代名词。

（二）公共关系打品牌

高露洁利用各种方式与各国政府和消费者建立起良好的关系。如为了迎合中国消费者，高露洁巧妙地把英文名称"Colgate"译为"高露洁"，这一主题清晰又吉利的名称，使中国消费者以为这是一家地道的中国公司。高露洁-棕榄公司还在各国指派专家处理常规事务，保证公司产品遵守各国政府的法律法规。此外，高露洁-棕榄公司也主动发展与专业组织间的友好关系。

（三）广告宣传做品牌

高露洁充分利用广告来宣传其产品。高露洁在19世纪发布了第一份宣传刊物，现在通过电视向全球数以百万计的家庭播放广告，不间断地宣传正确的口腔护理方法对于口腔保健的重要性。

（四）知识营销创品牌

以传播知识的方式做市场营销是高露洁取得成功的另一个原因。1994年高露洁-棕榄公司与世界卫生组织签订了一项协议，在全球推广"甜美的微笑、光明的未来"口腔保健教育计划，通过与各国政府及专业组织密切配合，在世界范围内开展口腔健康教育活动，帮助儿童从小养成良好的口腔卫生习惯，降低口腔疾病发病率。

资料来源 作者根据高露洁官网相关资料整理.

【任务实施】

（1）自由分组，每6人一组。

（2）小组成员讨论品牌广告传播的要点、品牌传播的核心信息、广告创意与设计、广告传播的策略，讨论时间为20分钟。

（3）小组成员根据所学知识，对创建的模拟品牌进行品牌广告传播策划分析，训练时间为30分钟。

（4）任务评价（见表5-6）。

表5-6   品牌广告传播策划分析训练任务评价表

评价指标	评价标准	分值	评估成绩
品牌广告传播策划分析选择训练效果	1.理解品牌广告传播的要点、品牌传播的核心信息、广告创意与设计、广告传播的策略	20	
	2.能识别品牌广告传播策划分析训练易犯错误	20	
	3.能灵活运用品牌广告传播策划分析训练的应对策略	20	
	4.讨论积极，效果明显	15	
	5.态度认真，遵守时间	10	
	6.汇报得当	15	
小组综合得分			

任务三　品牌叙事传播策划

【任务解析】

　　品牌叙事是指企业刻意将品牌的背景文化、价值理念以及产品的特殊利益等作为主要的诉求内容，并以真实的人物、生动的情节和感人的故事为诉求形式，通过各种媒介向目标受众进行商业传播。品牌叙事传播策划的任务是构建并传播一个引人入胜、与品牌核心价值紧密相连的故事，要求策划者深入挖掘品牌的历史、文化、愿景等元素，通过创意性的叙事手法，将品牌故事以情感化、人性化的方式呈现给目标受众。这一策划旨在通过故事的力量，与消费者建立深厚的情感连接，增强品牌的认知度和认同感，进而提升品牌的忠诚度和市场影响力。

【知识链接】

微课5-10

品牌叙事传播策划

一、构成品牌叙事的基本要素

（一）具有结构缜密的故事情节

　　一般而言，品牌叙事是通过平面媒体向目标受众诉求一定信息的特殊的传播活动，此种传播活动能否成功取决于目标受众是否接受这些信息，这又要取决于品牌叙事是否具有缜密的结构和引人入胜的故事情节。劳伦斯·维森特在《传奇品牌》一书中指出：一个缜密的结构可以使叙事中发生的每件事之间都有很强的逻辑关系，前因后果非常清晰，甚至从一个精心构建的情节中移去任何一件事情都会使整个故事崩溃……传奇品牌常常通过赋予品牌叙事一个有序的、紧凑的、稳固的故事结构，对个性化叙事情节的展开起到催化作用。

（二）塑造令目标受众认可的典型人物

　　品牌叙事需要具有较强的可读性，因此，在语言风格上更接近于文学体裁中的散文或随笔。品牌叙事大都需要充分地展示品牌人物，对人物的描写更接近于小说。在品牌叙事中，无论是经过精心加工的真实人物还是虚拟人物，都代表着品牌的价值取向和审美品位。如果香奈儿、玫琳凯、雅诗兰黛等品牌没有对其品牌创始人的经历予以典型化和传奇的故事描述，其品牌传播的影响力恐怕会差很多。当然，品牌叙事还可以通过虚构典型人物来增强品牌传播的效果。如迪士尼的米老鼠、肯德基的山姆大叔都是从所处的行业特点出发，通过塑造具有美国文化特征的典型的虚拟人物，带给受众美国式的温馨和感官体验，使受众形成深刻的品牌印象。

（三）体现品牌核心价值理念的主题

　　品牌叙事的创作在某种程度上更类似于广告文案的创作，任何一种形式的创作都必须首先提炼出创作的主题，只有具备主题并且充分展示主题的作品才更容易被读者理解。品牌叙事的主题更需要被目标受众认同、理解，品牌叙事的主题是不可或缺的。如雅诗兰黛品牌叙事的主题是"美丽是一种态度"，该品牌主题充分反映了品牌的核心价值理念，恰到好处地表达了女性内心深处的渴望，深受女性群体的认同，从而使雅诗兰黛成为全球知名品牌。

【延伸阅读5-2】

三只松鼠品牌叙事

一个草根创业团队在三线城市如何用两年时间从0到10亿元，做成中国互联网坚果第一品牌？接下来听听三只松鼠的品牌故事。

章燎原20年前还在混江湖时，开玩笑随手写了一张卡片给一个人，上面写着燎原集团董事长章燎原。他说，如果将来他发迹了，可以凭此卡片找他。20年后，这个人拿着这张卡片找上门来，章燎原一看，还真是自己写的。那个人成了公司的包装供应商，但也因供货质量不合格受到严厉处罚。

三只松鼠创始人兼CEO章燎原身材瘦削，眼神犀利，有员工形容他的眼睛像鹰一样，走路时身体有点驼背，喜欢沉思，步伐很快。

出生于1976年的章燎原在安徽芜湖市创办了三只松鼠——一家以卖坚果、干果为主的电商公司。三只松鼠这家公司的装修有种奇妙的混搭感：既有橙红色的管道滑梯，就像你经常在网上看到的互联网公司装修照片，又四处挂满诸如"百亿梦、幸福梦"的红色横幅，这让你想到传统的乡镇企业。

特意用黄色灯光和灰色砖块做出旧时光效果的走廊，写着标语"要么第一，要么灭亡"，一串数字连起一条时间轴：2012年2月16日5个人创立公司，2012年6月19日上线，2012年11月11日达到766万元销售额，2014年11月11日单日销售额1.09亿元，2014年全年销售额突破10亿元。

章燎原的"触电"始于2003年，那时他在一家塑胶公司做营销员。在那家公司，章燎原用中文写好邮件，找人翻译成英文，用在线英文翻译软件登录英文网站，只要看到网站跟塑胶销售有关，就发电子邮件，他给几百家网站都发了电子邮件，把信息链打通，一两个月后很多人打电话到公司谈生意。

安徽宁国市出产山核桃，他看到卖山核桃的詹氏食品公司（以下简称"詹氏"）招营销员，这家公司一年销售额达四五百万元。2003年他加入詹氏时，正好是淘宝上线时，他失去了做电商的第一轮机会。

在詹氏，他一干就是9年，前7年没干任何电商的事，从营销员做起一直做到总经理，当他离开詹氏时，公司产值一年近两亿元。最初，他被外派开专卖店，担任经理，手下实际只有一名员工，自己要负责送货又要跟商超谈判，一个月700元。与他同期加入的员工共11名，走了10个，只剩下他一个人。他琢磨过自己为什么很长一段时间里一事无成，核心原因是虽然想创业，但没有专注一个行业，没有选择一个切入点，只有选择一个行业、一个老板跟下去自己才有可能做起来。

被外派到芜湖时他特别兴奋，觉得自己是练兵多年的将军终于上了战场，他骑着自行车带着女朋友在芜湖转悠，指着世纪联华说，以后我们的货都会摆进去。

他先拿小超市练手，学着谈堆头费、进场费，学习做税务、工商注册，两年后芜湖区域业务增长量第一，财务管理、员工管理都是最规范的。那时章燎原29岁，升任营销总监，章燎原觉得自己扬眉吐气了。

2010年年底，他感觉到时代的变化，电商B2C来了。詹氏山核桃在安徽这个区域市场脱颖而出，但这满足不了章燎原的胃口，他想做全国性品牌。他做了壳壳果——一家在网上卖山核桃的店，2011年销售额达到2 000万元。他意识到电商能够建立起全国性的坚果品牌，到2011年下半年，章燎原坚持认为电商是唯一的机会，三年能做到两亿元，但其他人觉得这是吹牛，电商是虚拟的，没有实体店靠谱，章燎原走火入魔了。

线上线下的冲突摆在了桌面上，詹氏的老板偏向保守。章燎原觉得，快消品在电商建立品牌的时间窗口是3年以内，2014年年底章燎原说："再通过电商建立快消品品牌的机会几乎没有了。可能机会存在，但方法不一样了。"

章燎原利用社会化媒体推广自己的个人品牌，在圈子里出名了。IDG资本合伙人李丰联系上了他。2011年，李丰研究淘宝电商，进而了解到壳壳果——这个快速崛起的品牌在电商坚果品类已经做到了前三。2011年年底，李丰从南京到宁国，路上花了三四个小时。壳壳果面临着线上线下的冲突，李丰对章燎原的第一印象是懂品牌，对电商有想法，虽然在小地方，但想法大气。他告诉章燎原，如果你出来，我投资你。三只松鼠A轮融资就是IDG的150万美元。三只松鼠品牌标志见图5-21。

图5-21　三只松鼠品牌标志

章燎原决定辞职创业，大家都不理解：你有房有车，一年几十万元的收入，搞什么呢？拿几乎是全部的家当100万元创业，失败了怎么办？章燎原有一股与命运死磕的狠劲，他相信人生有起有落才能终成大将。

2012年5月，三只松鼠上线前李丰赶到芜湖和章燎原聚会。鼠大疯（胡厚志，工厂制造中心总监）负责做菜，大家一块儿喝了很多酒："我很久没有经历过这种场面了，他们的脸上洋溢着我很久没看到的东西，草根、青春、理想、感情……现在回想起来仍然十分感动。"

三只松鼠在2012年6月上线，正式上线之后，第一单客户姓黄，男士。鼠阿M（三只松鼠客户满意中心副总监明珊珊）激动地叫了起来，全办公室的人都跑来围观。章燎原亲手打包，鼠阿M自己写了一封信给对方。仅仅3个多月后，三只松鼠就成为电商坚果第一品牌。三只松鼠定位高端品牌，卖给白领。

很多人认为应该直接向目标对象诉求。章燎原则认为得先搞人气，让图便宜的人到处去传播，影响白领的决策。原来他在詹氏的时候，詹氏业务有很大一块是来自企事业单位采购，但章燎原主攻小区里的大爷大妈，提供低价格、好服务的产品，他们买回去就到处讲。这次做三只松鼠，互联网上什么人传播最快？是学生和刚走上工作岗位的人，小恩小惠他们都会开心地发微博。这群18~24岁的人接受新鲜事物能力强，参与感强，心里没有品牌，白纸一张。

第一波用低价赚人气、赚口碑，刺激准客户掏腰包，等这些人的品位拉升起来之后，产品价格也就回归理性了，让客户为满足感而付费：大家都买三只松鼠我为什么不买呢？这也是章燎原在詹氏摸索出来的方法：他开拓区域时，第一次卖得便宜，后来价格就渐趋合理了，新用户给更多的优惠，老用户靠情感，价格没那么重要了。

2012年章燎原悟出一点，口碑营销是最好的营销。公司需要有很好记的名字，要让人愿意为你传播。

对客户来说，体验的链条很长：从有疑虑，到下决心买，到期待货的到来，再到收到货的实际体验，每个环节都增加客户的好感、让客户觉得产品靠谱，这很重要。传统企业觉得这些环节都是麻烦，章燎原发现这些环节都是广告植入的机会。传统品牌营销是消费者看到广告就到超市找产品买回家，没有让企业和客户建立起沟通，只能通过频繁的广告刺激客户。

电商能在一次消费里获得一个忠诚的客户，传统的短信是"尊敬的顾客……"，三只松鼠的短信是"主人，您订购的鼠小箱正快马加鞭地向你飞奔而来"，形象、生动。三只松鼠的另一位投资人、今日资本创始人兼总裁徐新做过调研，90%购买过三只松鼠食品的用户能记住这个品牌。

从品牌塑造发生变化到供应链管理发生变化，未来食品工业生产关系会发生变革，互联网带来订单的聚合，缩短了整个货物流通环节，提升了组织效率，这让生产和服务的品质得到改善。

2014年，三只松鼠担心传统企业的崛起，结果只有良品铺子起来了，其他品牌还是糊里糊涂的。章燎原曾说，我们会一天卖上1亿元，鼠大疯觉得他吹牛。2014年"双11"，三只松鼠一天销售1.09亿元，700万袋坚果，120多万个包裹，足以堆满15个足球场，4 500人在4天里发完货。

章燎原18岁要创业的念头终于生根发芽，有了今天的三只松鼠。

资料来源 作者根据相关资料整理.

二、品牌叙事对品牌塑造与传播的作用

对于品牌而言，品牌产品能否满足目标消费者的需求，品牌形象、包装和产品品质是否达到消费者的期望等，都是品牌的内在要素或品牌赖以发展的基础，品牌叙事作为品牌理念的外在表现形式，巧妙地将品牌的抽象理念用形象生动的故事情节和美好的情感加以演绎，使得受众对品牌产生一种情感上的共鸣。具体来说，品牌叙事对品牌塑造与传播的作用大致可以归结为以下几个方面：

（一）体现品牌的核心价值

企业为品牌提炼和传播的核心价值常常就是品牌所能够满足消费者的生理或心理需求的根本所在。品牌叙事将这种核心价值通过生动的故事情节和优美的语言传递给目标受众。品牌的核心价值就好比品牌的灵魂，灵魂必须依附在某一载体之上，品牌叙事就是品牌核心价值的载体，消费者对品牌核心价值的认同就是通过品牌叙事实现的。不过，不同行业甚至同一行业中的不同品牌，由于其经营方式不同，追求目标不同，核心价值理念也必然会有所不同。例如，同属于化妆品行业的雅诗兰黛、玫琳凯和创美时等品牌，所

提炼的核心价值理念各不相同，但都十分精彩地体现了各自品牌所倡导和传播的核心价值理念。

（二）增进与目标受众的情感交流

品牌叙事以其独特的结构方式向目标受众传递品牌背景文化的相关信息，以其特有的表现手法（如跌宕起伏的人物命运、引人入胜的故事情节、流畅抒情的语言文字）迅速拉近与目标受众的距离，消除目标受众的陌生感和隔阂感，达到增进情感交流的目的，产生情感共鸣。许多全球知名品牌之所以能够受到目标消费者的喜爱，除了产品自身的品质过硬之外，还在于对品牌文化传播的重视，以及通过广告、公关、赞助公益事业等相关活动增加与目标受众近距离接触的机会，久而久之，在消费者的心目中就会建立起良好的品牌形象，甚至有可能形成以使用该品牌产品为荣的品牌效应。知名品牌如雅诗兰黛、兰蔻、迪奥、美宝莲、SK-Ⅱ、星巴克等莫不如此。

（三）传递品牌信息

品牌叙事的另一个明显作用就是通过各种传媒向目标受众传递品牌的相关信息。随着现代科技的飞速发展和消费社会的形成，消费者接收商品信息的渠道与方式越来越多，无孔不入的商业广告信息在各种媒体上的狂轰滥炸逐渐使得消费者产生了抵触和逆反心理。品牌叙事则是以一种经过精心包装的、传统的说故事的方式，向目标受众传递品牌的背景、价值理念及与产品的利益诉求相关的品牌信息。品牌的相关信息是隐藏在故事情节和人物命运之中的，受众在阅读此类文字时往往更容易被故事情节和人物命运打动，这就使得受众在不知不觉之中接受了品牌的相关信息，增进了对品牌形象的识别与认可，并使得目标受众与品牌之间形成一种情感交流的关系。

【延伸阅读5-3】

爱尔兰咖啡品牌叙事

爱尔兰咖啡是一种像酒的咖啡，是爱尔兰威士忌加咖啡。特殊的咖啡杯、特殊的煮法，认真而执着、古老而简朴。爱尔兰咖啡杯是一种类似烤杯的耐热杯，烤杯可以去除烈酒中的酒精，调和酒香与咖啡的苦涩。

一、爱尔兰咖啡：思念此生无缘人

爱尔兰咖啡的发明人是都柏林机场的酒保。横跨大西洋的飞机常会在这个机场加油，旅客下飞机休息时很喜欢喝杯爱尔兰咖啡，爱尔兰咖啡随之传到世界各地。

爱尔兰咖啡是这个机场的酒保为一位美丽的空姐所调制的。酒保在都柏林机场邂逅了一位女孩，一见钟情。他觉得她就像爱尔兰威士忌一样浓香而醇美。可是，她每次来到吧台总是随心情点不同的咖啡，从未点过鸡尾酒。

这位酒保擅长调制鸡尾酒，他很希望她能喝一杯他亲手调制的鸡尾酒。后来，他终于想出了办法，把爱尔兰威士忌与咖啡结合，开发出一种新的饮料，把它取名为爱尔兰咖啡。

只可惜这位女孩跟其他女孩不太一样，她并不是细心的人，一直没有发现爱尔兰咖啡，酒保也从未提醒过她，只是在吧台内做分内的工作，期待女孩每隔一段时间的光临。后来，她终于发现了爱尔兰咖啡，并且点了它。

就这么简单？

简单？你知道酒保得花多少心血来创造爱尔兰咖啡吗？要将爱尔兰威士忌与咖啡完全融合有很高的难度。

重点是威士忌与咖啡的比例，威士忌要一盎司多一点，咖啡五盎司，比例约为1比5。你知道这经过了多少次试验吗？女孩从未点过鸡尾酒，应该不太喜欢酒味，威士忌可是刺喉的烈酒，因此，酒保必须想办法让酒味变淡，还不能降低酒香与口感。

爱尔兰咖啡对威士忌的选择、咖啡与威士忌的比例，以及杯子和煮法的要求都很严格，唯独对咖啡的选择比较随便，只要又浓又热就好。

为什么会这样呢？

除了因为女孩并没有特别喜爱的咖啡外，也是一种形式的包容。不管对威士忌如何挑剔，对咖啡却很宽容。酒保可能只想为她煮杯爱尔兰咖啡，并不在乎她能否体会他的心血与执着，也不在乎她是否会感动。

你知道从酒保发明爱尔兰咖啡到女孩点爱尔兰咖啡经过了多久吗？

整整一年。

当他第一次替她煮爱尔兰咖啡时，他激动得流下了眼泪。因为怕她看到，他用手指将眼泪擦去，偷偷用眼泪在爱尔兰咖啡杯口画了一圈，因此第一口爱尔兰咖啡带着思念被压抑许久所发酵的味道。

那位空姐非常喜欢爱尔兰咖啡，只要一停留在都柏林机场，便会点一杯爱尔兰咖啡。久而久之，他们两个人变得很熟识，空姐会跟他说世界各国的趣事，酒保则教她煮爱尔兰咖啡。直到有一天，她决定不再当空姐，跟他说再见（farewell，不会再见的再见），他们的故事才结束。

再见？可惜是不会再见的再见。

他最后一次为她煮爱尔兰咖啡时就问了她这么一句：Want some tear drops？他还是希望她能体会到思念发酵的味道。

她回到旧金山的家后，有一天突然想喝爱尔兰咖啡，找遍所有的咖啡馆都没找到，她才知道爱尔兰咖啡是酒保专为她而煮的，不过始终不明白为何酒保会问她："Want some tear drops？（想要加点眼泪吗？）"

没多久，她开了一家咖啡店，也卖起了爱尔兰咖啡。渐渐地，爱尔兰咖啡在旧金山开始流行起来。这就是爱尔兰咖啡最早出现在爱尔兰的都柏林，却盛行于旧金山的原因。

空姐走后，酒保也开始让客人点爱尔兰咖啡，在都柏林机场喝到爱尔兰咖啡的人会认为爱尔兰咖啡是鸡尾酒，在旧金山咖啡馆喝到爱尔兰咖啡的人会认为它是咖啡。

因为爱尔兰咖啡既是鸡尾酒，又是咖啡，本身就是一种美丽的错误。

好了，故事讲完了。

知道为什么整整一年没有人点爱尔兰咖啡而那位空姐成为第一个点爱尔兰咖啡的人吗？

因为酒保制作了两份酒单，只有给那位空姐的酒单上面写有爱尔兰咖啡，其他的酒单上没有，所以其他客人是点不到爱尔兰咖啡的。

也是因为这个故事，爱尔兰咖啡有个别名：天使的眼泪！

资料来源　佚名.错过的爱意：爱尔兰咖啡背后的浪漫故事［EB/OL］.［2024-05-19］. https://baijiahao.baidu.com/s？id=1799457007636998698&wfr=spider&for=pc.

三、品牌叙事的主要表现方法

企业因其背景、行业以及经营理念和策略的差异，品牌叙事的表现方法自然也各不相同。无论采用哪种表现方法，只要能够完美地传递品牌信息，吸引受众并给人以美感，品牌叙事就一定是成功的。大体来说，品牌叙事主要有以下几种表现方法：

（一）以品牌创始人为叙事主题

在全球市场经济发展的100多年里，各个行业都曾涌现出许多不仅在品牌经营上远见卓识，而且具有个人魅力的传奇人物，许多著名品牌就是依托和借助这些传奇人物，并将之提炼为品牌叙事的主题，向目标受众进行传播的。受众在接收上述信息的过程中，有可能被传奇人物的命运和经历感动，爱屋及乌，对传奇人物所创立和拥有的品牌也情有独钟，如香奈儿、微软、苹果、哈雷·戴维森、维珍等都是使用这种表现方法的典范。

（二）以虚拟人物或神话传说为叙事主题

将虚拟人物或神话传说作为品牌叙事的主题，以此来唤起和丰富受众美好的想象，使得受众获得精神上的审美愉悦和情感共鸣，这是品牌叙事的另一种表现方法。此种表现方法的优点在于品牌延伸和想象的空间较大，容易使受众产生神秘感，从而引起他们的好奇与注意。如肯德基的山德士少校、迪士尼的米老鼠、万宝路的西部牛仔等品牌形象都是使用这种表现方法的成功案例。

（三）以地域环境差异为叙事主题

在比较特殊的行业，有些品牌产品的生产原料、材质、制作工艺不同，使得产品具有与众不同的使用效果和品位感受，这种感受如果经过企业特意渲染，也将在相当大的程度上影响消费者的消费心理。许多企业抓住消费者的这一消费心理，通过对品牌产品产地的自然风貌、地理环境、水源特质和人文景观的描述，努力在目标受众心目中建立起品牌神话，使目标消费者对品牌产品绝对忠诚。比如，欧莱雅旗下的碧欧泉就是利用矿物学家在法国南部山中的矿泉水中发现的矿泉活性萃取精华（PETP）这一独特的活性成分，将该活性成分予以神乎其神的描述，从而为品牌产品罩上了一层神秘的面纱。

（四）以产品功能特征为叙事主题

以产品功能特征作为品牌叙事的主题，当然是希望能够凸显品牌与众不同的产品优势，以引起目标受众的注意和兴趣，进而达到广为传播、促进销售的效果。比如，欧莱雅旗下以药店作为销售渠道的薇姿，其品牌叙事就是着重对法国中部的薇姿小镇的温泉水的保健功能进行描述，尤其是对该温泉对肠胃、皮肤及风湿疾病有显著的疗效，长期使用使人体皮肤具有天然防御功能等进行渲染，以凸显薇姿产品的独特功效和神秘色彩，进而扩大薇姿品牌的市场知名度和影响力。

【任务实施】

（1）自由分组，每6人一组。

（2）小组成员讨论构成品牌叙事的基本要素、品牌叙事对品牌塑造与传播的作用、品牌叙事的主要表现方法，讨论时间为20分钟。

（3）小组成员根据所学知识，对创建的模拟品牌进行品牌叙事传播策划分析，训练时间为30分钟。

（4）任务评价（见表5-7）。

表5-7 　　　　　　　　　品牌叙事传播策划分析训练任务评价表

评价指标	评价标准	分值	评估成绩
品牌叙事传播策划分析选择训练效果	1.理解构成品牌叙事的基本要素、品牌叙事对品牌塑造与传播的作用、品牌叙事的主要表现方法	20	
	2.能识别品牌叙事传播策划分析训练易犯错误	20	
	3.能灵活运用品牌叙事传播策划分析训练的应对策略	20	
	4.讨论积极，效果明显	15	
	5.态度认真，遵守时间	10	
	6.汇报得当	15	
小组综合得分			

任务四　公共关系传播策划

【任务解析】

企业是社会物质财富的生产者，也是社会有机体的一部分，在整个大的社会系统内，企业必定要面对和处理与社会其他成员的关系。现代企业运作离不开良好的社会环境，品牌的发展离不开良好的公共关系。公共关系传播策划的任务是通过精心设计的传播活动，构建和维护组织与公众之间的良好关系，包括分析目标公众、制定传播策略、选择有效传播渠道、策划具体的公关活动和事件。策划者须关注组织形象塑造、危机管理、舆情监测等方面，通过积极、透明、有策略地传播，促进组织与公众之间的理解与信任，为组织创造有利于其发展的社会环境和舆论氛围。

【知识链接】

一、公共关系传播认知

自公共关系成为一门学科以来，人们对公共关系一直都没有统一的定义。在介绍公共关系传播之前，了解和把握公共关系的一些基本概念是学习和应用公共关系的基础。

微课5-11

公共关系传播认知

（一）公共关系的定义

公共关系就是一个组织运用有效的传播手段，使自身适应公众的需要，并使公众适应组织发展需要的一种思想、政策和管理职能。这一定义非常清楚地表述了公共关系是由组织、传播、公众这三个要素所构成的。在这三个要素当中，组织是公共关系的主体，公众是公共关系的客体，联结主体与客体的中介则是信息传播。这三个要素构成了公共关系的基本范畴。有关公共关系的理论研究、实际操作和运行发展都围绕这三个要素展开（见图5-22）。

社会环境

组织 ⇄ 传播 ⇄ 公众

公共关系

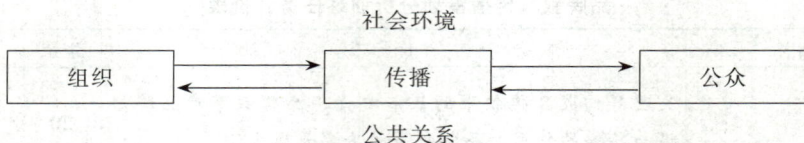

图5-22　公共关系构成要素

公共关系的内涵可以从三个层次加以理解：一是迎来送往的层次；二是新闻报道、广告传播的层次；三是专业的、高层次的公共关系策划。公共关系主要包含员工关系、政府关系、媒介关系、顾客关系、社区关系等，除了员工关系之外，其他的都属于外向公共关系，品牌传播应该更多地考虑使用外向公共关系。

从品牌传播的角度看，公共关系又可以界定为特指先举办活动或制造事件，再通过大众传播媒介的报道，引起目标受众或特定对象的注意或理解，形成对企业自身有利的舆论支持，达到塑造企业品牌形象、增强品牌竞争力的目的的传播活动。

从企业发展的角度而言，品牌的发展也有赖于企业与社会各界建立和保持良好的公共关系。如果说企业的传播手段主要是广告和公共关系，那么广告就是典型的商业传播，所传播的信息带有明显的主观性，其传播效果也因此大打折扣；公共关系则是典型的社会传播，所传播的信息带有较为明显的客观性，自然更容易被受众接受，可信度也更高。因此，使用公共关系进行品牌传播确实是一种行之有效的手段。

（二）公共关系的特征

公共关系是社会关系的一种表现形态，公共关系与其他任何关系都有所不同，具有与众不同的特征，了解这些特征有助于加深对公共关系的理解。

1.人情性

公共关系是一种树立组织正面形象的艺术，强调的是协调的人际环境、和谐的人事氛围、良好的社会舆论，以便赢得社会各界对传播主体的了解、信任与合作。开展公共关系的目的就是要追求协调的人际环境，为组织的生存和发展创造理想的外部环境。公共关系期望的是以普遍人性、共同情感为基础的人与人之间和谐相处的新境界；提倡的是广结人缘，甚至视竞争对手为朋友，处处为公共利益着想，以调节公关主体的行为规范、满足公众的需要为出发点；强调的是人与人之间的相互理解、相互信任、相互支持和帮助。人情性是公共关系最为明显的特征。

2.双向性

公共关系是传播主体以真实为基础与传播客体之间的双向沟通。这一本质特征决定了传播主体需要及时了解社会公众的意见和看法，以便修正或调整传播主体正在采取的决策和措施，又必须有意识地向社会公众传播企业或组织的相关信息，以便公众对传播主体产生明确的认知，达成彼此之间有效的双向沟通。以双向沟通为特征的传播活动是公共关系最为实质性的特征。

3.广泛性

公共关系的广泛性有两层含义。一层含义是传播主体开展的公共关系活动具有无限的时空性，即对于一个具体的企业或组织而言，公共关系可以说是无处不在、无时不有，贯穿于传播主体的整个生存和发展过程中，从这个意义上说，公共关系可以看作一个企业或组织持续开展的不间断的活动。另一层含义是指传播对象的广泛性，即公共关系的传播对象可以是任何人、群体和组织，既可以是已经与企业（传播主体）建立商业关系的目标受众，又可以是将来有可能与企业建立商业关系但目前与企业没有任何关系的公众。也就是说，公共关系的传播对象有一种无限扩展的趋势，广泛地向所有与企业有关或无关的人施加影响。

4.整体性

企业开展公共关系活动的宗旨是尽可能使社会各界对本企业有更全面、更深入的认识，侧重于向目标受众传递企业在市场上的竞争地位和整体形象，以便目标受众对企业产生整体性的认知。在企业开展公共关系的过程中，不仅要宣传产品，全方位地向目标受众介绍企业的服务、员工、机构、管理、历史与现状、设备与工艺水平等，而且要向目标受众宣传自己在行业内的成就，如实地介绍企业的价值观念等。通过这样全面的传播活动，使目标受众对企业（品牌）形成真实的、全面的、整体的良好形象。

5.长期性

企业在开展公共关系活动时，必须将公共关系当作一项长期性的工作而不应该有"平时不烧香，急时抱佛脚"的态度，临到有事才想起利用公共关系来摆平危机。事实上，如果企业平时注意维护同社会各界尤其是目标受众的关系，当企业遇到危机时，就会产生意想不到的效果；反之，如果企业平时不注重开展公共关系的各项工作，当需要社会各界的帮助时，则难以达到预期效果。因此，企业必须将公共关系当作一项长期的投资。

（三）公共关系传播形式

公共关系传播是组织通过报纸、广播、电视等大众传播媒介，辅之以人际传播的手段，向其内部及外部公众传递有关组织各方面信息的共享过程。它的目的是沟通传播者与公众之间的信息联系，使组织在公众中树立良好的形象。

公共关系传播的基本形式主要有：

1.人内传播

人内传播，即传播的"双方"集于一身的主我（I）与宾我（Me）之间的内向沟通，是人类传播的基本形式。其表现形式是自言自语、自问自答、自我发泄、自我陶醉、自我反省等。

2.人际传播

人际传播，即个体与个体之间的沟通交流。人际传播方便易行、效率高，包括面对面、非面对面的形式。

3.组织传播

组织传播，即组织与其成员、组织与其所处环境之间的传播与沟通。从公共关系的角度看，组织传播是疏通组织的内部沟通渠道、维护组织内外关系的一种重要传播方式。

4.大众传播

大众传播，即通过大众传播媒介（如报纸杂志、广播电视、网络等），将复制的信息传递给分散的大众。大众传播是公共关系传播的最主要方式，大众传播媒体是组织进行公关活动的主要载体。

二、公共关系策略在品牌传播中的作用

企业利用公共关系策略可以对品牌传播产生相当大的作用，包括：传播沟通信息；协调关系，建立良好的外部环境；塑造品牌形象；化解危机；等等。

（一）传播沟通信息

品牌传播的过程就是企业将与品牌相关的信息收集、整理和传播的过程。企业开展公共关系活动也是一个向目标受众传播企业或品牌相关信息的过程，只是公共关系更注重沟通的双向性。通过公共关系与目标受众沟通和交流，可以了解目标受众对品牌的真实看法，促进目标受众对品牌的认知与信赖，建立起企业与目标受众之间相互信任的信息交流渠道。由于公共关系的传播具有双向性，其传播过程自然包括两个方面的内容：一是品牌信息的收集与整理的过程，包括政府决策信息、舆论信息、企业形象信息、竞争对手信息、消费者信息等；二是面向目标受众传播与品牌相关的信息，包括产品服务信息、企业信息、社会评价信息、咨询建议信息等。企业通过这种双向的信息交流方式，可以使目标受众消除对品牌的误解、正确理解品牌信息，进而对企业塑造良好的品牌形象产生积极作用。

（二）协调关系，建立良好的外部环境

一个企业的生存和发展有赖于外部的社会环境，但企业对社会环境并不仅仅是依赖关系，还包括相互促进关系。比如，企业在开展品牌传播活动的过程中，所做的广告对目标受众或社会公众的意识形态、价值观念会产生一定的影响。因此，公共关系活动的另一个重要的使命就是代表企业通过各种方式与目标受众进行沟通和交流，消除双方之间的误解，协调双方之间的关系，为企业发展奠定良好的基础。

（三）塑造品牌形象

品牌形象是企业的无形资产，企业的所有传播活动都是为了在目标受众当中建立起良好的品牌形象。品牌形象的构成主要有两部分：一是品牌知名度；二是品牌美誉度。企业往往通过广告传播来扩大品牌知名度，通过公共关系活动来提升品牌美誉度。企业要在短时间内扩大品牌知名度并不是一件很困难的事情，但要想长期保持或提升品牌美誉度，是一件不太容易的事情。因此，企业应该充分利用公共关系来塑造和传播品牌形象。

（四）化解危机

企业在品牌传播过程中，多多少少会遇到一些不可预知的问题甚至危机，这些问题或危机如果不能及时解决，将会对企业的品牌形象产生难以弥补的重大损害。一般而言，问题或危机的产生无非由两方面因素造成：一是企业内部可以控制的因素，包括产品质量、销售服务、诉求沟通等；二是企业外部难以控制的因素，包括目标受众的行为方式、渠道经营者的行为责任等。面对突发性的问题或危机，最好的解决方法就是利用公共关系及时予以化解。

【延伸阅读 5-4】

华为：用绿色的理念让科技更美好

华为创立于 1987 年，是全球领先的 ICT（信息与通信）基础设施和智能终端提供商，

目前有18.8万名员工，业务遍及170多个国家和地区，服务30多亿人口。2018年，华为实现销售收入7 212亿元人民币，较2017年增长19.5%。

华为董事长梁华认为，经济社会的可持续发展，也是技术创新的可持续发展。华为从产品规划、设计、研发、制造、交付以及运维，一直追求绿色、环保的理念，怀着"让世界更美好"的愿景，向消费者提供领先的节能环保产品和解决方案。

一、用旧手机"拯救"雨林

2019年4月，华为在"世界地球日"前发布了题为《用聆听拯救雨林》的视频，引起了热议。视频中所展现的正是华为联合Rainforest Connection雨林保护组织（以下简称RF-Cx）举办的公益活动，是用旧手机"拯救"雨林的全新尝试。

这次公益活动以哥斯达黎加热带雨林为主要区域。这片雨林是地球上生态最丰富的地方，但正因为盗伐和偷猎，逐渐消失。其中，蜘蛛猴是这片雨林重要的"种子播种小能手"，但也基于栖息地被不断破坏等原因，数量急剧减少，被列入《世界自然保护联盟濒危物种红色名录》。

RFCx负责人认为，如果能更好地倾听和解读雨林的声音，包括动物叫声、水声等自然声音和伐木、盗猎等人为声音，就能更多地了解雨林的情况，保护雨林动植物生态环境。

为此，华为联合RFCx完成了两个任务："听见"雨林，"听懂"雨林。华为将用旧手机改造而成的太阳能式雨林监听系统运用到项目中，这些旧手机会被放进盒子架设到树上，在雨林高温高湿、无固定电源的环境中持续稳定地收集、传输声音数据。它们每天工作24小时，可以持续工作两年。由此，华为的旧手机变成雨林的"耳朵"，华为云也成为雨林的"大脑"，可以进行数据储存和分析。

二、华为保护生态环境的其他行动

华为的"拯救雨林运动"并非偶然为之，而是华为Tech4All大型公益计划的一部分。这项公益计划试图通过技术、应用、技能三方面，在未来，让5亿人受益于数字技术。

除此之外，华为也将绿色发展融入日常生产，以一以贯之的品牌形象获得了消费者的信任。2018年，华为使用了9.32亿kWh清洁能源，实现碳减排约45万吨，并在国内引进800多辆新能源穿梭班车，打造绿色园区。华为还推出了Three-Star解决方案，采用创新设计为偏远农村提供经济节能的网络连接，并为城市提供空间利用率高的基站，大幅减少占地面积，显著降低碳排放。同时，华为鼓励供应商制订节能减排计划，2018年，华为的20家供应商参与计划，累计减少碳排放逾5万吨。除了这些举措，华为还在终端产品中逐步用生物基原料替代石油基原料，采用森林管理委员会（FSC）认证纸张做彩盒包装，并主动建设全球终端产品回收体系，目前已建成1 300多家回收中心，覆盖48个国家和地区。

资料来源　作者根据华为官网及其他相关资料整理.

三、公共关系活动的开展

积极开展公共关系活动是企业与目标受众进行沟通、塑造企业良好形象、扩大影响、提高声誉、传播品牌形象的有效途径。企业可以根据具体情况，策划、开展各种不同主题的公关传播活动。

（一）公关新闻传播

公关新闻传播是企业利用新闻报道的形式为公众提供信息，吸引目标受众的注意力，从而扩大品牌知名度，提升品牌美誉度的公共关系活动。公关新闻传播具有可信度高、传播面广、传播费用低的特点。

企业利用新闻媒介进行公关传播活动应该注意两个环节：第一，必须熟悉新闻传播媒介的特点，这是企业处理媒介关系的前提。只有了解媒介的特点，企业才能根据自己经营发展的需要，选择合适的媒介、合适的地点开展有利于品牌形象的新闻传播活动。第二，企业应该努力与新闻界建立良好关系，通过积极主动向新闻界提供有价值的信息，策划和开展各种类型的新闻传播活动来加深与新闻界的友谊。企业开展新闻传播活动的形式主要有以下几种。

1. 及时主动地向媒介提供有价值的信息

企业及时主动地向新闻媒介提供有价值的新闻素材，是维护和增进与媒介之间关系和友谊的有效途径。新闻素材既可以是与本企业有关的各种信息，也可以是与本企业无关的社会信息。前者对于品牌形象的塑造和传播更直接也更有利。不过，对于企业所提供的这种以利己为目的的新闻素材，媒介的采用一般十分有限。后者则涉及慈善、环保、减排、节能等公益方面的信息，由于企业所提供的这些新闻素材是以利他为目的的，媒介更乐于采用。

2. 举办新闻发布会

新闻发布会又称为记者招待会，是指以某一社会组织的名义邀请新闻记者参加，由主办方指定专人向参加会议的记者宣布有关重要信息，并接受记者采访，借助媒介向大众传播的一种特殊会议。企业或组织举办新闻发布会的目的就是将有关企业或品牌的相关信息通过大众媒介迅速扩散到社会公众中。企业或组织举办新闻发布会的动机主要有两种：一是向社会各界公布企业或组织近期所制定和实施的有关产品生产、销售、管理、环保等方面的重大举措，促使社会公众对本企业产生良好的印象；二是企业在遇到突发事件时，及时召开新闻发布会向社会公众说明事件原委，以达到说明事实、减少误会、求得谅解的效果。

3. 企业向社会公众开放

近年来，许多企业通过向社会公众开放的方式与目标受众进行人际接触，来传递企业的整体信息。这种近距离与社会公众接触的方式，从企业的角度而言，可以展示企业内部整洁的环境、先进的工艺、科学的管理、高素质的员工以及企业对社区和社会所做出的贡献，还可以通过企业的发展历史和经营目标向社会公众全面、立体地展示企业的过去、现在和未来，使前来参观的社会公众对企业有更坚定的信心。企业向社会公众展示其日常经营的实际状况，就是试图用具体的事实说服公众，这往往比其他的传播手段更加有效。如青岛啤酒作为中国历史最悠久的啤酒品牌（创立于1903年），在全球化竞争中通过开放工厂、建造博物馆和举办文化体验活动，向公众传递品牌历史、工艺品质及社会责任，巩固其"国民啤酒"形象。

4. 策划新闻事件

策划新闻事件是指企业在不损害公众利益的前提下，有计划地策划和组织有新闻价值的活动、事件，制造新闻热点，使企业成为新闻报道的主角，达到扩大企业知名度的目的。策划新闻事件是企业的有关人员有计划、有组织、有安排地开展一系列具有较强针对性和创新性的公关传播活动，其目的是通过所策划的事件引起轰动效应，促使企业的品牌被广大的目标受众关注。比如，2014年1月12日，由中国最大的民营润滑油企业龙蟠科技精心策划的"飞跃冰河"活动取得了圆满成功，这一活动成为各大新闻媒体积极报道的新闻事件，对龙蟠润滑油提升品牌知名度发挥了重要作用。

（二）公关广告传播

微课 5-13

所谓公关广告，是指企业通过购买大众传媒的版面或时段，向大众传播企业的信息，树立企业（品牌）形象的一种有别于商业促销的广告形式。公关广告不同于一般意义上的商业广告，它向社会公众展示的是企业关心社会、服务社会、回报社会的高尚情怀和强烈的社会责任感，其诉求内容涵盖社会公益的方方面面，能够有效地引发社会公众的心理共鸣和情感交流，使公众对企业或品牌产生好感。

公关广告传播、公关会展传播和公关赞助活动

表5-8显示了公关广告与产品广告的差异。实际上，我们还可以将公关广告表述为品牌广告。

表 5-8　　　　　　　　　　　公关广告与产品广告的区别

项目	公关广告	产品广告
广告目的	企业（品牌）形象	短期内增加销售
广告对象	目标受众	目标消费者
广告诉求内容	企业文化理念	产品特色
制作周期	长	短
制作费用	高	低
受众认知方式	受众→企业→产品	受众→企业→产品

以下是几种常见的公关广告类型：

1.公益广告

公益广告是指企业通过大众传媒向社会公众传播诸如社会公德、民族文化、文明言行、生态环保、交通安全等公益性的信息，以改善或提升受众对企业或品牌形象的认知与好感（见图5-23）。

图5-23　世界自然基金会公益广告作品

2. 观念广告

观念广告是传播主体向目标受众传播企业的经营理念、价值观念和审美品位的广告。如迪赛尔的"为了成功的生活"、阿迪达斯的"没有不可能"等都是十分经典的观念广告。许多对管理艺术深有研究的企业家都非常重视建设和规范本企业的经营理念与价值观念，希望通过对富有企业个性的价值观念的传播，对内唤起员工的凝聚力，对外形成感召力，使企业的形象连同其价值观念和口号能够对目标受众产生较大影响。

3. 信誉广告

信誉广告是企业赞助大型活动而向大众传播企业或品牌良好的品质和信誉的一种公关广告形式。如日本精工表以赞助奥运会的方式向大众传播其产品品质，在短时间里获得了市场的广泛认同。

4. 声明广告

声明广告又称为解释性广告，是企业对正在发生的与企业自身有直接或间接关系的某事件表明立场和态度的广告。此种广告形式通常用于企业遇到对自身不利的突发事件而企业对该事件没有直接责任时。对于假冒本企业品牌或商标的劣质产品给消费者造成伤害，或本企业的某种专利权被非法侵犯，或某些竞争对手恶意中伤、造谣污蔑，或新闻媒体的报道失实等，企业都可以通过发表声明广告来表明企业的立场和态度，消除因目标受众不明真相而造成的对本企业品牌的不利影响。图 5-24 是椰子糖顶流——海南春光食品带着26 条声明和新产品椰汁正式官宣，表明要在椰汁界争得一席之地的声明广告。

图 5-24　海南春光食品发布的声明广告

秋林·格瓦斯连发了两天的单方面声明，直接喊话要取代可乐（见图 5-25）。

声明广告不仅是出圈的成功广告，更是接地气的自黑公关。在与品牌强相关的热点机遇下，一是从别人公关我，变成我自己公关；二是反向使用品牌危机公关的官方声明，进行毫无包袱地自黑。面对大众对产品的质疑，毫不避讳产品不足的无情自黑，敢于同竞品喊话 PK 的品牌自信，凸显了真实有趣的品牌气质。

（三）公关会展传播

公关会展是指企业通过集中的实物展示和示范表演，配以多种传播媒介的复合传播形式来传播企业产品和企业形象的专门性公关活动。由于展会大多是针对某一门类的产品进

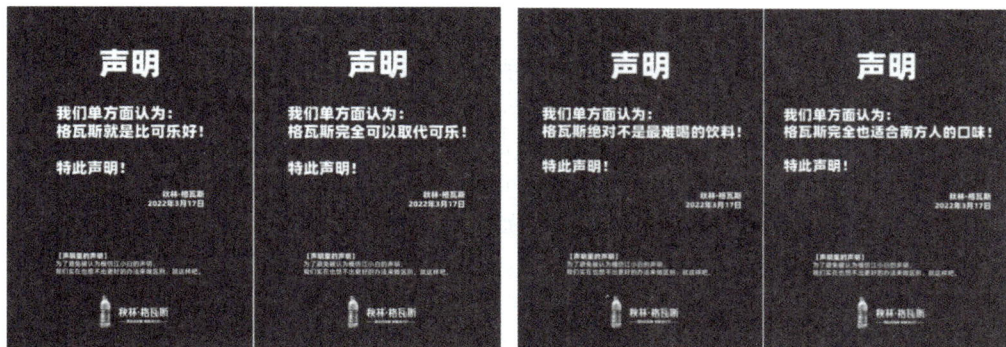

图5-25　秋林·格瓦斯发布的声明广告

行集中性的展示和交易，目标受众可以对这一门类的产品进行直观的比较和亲身体验，具有较强的真实感和体验感，参观者可以获得较强的身心刺激，从而大大加深对某种品牌商品的印象，甚至在现场做出购买决定。

与其他公关活动相比，公关会展传播具有互动性、生动性和新闻性的特点。互动性是指企业和目标受众面对面地交流，这样可以使企业通过讲解、演示等多种形式向目标受众传递企业产品的相关信息，使目标受众对企业产品有更全面、更深入的认知，还可以通过意见征询，调查了解目标受众对企业产品有哪些意见和要求。生动性是指展会可以通过平面的、电子的、体验的和人际的多种传播形式向目标受众传递经过整合的企业或产品信息，这样可以大大提高企业或品牌传播的直观性、知识性和趣味性，从而产生较强的传播效果。新闻性是指展会往往成为举办地新闻媒体追踪报道的对象，企业应该积极主动地与新闻媒体保持沟通，借助新闻媒体的报道扩大品牌知名度和社会影响力。

（四）公关赞助活动

公关赞助活动是指企业以无偿提供资金（或设备、产品）等方式，出资或出物支持某项社会活动。企业赞助社会活动的目的主要有3个：一是体现企业的社会责任感，追求企业长远的社会效益；二是加强与目标受众之间的沟通关系，以博得他们对企业或品牌的好感；三是配合企业的广告传播，巩固和增强广告传播的影响力。赞助活动的形式多种多样，如体育赛事、文艺演出、社会慈善和福利事业、教育事业等。

公共关系是品牌传播战略的重要组成部分。开展公关活动时要注意以下几个方面：

1.公关活动应为品牌力提供强大的支持和保护

公关活动在许多情况下可起到保护品牌不受损害的作用。例如：当企业与公众发生冲突，或发生突发事件，使得公众舆论反映强烈的时候，如果处理不当，最直接与最明显的后果便是品牌力被削弱，产品的销售受到影响。此时，应针对造成危机的不同起因，例如企业行为不当、突发事件或失实报道等，动员各种力量及传媒来处理危机，协调、平衡企业与公众之间的紧张关系，使品牌力免受、少受损害。

2.公关活动应使品牌人格化

公关活动应使品牌人格化，以文化的力量来培养公众的好感。品牌人格化，是指使品牌脱离商业味，产生人情味，从而更容易赢得公众的信任。

3.公关活动应以培养品牌力为中心

站在品牌力的角度来看，我国公共关系活动策划中存在一个很大的问题：品牌不够突出。在我们所看到的众多公关策划中，企业尤其是企业家的风采往往要盖过品牌给消费者留下的印象。国内的企业主很少从品牌创建这一角度来考虑将品牌作为公关活动的主角。事实上，即使是对企业或企业家的宣传，其主要目的也还是塑造品牌形象。因此，公关活动应让公众的注意力集中到品牌身上。例如：海尔在中央电视台推出动画片《海尔兄弟》，就以海尔的品牌角色为主角，将海尔这一品牌灌输给儿童。这样的公关活动无疑是有远见卓识的。

4.公关活动应尽量与品牌联想结合起来

如耐克（NIKE）成为世界杯的赞助商，就将耐克与运动、健康等概念联系在了一起。

【延伸阅读5-5】

完善的顾客服务——新加坡航空公司优质服务

如今，航空运输业竞争异常激烈，新加坡航空公司（以下简称新航）在国际航空业群雄逐鹿中独占鳌头，多年来连续被国际民用航空组织评为优质服务第一名。新航的服务有很多独特之处，它把西方的先进技术及管理手段与东方的殷勤待客传统有机地融合在一起，把"乘客至上"的理念贯穿服务的全过程，给每一位乘客留下了极为深刻的印象，使来自各国的乘客成为新航的义务宣传员，再加上通过新闻媒体做广告宣传，公司的良好形象誉满五洲。

新航制定了严格的服务准则：对所有乘客一视同仁地施以关心，在一切微小的服务细节上给乘客留下难忘的印象，并树立公司的整体形象。这些服务准则通过每一位工作人员的良好举止体现出来。

通常航空公司的乘客在订票时是不能拿到座位号的，登机前才能在机场换领到印有座位号的登机卡，新航通过公司设在全球各地的电脑订票系统，可使乘客在任何国家预订任何班次的机票时能够同时得到座位号。公司将某次班机的全体乘客姓名按舱位平面图排列交给当班乘务员，要求每个乘务员事先记住自己所负责舱位的所有乘客的姓名，乘客上机时只需将座位号贴在登机卡上，乘务员在机舱门引导乘客对号入座，并在舱位图上做记号。乘客就座后，乘务员就能按照记忆对每一位乘客直接以姓相称呼，使乘客感到宾至如归，同时又略感意外。这样周到的服务是世界上其他航空公司都不曾做到的。

新航的优质服务使乘客从进入飞机起就感觉如同在殷勤的主人家做客一般。乘客在座位上刚坐定，乘务员就手拿衣架来到面前，和蔼地询问要不要把上衣脱下挂起来，如果需要，可把上衣连同登机卡一并交给她，下机再把上衣送还。飞机起飞之前，乘务员又送来热毛巾，端来饮料，送上插着牙签的小点心请乘客选用，乘客就像受到主人的悉心款待。

洲际飞行乘客易疲劳，而且途中要用几餐饭。新航的班机起飞不久，乘务员就会给每位乘客送上一双尼龙软鞋套和遮光眼罩，供乘客休息时用，还送来一份印刷精美的菜单，上面以英、法、德三种文字印有全程每餐饭的菜名，并附有飞行各段所需的时间，然后乘务员来到座位上登记每位乘客所选用的主菜。公务舱开饭时，乘务员则会先给乘客的小桌铺桌布，再送上主菜托盘。主菜用完后，乘务员把托盘中的主菜取走，空出位置再送甜食或水果，这样就等于把饭店的服务方式搬进了狭小的机舱，而不是一股脑儿地把所有的吃食都端到小桌上。

乘客在愉快的旅行后可得到一包精美的盥洗用具，包括牙刷、牙膏、肥皂、梳子和两小瓶化妆品，上面都印有新航标志，这不但是美观实用的纪念品，更是值得保留的宣传品。乘客如需写信，可由新航免费邮寄至世界各地。头等舱和公务舱的乘客可填写一张表格，将自己的姓名和地址存入新航公司的计算机，并取得一个编号，日后可得到公司寄来的一二十张优待券，一年之内可凭优待券优先购买新航的机票，行李超重可不付费，还可以到新加坡的一些百货商店享受购物折扣优惠。

通过一系列充满活力的服务措施，新航在国际航线上赢得了声誉，赢得了顾客，在激烈的国际竞争中胜人一筹。

资料来源　作者根据新加坡航空公司官网资料整理．

【任务实施】

（1）自由分组，每6人一组。

（2）小组成员讨论公共关系的定义、公共关系的特征、公共关系传播的形式、公共关系策略在品牌传播中的作用、公共关系活动的开展，讨论时间为10分钟。

（3）小组成员根据所学知识，对创建的模拟品牌进行公共关系传播策划，训练时间为30分钟。

（4）任务评价（见表5-9）。

表5-9　　　　　　　　　　　公共关系传播策划训练任务评价表

评价指标	评价标准	分值	评估成绩
公共关系传播策划训练效果	1.理解公共关系的定义、公共关系的特征、公共关系传播的形式、公共关系策略在品牌传播中的作用、公共关系活动的开展	20	
	2.能识别公共关系传播策划训练易犯错误	20	
	3.能灵活运用公共关系传播策划的应对策略	20	
	4.讨论积极，效果明显	15	
	5.态度认真，遵守时间	10	
	6.汇报得当	15	
小组综合得分			

【知识拓展5-1】

品牌与广告的关系

由于现代传媒发展迅猛，广告与品牌的关系已经密不可分了。

广告的目的是短期内提升销量和建立品牌的长期价值。塑造品牌形象是广告最主要的目标。广告就是要力图使品牌具有并且维持一个高知名度的形象。广告大师大卫·奥格威指出："广告传播是品牌形象塑造的重要环节，每一个广告都是对品牌形象的长远投资。"从长远的角度看，广告必须力求维护一个好的品牌形象。而品牌建设也对广告业的发展产生巨大影响，品牌的成功推广为广告人与广告主提供了更多合作的机会，推动广告业的进步。

显而易见，科技含量高、专业性强的企业，本身就可成为一个品牌，例如：微软公司、苹果公司旗下研发的产品一直被模仿，从未被超越，广告对其只不过是锦上添花而已。反观那些技术含量不高的企业，在市场中立足就成为一桩难事。在这一点上，可口可乐的成功为世界其他企业做出了榜样。作为饮料产品，其科技含量并不高，竞争对手容易模仿，且可口可乐公司对产品进行升级改进的空间不大，这样一来，维持产品长期销量是很难的事。而广告成为可口可乐的"保鲜剂"，从一开始的产品属性介绍到后来上升到情感诉求，其广告也从单一性向多元化转变，如今可口可乐的广告涉及环保、人权、奥运等诸多方面，多角度地塑造了可口可乐公司的企业文化和品牌形象，经久不衰。与其异曲同工的是农夫山泉，作为饮用水的后起之秀，凭借"农夫山泉有点甜"迅速树立了自己在行业中的差异化形象。接着又以悉尼奥运会赞助中国奥运代表团的机会，打响了"每喝一杯农夫山泉，就为中国奥运捐出一分钱"的广告语，使消费者联想到农夫山泉为中国奥运事业做出的贡献，一下子拉近了农夫山泉与消费者的距离，提升了它的品牌形象。

"成也萧何，败也萧何"，如果没有考虑周全，广告也可能产生负面影响。当年，"恒源祥，羊羊羊"的特别的广告方式，曾成就了中国一大品牌。"恒源祥，羊羊羊"作为经典广告语被人传诵一时。但在2008年的除夕之夜，恒源祥却爆出"重复门"——广告中一个男声说："恒源祥，北京奥运会赞助商！"接着一个童声叫道："鼠鼠鼠！"同时画面上跳出几只小老鼠。不要以为这就结束了，下面的广告重复了"恒源祥，北京奥运会赞助商！牛牛牛！"画面上又跑出几只牛。如此反复，一直到"猪猪猪！"才结束，历时1分钟，让观众有种砸电视机的冲动。也许这种高曝光能让恒源祥的产品短期内销售可观，但从长远看却影响了其品牌建设。

总之，广告不是万能的，但没有广告是万万不能的。一个品牌的经营需要广告来推动，好比划船需要船桨，但也要提防广告这支船桨划错方向。

资料来源　奥格威.一个广告人的自白［M］.林桦，译.北京：中信出版社，2015.

【项目小结】

品牌传播策划是一个综合性的过程，旨在通过各种手段和方法提升品牌的知名度、美誉度和忠诚度。这一过程主要包括品牌形象传播策划、品牌广告传播策划、品牌叙事传播策划以及公共关系传播策划。品牌形象传播策划是品牌传播策划的核心内容之一。它主要通过视觉、语言和符号等方式，塑造并传播品牌的独特形象。具体内容包括品牌定位、品牌形象塑造、品牌形象一致性。品牌广告传播策划是品牌传播策划的重要组成部分。它主要通过各种广告媒体，如电视、报纸、杂志、网络等，进行品牌推广。具体内容包括广告媒体选择、广告创意策划、广告效果评估。品牌叙事传播策划是通过讲述品牌的故事，传递品牌的核心价值和文化，与消费者建立情感连接的过程。具体内容包括品牌故事挖掘、故事传播渠道、故事传播效果评估。公共关系传播策划是通过与媒体、政府、消费者等建立良好关系，提升品牌知名度和美誉度的过程。具体内容包括媒体关系维护、危机公关处理、公益活动参与。品牌传播策划需要综合考虑品牌形象、广告、叙事和公共关系等多个方面。精心策划和执行这些策略，可以有效地提升品牌的知名度、美誉度和忠诚度，增强品牌竞争力。

【项目实训】

各小组在项目四课后实践的基础上，对自选的某一白酒的品牌形象进行一次有针对性的品牌形象传播策划，并提供策划案（Word形式）和策划提案（PPT形式）。各小组根据所选定的品牌策划提案，进一步完成该策划案的广告创意，具体内容包括影视和平面的广告创意作品、广告文案等。

【项目测试】

一、单项选择题

项目测试5

1.品牌策划的核心目标是（　　　）。

A.提升产品销量   B.增加市场份额

C.塑造品牌形象   D.降低生产成本

2.以下不是品牌策划基本步骤的是（　　　）。

A.市场调研   B.制定营销策略

C.生产产品   D.品牌定位

3.在品牌策划中，目标受众分析的主要目的是（　　　）。

A.确定产品价格   B.选择合适的销售渠道

C.明确品牌传播的信息   D.制订生产计划

4.从品牌形象管理角度设定品牌形象传播目标的步骤为（　　　）。

A.把握品牌的竞争角色—确认品牌形象传播的关键问题—基于竞争和成长角度的任务识别—品牌形象传播的目标组合—品牌形象传播的具体目标设定

B.品牌形象传播的具体目标设定—把握品牌的竞争角色—确认品牌形象传播的关键问题—基于竞争和成长角度的任务识别—品牌形象传播的目标组合

C.把握品牌的竞争角色—基于竞争和成长角度的任务识别—确认品牌形象传播的关键问题—品牌形象传播的目标组合—品牌形象传播的具体目标设定

D.确认品牌形象传播的关键问题—把握品牌的竞争角色—基于竞争和成长角度的任务识别—品牌形象传播的目标组合—品牌形象传播的具体目标设定

5.广告创意的特征不包括（　　　）。

A.思维的转换性   B.策略的指导性

C.诉求的艺术性   D.创意的无限性

6.构成品牌叙事的基本要素不包括（　　　）。

A.具有结构缜密的故事情节

B.塑造令目标受众认可的典型人物

C.体现积极向上的价值观

D.体现品牌核心价值理念的主题

二、思考题

1.品牌传播的特征有哪些？品牌传播与产品推广的差异点在哪里？

2.广告创意的本质是什么？广告创意的特征有哪些？

3.广告文案的创作最为关键的是哪个部分的创作？为什么？

4.请列出你最喜欢和最讨厌的两条广告，并说明理由。

三、案例分析

跨界事件——元气森林&音乐节

越来越多的品牌在音乐节用特殊的方式盘活了自己的流量，开辟了新的品牌营销模式。夏日、草地、歌声和汽水，在容纳着年轻人的青春的同时，也悄悄地掺进了品牌们的野心。

2023年4月，首届元气森林音乐节在成都举办，元气森林音乐节是品牌延续元气健康理念，为消费者打造的创新音乐活动。在阵容选择上，品牌贴合"元气"定位，邀请了Z世代喜爱的朴树、王琳凯、3Bangz&未来星等音乐人（见图5-26），嘉宾以说唱歌手和偶像为主；不仅如此，音乐节还打造了巨型气泡水舞台，使观众能够在节奏律动同时感受气泡破裂的畅爽与活力。同时，音乐节喊出了"只有快乐，没有负担"的口号，与元气森林气泡水0糖0脂0卡的产品特色相呼应，充分地释放品牌吸引力。

图5-26 元气森林音乐节活动

除了常规的音乐演出外，元气森林依托产品特色推出新玩法，举办了一场盛大的"吉尼斯世界纪录挑战仪式"，这一仪式由旗下新品冰茶在音乐节现场举办的"最大规模软饮品鉴活动"为主要内容，现场以此向观众发放包括元气森林冰茶在内的三种冰红茶及一种植物饮料，之后由观众对饮品依次打分，92%的人投票认为冰茶好喝，以此向吉尼斯世界纪录发起挑战并成功成为"吉尼斯世界纪录保持者"。在这一活动中，品牌利用具有新意与吸引力的活动成功向观众安利了冰茶产品，更将"冰茶好喝"的观念在声势浩大的宣传中植入消费者心智。

值得注意的是，元气森林音乐节将潮流+数藏盲盒融入了音乐体验中，品牌携手十八数字文化打造出数字藏品盲盒，观众可凭门票参与盲盒领取活动，盲盒内将随机开出2023成都元气森林音乐节纪念数字藏品/神秘实物奖品；获得数字藏品的用户可在十八数藏平台选择寄售或兑换相应实物（见图5-27）。"人们的消费模式已经从温饱型消费向精神型消费转变，只有能够在精神层面给予消费者价值感和意义感的品牌，才能真正地从同质化的市场里脱颖而出。"索象董事长卢永峰表示，数字藏品盲盒与音乐的融合碰撞，造就一场以文化交融为纽带、以音乐为载体的全民狂欢，既充分发挥了音乐的带动效应，也彰显了数字藏品的潮流创新特色，蕴含丰富的社交、娱乐和情感属性。

图5-27　元气森林数藏盲盒活动

问题：

1.这次元气森林品牌传播活动是成功的吗？如果是的话，你认为其成功的关键因素是什么？

2.对于饮料这种非耐用消费品，消费者的购买决策过程是怎样的？你认为不同年龄段的消费者，其购买决策有哪些不同？导致这些不同的因素是什么？

项目六

品牌推广活动策划

学习目标

★ 知识目标

（1）能够说出直接营销的基本方法；

（2）能够描述事件营销的运作方式及效果评估；

（3）能够执行体验营销的主要策略；

（4）能够应用销售促进的工具。

★ 能力目标

（1）能运用所学知识进行直接营销策划；

（2）能运用所学知识进行事件营销策划；

（3）能运用所学知识进行体验营销策划；

（4）能运用所学知识进行销售促进策划。

★ 素养目标

（1）提升对品牌意识与素养的认知水平；

（2）具有强烈的市场意识；

（3）具有创意思维；

（4）具有团队协作与沟通能力。

项目导入

品牌树立起来之后，企业就必须坚定地实施企业市场营销战略，充分运用市场调研、市场推广等手段，推动品牌快速、健康发展。在当今竞争激烈的市场环境中，品牌推广活动对提升品牌知名度、增强品牌影响力至关重要。本项目旨在通过精心策划一系列品牌推广活动，全面提升品牌的市场竞争力。结合目标受众的需求和喜好，制定创意独特的活动内容，运用多元化的宣传渠道，确保活动信息能够精准触达目标人群。同时，注重活动的执行细节，确保活动流程的顺畅与高效。通过品牌推广活动，期望能够增强品牌与消费者之间的情感连接，提升品牌形象，为品牌的长远发展奠定坚实基础。

本项目将对品牌推广活动的具体策略和方法进行探讨。虽然从总体上应该牢固树立营销与传播是一枚硬币的两面，彼此不能分割的理念，但是营销与传播各有自己的理论体系，本章将重点介绍品牌推广活动中常用的直接营销、体验营销、事件营销和销售促进等方式。

【项目实施】

任务一　　直接营销策划

【任务解析】

直接营销策划旨在通过精准定位、有效沟通和持续优化，实现品牌与目标客户群的高效连接，提升品牌知名度和市场竞争力。直接营销策划任务的核心在于直接面向目标客户群，通过高效的渠道传递明确的品牌信息。这要求营销人员深入理解目标受众的需求与偏好，设计个性化、互动性强的营销方案，同时，利用数据分析精准定位目标市场，优化营销渠道，确保信息准确、快速地触达潜在客户。此外，营销人员还需要关注营销效果评估，及时调整策略，以实现最佳营销效果。

【知识链接】

一、品牌的市场调研及测试

微课6-1

成功的品牌市场推广源于对品牌的市场调研及测试，这是进行品牌市场推广的第一步。

品牌的市场调研和市场推广

1.产品概念

营销人员应了解消费者对产品概念的理解程度，检查是否符合企业事先设计的策略，同时也检验这种策略是否正确，这样有助于企业开发出真正符合市场需求的产品。

2.品牌概念

品牌概念反映了产品的内在价值，关系到产品能否拥有持久的生命力。营销人员应了解消费者对品牌的理解程度，并与企业的品牌设计理念进行对比，找出差距并加以调整，使之始终配合产品概念的发展。

3.品牌联想

营销人员应了解消费者对品牌的直观认知，以此判断品牌的诉求是否反映品牌的内涵，这关系着品牌价值的实现。

4.品牌知名度

营销人员应了解消费者对品牌的认知程度，以此检验企业的传播策略是否有效，这也是品牌价值的直观判断标准之一。

5.品牌美誉度

营销人员应了解消费者对于品牌的感情，以此检验品牌在传播过程中是否准确传达了品牌理念，或者说是否成功打动了消费者。

6.品牌形象认知

营销人员应了解消费者对于品牌的符号、字体、色彩、形象等要素的认知程度，检验这些视觉要素是否准确传达了品牌理念，对出现的误差一定要及时调整，否则将削弱品牌的传播力。

7.品牌与产品的连接

营销人员应了解消费者对品牌的理解是否符合产品的特质，以及产品的品质是否符合品牌诉求的内涵，要使产品和品牌随时保持一种和谐的状态，使得消费者对产品和品牌的认知始终一致。

8.品牌试用率

营销人员应了解消费者认知品牌比例和购买品牌比例之间的差距，分析品牌的传播是否打动了消费者，从而检验品牌是否真正符合消费者的诉求或者品牌的诉求。

9.品牌的市场定位

这是对品牌的一个整体认识，通过与其他竞争品牌进行详尽的比较，营销人员应了解品牌对市场的影响程度，以及与竞争品牌的具体差距，从而检验品牌策略的准确程度，并对品牌策略进行动态调整。

二、品牌的市场推广

在"90后""00后"逐渐成为消费主力军的今天，传统的品牌推广模式已不再适应年轻一代的需求。特别对传统产品（如家具等）行业而言，无法获得年轻人的芳心，成为一种行业发展瓶颈。找到新的方式将品牌产品的新想法出售给年轻人，做到独树一帜地吸引眼球，是破局的关键所在。

（一）把握品牌的推广目标

市场推广目标是品牌的策略基础，关键在于了解品牌的市场基础和所处的市场位置，了解品牌在消费者心目中的具体地位，对品牌有正确的认知。然后根据市场和竞争态势判断品牌只有处于什么位置才可以取得竞争优势，并制定出品牌发展的明确目标，为品牌策略的规划提供充分的依据。

（二）制定品牌的策略规划

1.确定品牌规划步骤

策略规划需要解决以何种手段及何时才能达到品牌的既定目标，如何确定品牌的发展步骤，如何测定品牌的资产价值，如何维护品牌的良性发展，以及如何保证策略的有效执行等问题。只有对这些问题做出清晰、明确的策略规划，才能确保实现品牌价值。

2.实施多品牌策略

如果企业的产品品种增加，则会涉及多品牌策略。此时有两个选择：一是将一个品牌运行在多个产品上，如乐百氏集团将乐百氏品牌统一运用在乳酸奶、纯净水、牛奶和果冻等产品上；二是针对不同的产品设计相应的品牌。

3.确定品牌延伸策略

这是一把双刃剑，关键在于具体分析和灵活运用。娃哈哈和乐百氏都较成功地运用了品牌延伸策略，将品牌从乳酸奶产品延伸到纯净水产品。对于品牌的延伸，通常是相关产品、行业或概念的延伸，这样可以提高延伸的成功率。

（三）设计品牌形象

首先要对产品概念和品牌概念进行界定，然后在此基础上构思出品牌的表现方式，包括品牌名称、内涵、符号、字体、色彩、形象代表等，实际上就是企业形象识别系统中的视觉识别部分，重点是设计品牌的视觉形象，使之具备能直观、准确地表达品牌内涵的条件。

（四）进行品牌的整体传播

1.制定品牌传播目标

制定传播目标要符合SMART原则：①具体的（Specific），是指能准确说明要达到的最终结果，而不是工作本身，包括品牌的知名度、美誉度、试用率、占有率等；②可衡量的（Measurable），是指要有可考评的绩效标准来衡量成果，要确定品牌的知名度、美誉度、试用率的具体数字；③具有挑战性（Achievable），是指设计的目标实现起来要有一定的困难，并不能轻而易举地达到，然而也并非不能达到，需要努力才行；④现实的（Relevant），是指在设定目标时，根据市场调研结果及各种资源和能力来看是可以达到的；⑤时间限制（Time Framed），是指目标的完成日期，包括中长期的最后期限及短期内可调整（因具体情况而变）的期限。

2.选择恰当的传播对象

在品牌传播过程中，企业要特别注意的是一定不能脱离目标消费群体，要保证传播资源的针对性。不少品牌在传播时总是想取得所有群体的支持，往往将品牌表现得面面俱到，但这样也就失去了品牌的特性，什么都想得到反而什么也得不到。

3.选择合适的传播形式

现在是一个传媒日益丰富的时代，更是一个选择多样化的时代。电视广告的威力正在受到威胁——迅速增加的电视频道让观众有了更多选择，而遥控器则让"跳过广告、切换频道"变得简单，这使得品牌要获得足够的影响力，将会比以前付出更多的资源；报纸和杂志趋向于细分化，在资讯丰富的时代，大众化的媒体将日趋没落，崛起的媒体将是能充分满足特定消费群体需求的形式。

4.对各种形式进行整合

这是指在品牌传播的过程中，综合各种方式的特点，将广告、公关、事件、新闻等各种传播形式有机地整合起来，更有效地强化品牌的传播力量。品牌传播的整合具有策略性和动态性。策略性要求品牌的传播必须符合策略的规划，针对品牌的目标群体，运用统一的传播主题；动态性则要求品牌的传播必须循序渐进，充分考虑品牌的成长规律，根据市场和竞争态势将传播分为不同的发展阶段，在每个阶段都有相应的品牌发展目标和传播重点。

（五）实现品牌与消费者的互动

其重点在于密切关注消费者从品牌中获得的利益、对品牌的态度及其变化。通过这种关注，营销人员可以掌握品牌的发展动态，诸如消费者能否顺利获得品牌产品、对品牌的认知程度、品牌提供的利益是否符合消费需求、品牌知名度等指标的变化程度等，从而可以促进品牌的健康成长。

2020年，零售行业虽然遭遇了新冠疫情影响及国际贸易壁垒，但随着新媒体和渠道崛起的红利显现，诞生了一批新消费网红品牌。《2020年中国消费市场发展报告》指出，新生代成为消费主力军。90后、00后热衷于线上消费，并在移动互联网空间中占据着极大的网络话语权与流量高地。线上消费已成为引领消费增长的主要动力。根据国家统计局的有关数据，2020年1—6月，全国网络购物用户人数比2019年增长1亿人，1—10月我国实物商品网上零售额同比增长了16%。国货品牌成为买家消费的时尚品牌。中国制造的技术、产品和服务已日趋成熟，部分国货品牌受到消费者热捧。社交互动消费需求凸显，消费多样化、个性化、小众化发展趋势显著，同时，消费者之间的信息交流显著增强。

有关调查数据显示，79.3%的Z世代（即1995—2009年出生的一代人）更愿意相信真实用户的使用体验，他们经常活跃在自己感兴趣的消费社群中，通过熟人社交的"种草"行为，完成对品牌的认知，并产生购买行为。于是新消费品牌根据自身定位，对消费群体的社交行为和兴趣点进行了解之后，便通过"种草"、测评、跨界联名等满足年轻人消费动机的"新营销"方式来触达消费者，积极有效地推动消费者产生购买行为。

三、直接营销认知

（一）直接营销的起源

直接营销起源于邮购活动。1498年，阿尔丁出版社的创始人阿尔达斯·马努蒂乌斯在意大利威尼斯出版了第一本印有价目表的商品目录，该事件被业界普遍认为是有记载的最早的商业邮购活动。1667年，威廉·卢卡斯在英国出版了第一本园艺目录。后来，商业邮购活动在美国、意大利、英国等地有了一定的发展。到了1926年，谢尔曼和沙克海姆在美国创办了第一个现代图书俱乐部——每月图书俱乐部，他们采用免费试用方式，即先寄书后付款，直到消费者不再订购或者不再付款为止。这与传统的先收款后寄书的方式截然不同，这也是营销人员试图测量顾客终身价值的首次尝试。

世界著名的直接营销公司伟门的创办人莱斯特·伟门说，生产商90%的利润来自回头客，只有10%的利润来自零星散客，少损失5%的老顾客便可增加25%的利润。因此，从战略上讲，企业必须明确自己的营销目标是要争夺市场份额，还是要保持或培养顾客忠诚度。据专家分析，面对激烈的市场竞争，维持一个老顾客的成本只是寻求一个新顾客成本的一半，要使一个离开的老顾客重新成为本企业的顾客的成本则是寻求一个新客户成本的10倍。企业通过传统广告投放得到客户保持下去并转化为忠诚客户是进行直接营销的一个重要目的。

莱斯特·伟门在1967年首先提出直接营销的概念。他认为人类社会最初的交易就是直接的、原始的一对一销售，这种方式是能最大限度地满足人们需要的方式，工业革命所带来的大量生产和大量营销是不符合人性的、是不道德的。当今产品市场充斥大量广告，被大家称为"眼球经济"，可以说过度广告已引起社会公愤。在当今社会条件下，人们更加追求个性化的产品和服务，这就是大量营销致命的弱点和大量营销时代衰败、终结的根本原因。

（二）直接营销的概念

作为一种营销传播工具，直接营销在许多企业的促销活动中得到了运用，只是由于受到信息技术的限制而效果有限，被认为是广告活动的一种辅助工具，并没有受到企业足够的重视。

直接营销英文为Direct Marketing，是个性化需求的产物，是传播个性化产品和服务的最佳渠道。最早人们对直接营销的理解是销售方"利用一种或多种媒体对目标消费者施加影响的所有活动的总称"。英国直接营销协会对直接营销的定义是"直接营销是一种控制论的营销方法，它利用直接反馈广告进行市场探测、转化和保持"。该定义涉及了直接营

微课6-2

直接营销认知

销所包含的信息互动功能。1997年美国直接营销协会（ADMA）将其定义为"任何有意针对消费者或企业客户，以期他们以订购、进一步查询、为购买某一商品或服务而光顾经营场所的形式做出反应的直接传播活动"。

归纳这些定义的核心内容，可以大致总结出以下几个要点：第一，直接营销本身具有双向传播的功能；第二，直接营销是一个具有互动特征的营销与传播体系，因此又可称为互动营销；第三，由于这种营销传播方式可以及时记录顾客的反应和态度，营销者可以根据顾客的反应随时调整营销传播方法，又具有可测量性和针对性的特征。

根据上述内容，笔者认为，直接营销就是指企业（产品和服务的生产者或提供者）放弃中间商的环节，借助数据库驱动的信息系统，通过人际传播的方式主动而直接地与消费者形成即时的、双向互动的人际关系，在传播信息的同时强化和满足顾客对商品的需求，从而实现商品销售的传播活动。

可以从以下几个方面认识这一定义：

第一，直接营销从本质上来说就是带有商业目的的人际（或网络）传播活动。这种人际传播活动得以进行的前提就是传播的双方有共同的愿望，即一方有传播信息和销售商品的愿望，另一方则有购买商品以满足需求的愿望。

第二，直接营销是借助数据库的信息系统，由企业有选择地根据目标消费者的消费需求所开展的营销传播活动，因此，这种营销传播方式更有目标性和针对性。

第三，直接营销是在同一时空下将传播与营销合二为一的营销传播方式，也就是将销售信息与需求的产生（通过传播某种信息来刺激和强化消费者需求）和满足（传递商品或需求信息）加以合并，从而在很大程度上提高了营销效果。

（三）基于互联网的直接营销

网络作为一种交互式的可以双向沟通的渠道和媒体，可以很方便地为企业与顾客架起桥梁。一方面，顾客可以直接通过网络订货和付款；另一方面，企业也可以通过网络接收订单、安排生产，直接将产品运送给消费者。基于互联网的直接营销的特点主要表现在以下四个方面。

第一，直接营销作为一种互动的体系，特别强调直接营销者与目标顾客之间的双向信息交流，以克服传统市场营销中单向信息交流方式下营销者与消费者之间无法沟通的致命弱点。互联网作为开放、自由的双向式的信息沟通网络，企业与消费者之间可以实现直接的一对一的信息交流和沟通，企业可以根据目标消费者的需求进行生产和营销，最大限度满足消费者的需求，提高营销的效率和效果。

第二，直接营销的关键是企业可以为每个目标消费者提供直接向营销人员反馈信息的渠道，并根据消费者的反馈信息找出自身的不足，为下一次开展直接营销活动做好准备。互联网的方便、快捷使得消费者可以通过互联网直接向企业提出建议和购买需求，也可以通过互联网获取售后服务的反馈信息。企业可以从消费者的建议、需求中找出自身的不足，按照消费者的需求调整经营管理，减少营销费用。

第三，直接营销强调在任何时间、任何地点都可以实现企业与消费者的双向交流。互联网的全球性和持续性的特性使得顾客可以在任何时间、任何地点直接向企业提出要求和反映问题，企业也可以利用互联网低成本地跨越空间和时间限制与消费者双向交流。

第四，直接营销最重要的特性是营销的效果可以测量。互联网作为最直接的简单沟通工具，可以很方便地为企业与消费者提供沟通和交易的平台，通过数据库技术和网络控制技术，企业还可以迅速地处理每一个消费者的订单和需求而不用管客户的规模大小、购买量多少，互联网的沟通成本和信息处理成本非常低廉，通过互联网可以以较低的成本最大限度地满足消费者需求。

（四）直接营销的优势与劣势

1.直接营销的优势

直接营销是企业早已运用的营销传播方式，数据库的建立可以在更大范围内收集和保存客户的相关信息，也可以大大加快与客户的沟通速度，有效地提高直接营销传播效果。因此，随着数据库的建立，直接营销在企业的整合营销传播战略中将扮演更为重要的角色。

直接营销与其他营销方式相比较的最大优势是依托于数据库可以最大限度地维护和开发消费者。由于直接营销的目标消费者大都具有比较清晰的指向性，因此，直接营销更具有针对性和个性化，其劝服的效果也更加明显。由于直接营销可以真实地观察到目标消费者对商品的反应（如购买商品、索取信息、参观体验等），这就使得直接营销成为最具追溯性的营销传播形式。另外，直接营销还可以及时记录和保存目标消费者对商品的反馈意见，这就为企业之后开展的营销活动指明了方向。直接营销还可以在几天之内根据目标消费者的反馈意见或行为对所运用的传播策略进行调整和改进，从而有效地提升营销传播效果。

直接营销利用可寻址媒介（邮箱、电话、电子邮件、QQ号码等）进行信息传播时，一方面由于具有较为明确的指向性而大大降低了媒介预算；另一方面由于可寻址媒介的广告创意的设计、制作和发送远比大众媒介的广告创意的设计、制作和发布要快得多，直接营销的投资回报率远远大于其他营销方式。

2.直接营销的劣势

任何事物都不可避免地具有两面性，直接营销也不例外。首先，直接营销最主要的缺点就是投放在每个目标消费者或潜在消费者身上的相对成本更高。比如，直接邮寄的成本有可能达到每千人2 000元。相比较而言，由于规模经济的作用，投放在大众媒介的广告的千人成本可能只有200元。从性价比的角度而言，直接营销是生产原料或配件的居于产业链上游的企业在实施整合营销传播战略时更适合采用的一种营销传播工具。

其次，直接营销在借助媒介开展活动时，可能会打扰目标消费者，使消费者对直接营销方式甚至所营销的品牌商品产生反感。目前，越来越多的手机和电脑用户都针对垃圾邮件设置了保护措施，这种状况和趋势对直接营销的发展构成了十分严峻的挑战。

微课6-3

直接营销的方法

四、直接营销的方法

（一）直接营销的基本要素

直接营销在具体实施中有前端和后端两种业务，前端包括营销传播、内外部呼叫中心及其他所有可以引起消费者需求和企业销售的行为；后端则包括接收和处理商品订单、库存控制、装单、开票、处理退货及其他客服功能。前端的工作性质是制造消费者的需求，后端的工作性质则是帮助消费者实现需求。前端的构成要素是供给、数据库和反馈，后端的构成要素是执行。

1.供给

供给是指生产企业为了达成交易获取利润或满足消费者需求而向消费者所承诺的所有有形或无形的商品或服务。也就是说，除了标价的商品之外，供给还包括商品交易的支付条件、送货期、退货或换货手续及其他承诺条款，以及品牌形象及其他无形的东西。

企业针对目标消费者的供给行为，实际上又是由以下环节所决定的：如何引起目标消费者的注意并使他们对本商品或服务产生兴趣，努力通过各种方法去刺激他们对本商品或服务产生需求并促使其尽快购买。

由于绝大多数企业开展直接营销的目的都是希望引发消费者的购买行为，因此，直接营销活动在某种程度上与促销活动有相似之处，即两者都会以产品折扣、奖品、积分等激励手段刺激消费者做出购买行为，这种激励手段都是在某一特定的时间范围内才有效。不过，直接营销可以借助数据库和信息系统及时了解消费者的反馈意见，并根据这些意见及时调整营销传播方法，因此，直接营销的作用要远胜于一般意义上的促销活动。

2.数据库

企业在没有建立数据库的情况下开展直接营销活动在理论上虽说是可行的，但是在实践中却难以做到，因为一个企业在没有掌握目标消费者的相关信息的情况下所开展的直接营销活动实际上与传统的促销活动并没有本质的区别。由于成本的关系，企业首次开展直接营销活动往往都不太可能产生利润，因此，企业在开展直接营销活动之前必须尽可能多地获取目标消费者的相关信息——姓名、联系方式、购买商品的习惯等，以便向其中有可能成为本品牌商品的消费者发送商品信息，努力使这部分消费者成为企业的利润来源。此外，企业如果没有数据库，则几乎无法说明哪一种促销手段更有效果，这往往又是直接营销能否成功的关键要素。

3.反馈

在直接营销的过程中，反馈是指消费者针对某种营销传播信息所做出的行为反应。比如，消费者在获知企业发出的有关某商品或服务的信息之后，可以通过免费电话、浏览网站、接受邀请、出席展览会等对所接收到的信息做出各种不同形式的反馈。

消费者的反馈是直接营销有别于其他营销方式最重要也是最具优势的因素，企业可以根据消费者的反馈及时采取相应措施促成交易，或者根据消费者的反馈意见适时调整营销传播策略。总之，消费者的反馈对于直接营销活动的顺利开展起着决定性的作用。

4.执行

决定直接营销的效果是否显著的关键在于执行，执行的主要优势在于其他营销手段所不具备的便捷、经济和及时地向消费者传播商品信息和交付商品。企业在直接营销过程中，其执行部门的主要职责不仅包括货物装箱，还包括管理库存、处理账单、追踪订单、补仓和处理退货及换货等。

在直接营销的过程中，时间是一个十分关键的要素。许多国家均有明确的法律规定直接营销的订单必须及时执行（完成交易行为），以及客户在实施交易行为之前必须被告知其享有无条件退货的权利。在实际的直接营销中，一个不容忽视的事实是客户的需求常常会在下订单之后和实际收到商品之前这段时间呈递减趋势。因此，企业必须在尽可能短的时间内完成商品的交易行为，否则，如果客户在下单之后等待商品交付的时间过长，客户就有可能取消订单或直接退货。

（二）直接营销的具体应用

1.直接营销策略的实施

企业选择采用直接营销方式前，必须先弄清楚一个基本事实，那就是并非所有的商品都适合采用直接营销方式。一般而言，对于生产规模大、消费速度快、消费者参与程度低的商品，直接营销方式就不太可能产生很大的作用。

从整合营销传播的角度来说，直接营销只是整合营销传播战略当中众多营销传播策略中的一种。企业在实施整合营销战略中采用直接营销策略，必须先解决以下四个问题。

第一，实施直接营销的意义何在？也就是说企业要明确向消费者所提供的商品或服务是否具有使用直接营销策略的必要性，这些商品是否具有小规模生产、消费速度慢、消费者参与程度高的特点，企业能否清晰地界定目标消费者的构成等。如果企业对上述问题能够给予肯定的回答，则可以考虑实施直接营销，否则，就应该考虑放弃直接营销。

第二，企业是否建有目标消费者的数据库？如果企业实施直接营销是其开展整合营销传播战略的一部分，那么企业应该主动收集或保存现有消费者或潜在消费者的基本信息。如果企业没有目标消费者的基本信息则可以通过一些方式获得，如向专业市场调查机构购买，或者通过促销活动和营销调研等方式获得。不论企业采取什么方法来获取目标消费者的信息，这些信息都要真实可靠，否则，建立在这些信息基础上的直接营销活动就失去了意义。

第三，企业应该如何向目标消费者传递品牌信息？直接营销是最典型的整合营销传播模式，因为直接营销将人员销售与信息互动合二为一，使营销与传播真正融为一体，企业在传播品牌信息的过程中也完成了品牌商品的销售。不过，直接营销对销售与传播的整合常常使企业在具体的操作中对到底应该如何向目标消费者传递品牌信息感到困惑，是偏向于传播（着眼于未来的销售而树立品牌形象）还是偏向于销售（着眼于当下的销售）？从整合营销传播战略的角度考虑，直接营销的品牌传播意义显然大于其销售意义。企业如果过于注重直接营销所产生的销售结果，势必会降低直接营销在整合营销传播战略中所发挥的品牌传播作用。企业在实施直接营销的过程中，应该尽可能地站在更高的层面处理好品牌形象传播与促进即时销售的关系，在此基础上确定品牌商品的传播内容。

第四，企业应该如何选择更为合适的直接营销传播工具？直接营销传播工具大致可分为四种：直接邮寄、电话营销、大众传媒和网络互动营销。企业如果在整合营销传播战略的规范下实施直接营销，出于对成本和效果的考虑，一般应选择一种直接营销传播工具为主，其他的可作为辅助传播工具以提醒目标消费者关注企业正在开展的直接营销活动。

2.直接营销与其他营销传播方式的结合

在以往的市场营销实践中，直接营销在营销组合中常常处于可有可无的位置，但是随着互联网和信息技术的发展，直接营销已经成为整合营销传播战略中最重要的一种营销传播方式，也是越来越多的企业更愿意使用的营销传播方式。究其原因，主要是直接营销作为一种具有极大包容性的营销传播方式，不仅可以与其他营销传播方式相互整合，而且能够将人际传播中的实时互动的功能特征予以充分发挥。直接营销与其他营销传播方式的结合主要体现在以下几个方面。

第一，与广告传播结合。直接营销借助媒介开展活动本身就是一种广告传播形式。比如直接营销经常使用的直接邮件、产品目录、直接反应印刷品、直接反应电视和广播、网络互动媒介等实际上都属于广告传播的范畴，只不过在这些活动中都必然会有一个可以免费邮寄的回执或清楚标明的800或400免费电话号码，方便顾客及时与企业进行联系，促使顾客做出购买决定（见图6-1）。

图6-1　标有400免费电话的广告图片

第二，与公共关系结合。由于直接营销有十分明显的针对性、即时性和互动性的特点，许多规模较大的企业或机构在开展大型公共关系活动时更倾向于使用直接营销来传播企业的经营理念。比如，一些企业可能会利用直接营销方式来为慈善机构募集基金，或者建立带有公益色彩的会员俱乐部等。当然，企业在开展公共关系活动的过程中，其广告或促销活动都会提供企业400或800免费电话号码，以使其中的某些受众成为企业的顾客。

第三，与人员销售结合。直接营销如果不借助媒介传播，就只能以人员销售作为最主要的手段了。人员销售虽然是最为传统的营销方式，但是由于人员销售具有解惑性和情境性的特点，常常能够在较短的时间里促进目标消费者做出购买决定，因此许多企业仍然愿意使用这种方式开展营销活动。随着一对一电子媒介的普及，人员销售的类型和形式也越来越多，其中，电子营销和人员直销是最常使用的方法。前者如电话营销、网络邮件等，这种传播方式的优点是不但传播对象十分精准，而且传播方式灵活多变，有助于提升品牌形象；后者则是许多日化产品企业所惯用的方法，如雅芳、安利等多年来一直坚持采用人员直销的方式，取得了极大的成功。

第四，与销售促进结合。销售促进是市场营销中很传统的方法，几乎所有人都在不同程度上受到过各种品牌商品促销活动的吸引。比如，企业利用直接邮件向目标消费者发送各种产品促销目录，或者邀请目标消费者参加与品牌商品有关的健康讲座，或者向目标消费者赠送新产品优惠券等（见图6-2）。在整合营销传播战略中，直接营销与销售促进结合所追求的目标并不只是销售效果，还是企业或品牌与目标消费者的一次难得的人际交往活动，努力通过这种具象的、感性的接触与目标消费者进行交流与反馈，力图在品牌与目标消费者之间建立起彼此认同且稳定的关系。

（三）直接营销的效果评估

直接营销的优势之一是可以对效果进行较为准确的评估。直接营销的评估方法也比较简单，计算直接营销的回应率和每单位销售成本即可。计算回应率需要用回应数除以所有发出的广告数量。比如，如果某企业向目标受众发送了50万封直邮广告，做出回应的目标受众有5万人，其回应率就是10%。

回应数/邮寄广告总数=50 000/500 000=10%

每单位销售成本的计算方法是先算出直邮广告的制作、印刷和投递的总成本，再除以最终达成销售的人数。假定上述企业所发送的50万份直邮广告的总成本是50万元，最终达成销售的有2 500人，那么该企业的商品每单位销售成本即为200元。

图6-2　以销售促进为内容的直接营销活动

【案例分享】

天猫"618"微博抽奖活动

2018年"618"期间，天猫为了造势，在微博上发起了一个抽奖活动。按理说微博抽奖已经是企业熟悉得不能再熟悉的日常操作了，但这次天猫硬是把这种常规操作玩出了新高度。

这个微博抽奖活动是天猫和其他品牌方联合推出的，不同于以往直接在微博上互相@，这次的合作商家曝光及礼品设置都在评论区。这样设置的好处是，一些没有合作的商家也能通过留言评论的方式参与到这次抽奖狂欢中。

随着商家的不断增加，留言评论区所积累的"奖金池"越来越大，最终超过10万元，相当于天猫用微博抽奖完成了一次众筹，品牌方通过提供奖品的方式获得了曝光。

这次活动的难得之处不仅在于把微博抽奖的形式玩出了新花样，大量的品牌商家与用户进行互动，还在于让商家参与活动的门槛变得非常低。品牌方若是愿意参与，只需要在活动微博下留言就可以。另外，这个活动所带来的流量都在天猫那一条微博下，把握住了总体的流量价值。

不知道这种微博抽奖形式是不是首创，但确实让人耳目一新。当人们认为微博抽奖已经搞不出什么新花样时，天猫给我们上了一课，在几乎没有渠道投放成本的情况下，最终总体曝光量突破6亿，而且在中奖名单出炉后，还有后续的媒体报道等公关操作。

这个案例是通过传统媒介（没错，微博已经是传统媒介了）的形式创新，达到品牌传播层面上的四两拨千斤。

1.硬投放已经失效，软投放才是出路

媒介价值在于覆盖量，这没错，但是光看覆盖量的硬投放在互联网时代已经掀不起什么波澜了，用户注意力的碎片化让所有媒介的效果都大打折扣，生硬投放的效果必然不会好。我们应该找到软投放的路径，把媒介从一个硬性曝光渠道变为可互动、可引起主动传

播的内容形式。

　　做营销策划时要更注重媒介运用上的创新，不要只抱着买渠道、买流量的思路去看待媒介采买，而应该想方设法在媒介运用上造出影响力。尽可能做一些媒介内容的互动创新，才能做到以小博大。

2.传播的目标就是制造事件

　　在上述案例中，活动本身的人群覆盖面并不太大，也就是各个品牌商家的微博，但"618"可以说是个全民狂欢节了。突破渠道壁垒的方式就是策划和形成事件，形成有影响力的事件，信息传播的层级就会扩大，形成大范围的跨平台传播。

　　资料来源　QuestMobile.QuestMobile "618" 期间电商促销活动洞察报告［EB/OL］.［2018-06-26］.https：//www.questmobile.com.cn/blog/blog_150.html.

【任务实施】

　　（1）自由分组，每6人一组。

　　（2）小组成员讨论品牌的市场调研、品牌的市场推广、直接营销的概念、直接营销的优劣势、直接营销的方法，讨论时间为10分钟。

　　（3）小组成员根据所学知识，对创建的模拟品牌进行直接营销策划，训练时间为30分钟。

　　（4）任务评价（见表6-1）。

表6-1

直接营销策划训练任务评价表

评价指标	评价标准	分值	评估成绩
直接营销策划训练效果	1.理解品牌的市场调研、品牌的市场推广、直接营销的概念、直接营销的优劣势、直接营销的方法	20	
	2.能识别直接营销策划训练易犯错误	20	
	3.能灵活运用直接营销策划的应对策略	20	
	4.讨论积极，效果明显	15	
	5.态度认真，遵守时间	10	
	6.汇报得当	15	
小组综合得分			

任务二　事件营销策划

【任务解析】

　　事件营销策划旨在通过精心策划和有效执行，借助事件的力量，提升品牌曝光度和市场竞争力。事件营销策划的核心在于创造或利用特定事件，激发公众兴趣和参与度，以推广品牌或产品。策划者须精准把握时事热点，结合品牌特点，设计具有吸引力和话题性的活动。同时，策划者应注重活动的创新性、互动性和可执行性，确保活动能够成功吸引目标受众，并通过媒体传播扩大品牌影响力。

【知识链接】

20世纪90年代后期，互联网的飞速发展给事件营销带来了巨大契机。通过互联网，一个事件或者一个话题可以更容易地进行传播和引起关注，成功的事件营销案例开始大量出现。

事件营销是近年来国内外十分流行的一种集市场推广、新闻传播、广告策划、公共关系、形象传播、客户关系于一体，并为新产品推介、品牌展示创造机会，以建立品牌识别和品牌定位、快速提升品牌知名度与美誉度为目的的营销传播手段。

微课6-4

事件营销的
基本概念

一、事件营销的基本概念

（一）事件营销的概念

事件营销是指企业通过策划、组织和利用具有新闻价值、社会影响以及名人效应的创意性活动或事件，形成某种大众所关注和议论的焦点，吸引社会各界和媒体跟进报道，使该活动或事件得以在更大范围内传播，借此提高企业或品牌的认知度，树立良好的品牌形象，并最终达到提升品牌产品或服务的销售业绩的一种集营销与传播于一体的特殊的营销传播方式。

由于这种营销方式受众面广、突发性强，能使品牌产品的信息在短时间内达到最广泛的深度传播的效果，可以为企业节约大量的传播成本，近年来成为流行的一种公关传播与市场推广的手段。简单地说，事件营销就是通过把握新闻的规律，制造具有新闻价值的事件，并有步骤地操作，使得品牌产品的相关信息借助新闻事件得以传播，从而达到广告的效果。

之所以说事件营销是一种特殊的营销传播方式，是因为事件营销在策划与实施的过程中不可避免地会使用新闻学、传播学、广告学、公共关系学、品牌学、市场营销学等众多学科的相关理论与方法。虽然目前许多学者和业界人士将事件营销归类于营销工具，但是将事件营销归类于传播工具似乎也名正言顺，甚至将之归类于其他学科的工具都无任何不妥。事件营销究竟应该如何归类并不重要，重要的是企业在实施整合营销传播战略的过程中，如何正确地运用事件营销这一特殊的营销传播工具。

（二）事件营销的运用背景

事件营销近年来之所以能够在中国成为众多企业营销传播战略中使用频率最高的一种营销手段，除了其本身在具体运用中具有较好的投资回报率之外，在运用背景上主要有以下三个方面的原因。

其一，大众注意力的稀缺，这是运用事件营销的原始动机。在当今的信息时代，受众每天接触到的商业信息非常多，超出了受众信息接收的临界点，导致受众对任何缺乏吸引力的信息都不会注意，或者反过来说，受众在信息泛滥的环境里对任何信息都难以产生兴趣，即注意力稀缺。从理论上说，受众的注意力是对于某条特定信息的精神集中。当各种信息进入受众的意识范围之内，受众将关注其中特定的一条信息，然后决定是否采取行动。受众的注意力对于企业来说是一种可以转化为经济效益的资源，有效利用和把握受众的注意力是事件营销的动力。

其二，大众媒介议程设置，是事件营销得以实现的桥梁。大众媒介议程设置，简单来说，就是大众传播媒介具有一种为公众设置议事日程的功能，传媒的新闻报道和信息传达活动以赋予各种议题不同程度的显著性的方式，影响着人们对周围世界的"大事"及其重要性的判断。如果企业想成功地实施一次事件营销，就必须善于利用大众传媒，只有借助传媒开展的新闻传播、广告传播等大众传播活动，营造出有利于企业的社会舆论环境，才能帮助企业达到借势或造势的目的，引起公众重视。

其三，整合营销资源，这是事件营销的必要途径。无论从理论还是实践的角度而言，事件营销应该是整合营销传播诸多实施工具中最具有整合意味的营销传播工具。在事件营销的实施过程中需要对多种营销和传播手段进行整合，也需要对企业的品牌信息予以整合，还需要在企业内部的各个部门之间进行整合，更需要对大众媒介传播和人际口碑传播加以整合，以使事件营销活动能够顺利有效地运作与执行。因此，整合各种营销传播资源，不仅是事件营销的理论与实践依据，更是事件营销有别于其他营销传播方式最为显著的特征之一。

（三）事件营销的构成要素

事件营销成功与否的关键在于事件本身是否具有新闻价值，新闻价值的大小则是由构成新闻的客观事实是否适应社会大众的某种需要所决定的。因此，事件营销的构成要素实际上也就是事件（新闻）的构成要素。这些要素主要包括关联性、独创性、整合性和参与性。

1.关联性

事件营销的第一个构成要素是所策划的事件必须与品牌具有关联性。如果策划出来的事件与品牌没有内在的关联性，即事件与品牌相脱离，其结果必然是事件被炒得很热闹，但是与品牌形象和品牌产品的销售却没有关系。在策划的过程中，策划人员应该努力使品牌的诉求点、事件的核心点和公众的关注点重合在一起，形成三点一线并贯穿于事件营销活动的始终。总之，策划的事件与品牌的内在关联性越高，重合度越高，就越有可能将公众对事件的关注和兴趣转移到品牌上。

2.独创性

事件营销的第二个构成要素是所策划的事件一定要有独创性。事件能否吸引公众的眼球，取决于事件本身是否具有新闻价值。企业策划事件营销的过程中，一定要努力做到构思巧妙、新颖独创，所策划的事件越有创意，公众的关注度就越高，传播效果也就越好。

3.整合性

企业开展事件营销的最终目的是提升品牌形象在公众心目中的地位。任何一起事件营销就算当时极其成功，所产生的轰动效应也是短暂的，企业为维持事件营销对品牌所带来的良好影响，就需要在事件营销活动结束以后，将事件及品牌的相关信息不间断地传播给目标受众，并潜移默化地将公众对事件的注意力转化为对品牌的忠诚和实际的购买。这就需要企业在事件发散过程中和事件发散告一段落之后，自始至终地做好整合营销传播工作。

应该说，一起成功的事件营销策划就是一整套整合营销传播战略策划的简洁版，其中不乏对多种传播媒介、多种传播方式的综合运用。在事件营销的策划过程中，策划人员一定要善于利用各种营销传播工具传播经过整合的统一的品牌信息，如此才能发挥事件营销对品牌的增值效应。

4.参与性

参与性是指企业所策划的事件必须能够吸引更广泛的公众参与，是事件营销的第四个构成要素。人们对事件的参与程度的高低大都取决于两个因素：一是该事件与人们的实际生活的关系密切程度；二是该事件与人们的兴趣点是否契合。如发生在非洲的一些具有很高新闻价值的事件与我们的实际生活没有什么关系，也许在事件发生时会引起部分公众的注意，但很快就会被人们淡忘；如果事件就发生在人们的身边，或能够亲身参与由事件引起的相关活动，公众就会产生难以忘记的深刻印象。

在策划事件营销的过程中，所策划的事件只要具备上述四个要素中的一个就具备新闻价值，具备的要素越多、越全，该事件的新闻价值就越大。当一个事件同时具备上述所有要素时，肯定会有很高的新闻价值，成为所有新闻媒介竞相追逐的对象（见图6-3）。

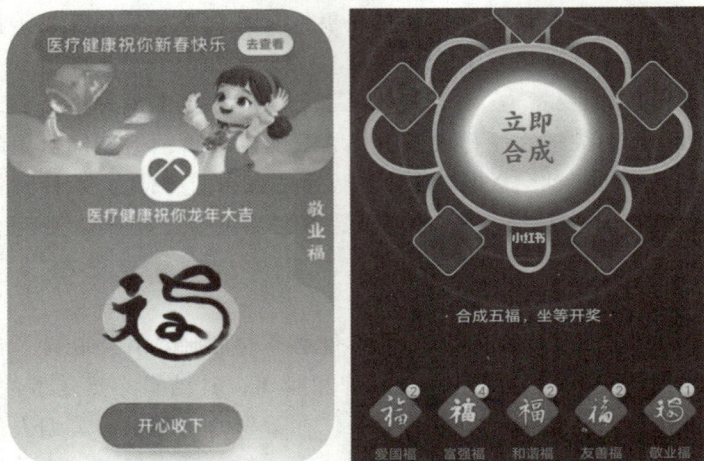

图6-3　支付宝策划的敬业福事件营销

说明：敬业福是由支付宝策划的网络营销活动中使用的道具，只要聚满5个福字，即富强福、和谐福、友善福、爱国福、敬业福，就可以与所有聚齐5个福字的人平分奖金。

敬业福的稀缺提高了支付宝用户的活跃度和用户对支付宝的黏性。敬业福的稀缺引起了大量的支付宝话题，逐渐形成了一个社会风向。

对支付宝而言，聊天工具并不是其目标。"金融服务离不开场景"，蚂蚁金服集团支付事业群总裁樊治铭说，"大量的关系链，使得金融服务有机会深入到移动金融更多的场景中去，将成为各个金融场景的黏合剂和催化剂。"

微课6-5

事件营销的运作方式和效果评估

二、事件营销的运作方式

事件营销的运作主要围绕事件开展，企业在策划事件营销的过程中，大体上可以将事件分为营销战略型事件和公益活动型事件两种。

（一）营销战略型事件

营销战略型事件是指企业在制定营销传播战略的过程中，根据新产品推广、分销渠道招商策略以及市场竞争状况所策划的与品牌产品有着内在关联性的营销事件。此种事件营销策略较适合企业推广新产品或为既有品牌产品开拓新市场时采用。

比如，2010年9月初，淘宝网上演了一出疯狂的高价值商品团购，其销售目标就是奔驰 Smart 汽车。250 辆车不到 4 个小时被抢购一空，这应该是到目前为止最快的汽车网络团购纪录。从营销角度来讲，这个网络事件最重要的意义并非"250 辆车"的销售数字，它是一次全新的尝试，并且获得了成功。消费者对 Smart 的关注度大幅提升，Smart 在线下的询问量明显增长。最为重要的是，该活动还在很大程度上使消费者的汽车消费观念发生了改变：汽车就是一个交通工具，够用就行。

（二）公益活动型事件

公益活动型事件是指企业通过策划一些带有公益目的并能够引起公众关注的活动来塑造或提升品牌在大众心目中的形象和地位。此种活动具有明显的非商业性质，事件内容往往指向以文化、艺术、体育、环保以及社会责任等为主的活动。正是由于该类活动具有社会公益性质，对企业及品牌形象的传播与提升具有很大的促进作用，而且非商业化的活动更容易受到大众媒介的关注而使之成为社会性的讨论话题，具有相当广泛的传播影响力。比如，在北京奥运会临近开幕期间，海尔借鉴火炬传递的理念，策划并发起了在百度 1 473 个城市贴吧进行"奥运爱心火种传递"活动。在活动结束后，海尔根据爱心指数，为参与热情最高的前五位城市的福利院送出海尔冰箱。这次网络爱心传递活动吸引了近百万网友热情参与，有力地提升了海尔在公众心目中的品牌形象，推动了海尔品牌的市场销售。

三、事件营销效果评估

事件营销效果评估主要分为两个阶段，第一阶段是对事件本身进行评估，第二阶段是对品牌影响进行评估。至于评估的方法，可以分别从静态和动态两个角度进行。静态评估方法是指经过此次事件后受访者对于相关品牌的评价，侧重于了解品牌目前的状态，便于企业对品牌进行长期监测。动态评估则是指在事件发生前和事件发生后分别对受访者进行调查，以了解受访者对品牌态度的改变情况，侧重于受众对品牌态度的变化程度。

第一阶段的评估指标主要包括受众对事件的知晓率、认知渠道分布状况和对具体活动的评价等。相对而言，此阶段的评估要简单一些。

第二阶段主要从受众的认知、情感和意愿三个方面加以评估，具体评估指标主要是品牌认知率、品牌认同度、品牌推荐等。

认知层面是评估品牌影响的第一个环节，有三层含义：一是认知的广度；二是认知的深度；三是品牌形象的认同度。通过认知层面的评估，一方面可以衡量经过此次事件营销活动，相关品牌的认知率；另一方面可以了解受众对相关品牌在认知上的深刻程度。

情感层面是指受事件营销活动的影响，公众对于相关品牌在情感方面的变化情况。可以通过两个指标来测量：一是品牌偏好，即在事件营销活动之后，受众是否更加喜欢某个品牌，喜欢变化的幅度有多大等；二是品牌信任，即事件营销活动之后，受众是否更加信任某个品牌，信任变化的幅度如何等。通过比较这两个指标的变化程度，评估者就能够较为准确地评估和判断事件营销活动对于受众在情感方面所产生的影响。

意愿层面是指受众受事件营销活动的影响对于相关品牌在最终购买行为上的变化程度。意愿层面也可以称为行为层面，即认知是基础，情感是过程，意愿才是真正的结果。对于意愿层面的评估，有三个指标：一是品牌关注，即通过此次事件营销活动，公众是否对某品牌的关注度有了明显提升，这项指标可以通过企业的官方网站的日浏览量的变化予以测算；二是尝试和购买，即通过此次事件营销活动，消费者是否更加愿意尝试购买某品牌产品，尝试购买的变化幅度如何等；三是品牌推荐，即通过此次事件营销活动，消费者在其家人或朋友准备购买相关产品时是否会积极地向他们推荐相关品牌的产品，以及推荐变化的幅度等。

公众最终的购买行为的变化，在很大程度上取决于其对企业所开展的事件营销活动的认知和情感判断。

【任务实施】

（1）自由分组，每6人一组。

（2）小组成员讨论事件营销的概念、事件营销的运用背景、事件营销的构成要素、事件营销的运作方式、事件营销的效果评估，讨论时间为10分钟。

（3）小组成员根据所学知识，对创建的模拟品牌进行事件营销策划，训练时间为30分钟。

（4）任务评价（见表6-2）。

表6-2　　　　　　　　　事件营销策划训练任务评价表

评价指标	评价标准	分值	评估成绩
事件营销策划训练效果	1.理解事件营销的概念、事件营销的运用背景、事件营销的构成要素、事件营销的运作方式、事件营销的效果评估	20	
	2.能识别事件营销策划训练易犯错误	20	
	3.能灵活运用事件营销策划的应对策略	20	
	4.讨论积极，效果明显	15	
	5.态度认真，遵守时间	10	
	6.汇报得当	15	
小组综合得分			

任务三　体验营销策划

【任务解析】

体验营销策划旨在为消费者创造独特且难忘的品牌体验。通过深入了解目标消费者需求，策划者需设计一系列互动性强、能引发情感共鸣的活动或产品，以强化品牌与消费者的情感连接；同时，注重细节打造，确保体验过程流畅、愉悦，从而增强消费者对品牌的认同感和忠诚度。通过精心策划的体验营销，企业可以构建独特的品牌形象，提升市场竞争力。

【知识链接】

近年来体验营销得到越来越多企业的青睐，许多企业利用体验营销使自己的产品从激烈的竞争中脱颖而出。显然，体验营销在企业的市场营销与传播活动中扮演着重要的角色，也必将在整合营销传播战略中发挥其他营销传播工具难以取代的作用。

一、体验营销的基本概念

体验营销是20世纪末出现于美国，21世纪初传入我国的一种新型的营销传播方法。1998年，约瑟夫·派恩和詹姆斯·吉尔摩在《哈佛商业评论》上发表了一篇题为"欢迎体验经济的到来"的论文，首次提出了体验营销的概念，此后，体验营销的概念和实施方法迅速引起企业界的关注并传播开来。

微课 6-6

体验营销的
基本概念

（一）体验营销的概念

体验营销是指企业通过让目标顾客观摩、聆听、尝试、试用等方式，亲身体验企业提供的产品或服务，让顾客实际感知产品或服务的品质或性能，促使顾客认知、喜爱并产生购买行为的一种营销方式。这种方式以满足消费者的体验需求为目标，以服务产品为平台，以有形产品为载体，通过生产、经营高质量产品，拉近企业与消费者之间的距离。

这种方式突破了传统上"理性消费者"的假设，认为消费者消费时是理性与感性兼具的，消费者在消费前、消费中和消费后的体验才是购买行为与品牌经营的关键。比如，当咖啡被当成"货物"贩卖时，一磅卖300元；当咖啡被包装为商品时，一杯就可以卖25元；当加入了服务，在咖啡店中售卖，一杯可以卖35～100元；如能让顾客体验咖啡的香醇与生活方式，一杯就可以卖到150元甚至好几百元。星巴克真正的利润就来源于体验（见图6-4）。在伯尔尼·H.施密特博士所提出的理论中，营销工作通过广告、网站等各类媒介进行传播，同时依托产品、品牌及消费环境等载体，识别消费者需求并刺激其感官与情感，刺激消费者的感官和情感，引发消费者思考、联想，使其行动和体验，通过消费体验，不断地传递品牌或产品的优点。

图6-4　星巴克咖啡馆

体验营销由三个要素构成，即消费者主体、产品或服务客体以及环境。

体验营销理论认为消费者既是理性的也是感性的，消费者因为理性分析与因为追求乐趣、刺激而一时冲动采取购买行为的概率是大致相同的。消费者在售前、售中和售后对商品或服务的体验，才是其做出购买决定的关键所在。

营造体验营销环境的主要任务是确定一个体验主题。体验主题就是企业向顾客提供的混合体验中最核心、最能引起顾客共鸣的内容，整个体验营销活动将紧紧围绕该体验主题展开。体验营销环境的设计与营造包括顾客在体验场所能感受到（听、看、闻、触摸等）

的各个方面，顾客通过这些视听觉体验来感受企业或品牌的相关信息，体验环境为顾客对品牌产品形成良好的印象奠定基础。比如，一些餐厅的成功主要依赖于它所营造的摇滚音乐的独特环境（见图6-5），好莱坞饭店的成功则源于该饭店为客人提供播放经典影片和名人纪录片的服务。

图6-5　摇滚主题餐厅

（二）体验营销的产生

体验营销是1998年美国战略地平线公司的两位创始人派恩和吉尔摩提出的，他们对体验营销的定义是"从消费者的感官、情感、思考、行动、关联五个方面重新定义、设计营销理念"。体验营销之所以能够在世界各国迅速被业界接受，其原因可以归纳为以下几点。

其一，物质文明进步和消费者生活水平提高。伴随着物质文明的进步，人们的生活水平和消费需求也在不断提高。在农业社会，人们追求的是基本达到温饱；在工业社会，生活水平由物质产品的数量来衡量；在后工业社会，人们更加关心生活质量，关心自己在心理上和精神上获得满足的程度，体验可以说正是衡量这种满足程度的经济提供物。可见，人们的消费需求从实用层次转向体验层次是社会发展的结果。

其二，产品和服务的同质化趋向。激烈的市场竞争使得技术传播的速度加快，同行业提供的产品和服务越来越趋同。产品和服务的同质化所造成的后果之一就是抹杀了产品和服务给人们带来的个性化、独特的感受和体验，因此，体验才显得如此珍贵。

其三，科学技术的飞速发展。现代人们接触到的许多产品，如网络游戏、网上聊天、虚拟社区、VR虚拟现实等都是现代科学技术满足人们体验需求的。网络空间是一个提供体验的好地方，未来信息技术与电脑、电器、电信及生物技术不断融合，提供给人们的体验空间将更加广阔。随着科学技术的迅速发展，人们没有理由不期盼和要求更多的体验。

其四，先进企业对人们消费观念的引导和示范。许多体验性消费是由少数先进企业首先引导和示范的。例如，在索尼公司推出随身听之前，消费者并没有想到收听音乐会如此方便；在苹果公司制造出苹果牌个人电脑之前，消费者不曾期望能够用上如此神奇的机器。先进企业深挖人们心中的潜在需求，使得消费者非常喜欢它们生产出来的新产品。

（三）体验营销6P组合分析

传统营销4P理论构成了企业开展市场营销活动的基本框架。在体验营销中，6P组合是指由产品、价格、位置、促销、氛围和人员这六种体验所构成的营销策略。

1.产品体验

企业在设计该项体验时，必须努力体现和发挥出通过产品的体验来满足消费者的情感需求这一核心功能，也就是说凡是能够为消费者提供值得回忆的事物都具有较高的体验价值，都可以成为产品的体验内容。在开发设计产品时，企业要注重对消费者体验需求的分析和对产品心理属性的挖掘，有意识地为产品与服务增添愉悦感、审美感等成分，因此，努力提高产品和服务的体验程度以及吸引顾客参与其中是体验营销成功的关键所在。

2.价格体验

对于价格体验，无论是企业还是顾客都会表现出一定的尴尬。其实，企业对顾客所体验的产品并不需要直接标出价格，可以先询问顾客愿意为得到这件商品花多少钱，这就是心理定价。企业还可以采用多种措施加强与顾客的交流，使顾客认识到该产品确实物有所值，并愿意在愉悦的心境下购买。

3.位置体验

位置体验是指消费者一旦产生对产品的需求，产品能否及时出现在最合适的地方，并很方便地满足他们的需求。为此，企业应使用高新技术，争取做到实时响应，更好地满足消费者的体验需求。

4.促销体验

促销对消费者起着一种引导作用。促销体验是将图像、文本等符号化的东西和位置等元素结合起来，展现出动态的、具有较高仿真效果的日常生活状态，这对于引发顾客对产品的需求特别有效。

5.氛围体验

在体验营销中，体验现场就是"剧场"，它是由许多硬设施和软要素配合产生的一种特殊情境，能够使消费者在瞬间产生身临其境的强烈感受。

6.人员体验

在体验现场的工作人员，如销售代表、客户代表、服务支持人员等，他们是体验活动的"导演"，同时又是体验活动的"演员"。要想使体验活动顺利进行，工作人员必须事先对体验活动做详细的策划和准备，即"导演"的准备工作要做好。在顾客体验过程中，工作人员应善于与顾客进行沟通和交流，使顾客能够全身心地投入到对产品的体验中，达到理想的体验效果。

（四）体验营销6E组合分析

体验营销6E组合是从消费者的角度出发的体验营销策略。这种策略的思考方向是，既然体验营销的目的是通过顾客参与事件来生产和让渡体验，体验营销组合就应紧紧围绕着体验的生产和消费来进行。体验营销组合可以分为六大要素：体验（Experience）、情境（Enviroment）、事件（Event）、浸入（Engaging）、印象（Effect）和延展（Expand）。

1.体验

体验是体验营销组合中最基本的要素。体验可以从两个角度来理解：从企业的角度思考和策划，体验所反映的往往是企业希望顾客在体验过程中所得到的印象和判断；从消费者的角度出发，体验通过消费者的感官、情感、思考、行动和关联形成对产品的综合印象和基本判断。在实施体验营销时，企业应该从两个不同的角度出发，首先找到各种类型体验的连接点，在连接点上进行体验的扩充组合，从而提供较为完整的顾客体验。

2.情境

情境是体验营销活动的策划人员为顾客所营造的"表演舞台"，是顾客进行体验的外部环境。该"表演舞台"既可以设计成现实的场景，如安利纽崔莱中国工厂第五期工程的体验中心，也可以设计成虚拟的世界，如一些网站设计的虚拟社区。在情境设计过程中，设计人员可以借鉴戏曲理论、心理学、社会学等方面的知识和技巧，使设计出的情境能够对顾客产生较好的心理暗示作用。

3.事件

事件是指体验营销活动策划者为顾客所设定的一系列"表演程序"。企业必须对表演的过程进行特别设计，从而形成事件。根据事件与体验活动的松散或紧密程度，可以将事件分为两种模式：一种是设立严格的程序，如在线游戏；另一种是设立相对宽松的程序，存在一定的弹性，如迪士尼的农场体验活动，体验者可以充分发挥自己的想象力，在农场里体验农家生活。

4.浸入

浸入是指在体验活动中顾客的参与程度。体验营销活动成功与否的关键就在于顾客能否主动参与，浸入就是通过精心策划使顾客能够真正浸入到企业所设计的事件当中，给顾客设计一个什么样的角色是非常关键的。浸入要求在角色设计过程中尽可能使顾客成为一个真正的"演员"。顾客只有真正参与事件，才能真正进入到情境之中，才会愿意完成购买行为。

5.印象和延展

印象是指顾客通过体验活动对产品形成的记忆，企业可以有意识地对顾客的印象进行管理。体验营销在向顾客提供体验的同时，必须注意维护顾客终身价值，而不仅仅是单次交易的价值。企业可以通过对顾客的体验过程录像、拍照留念、赠送纪念品、建立体验会员俱乐部等维护和延展顾客对品牌产品所形成的印象，并努力使顾客成为忠诚顾客。

微课6-7

设计顾客体验

二、设计顾客体验

设计顾客体验是企业在指定的时间和地点，根据目标顾客的兴趣、态度、个性和教育背景，通过整合营销传播，将商品作为道具、服务作为舞台、环境作为布景，使顾客在商业活动中得到美好的体验，甚至在体验过程结束之后，体验的价值还长期留存，使顾客拥有美好的回忆、值得纪念的产品及娱乐活动的过程。设计顾客体验主要按以下三个步骤展开。

（一）设计体验主题

企业一旦决定开展体验营销活动，就必须首先确定开展体验营销所希望达到的目标，之后就要围绕该目标对体验活动内容和过程进行精心设计。体验设计的第一个环节是设计体验主题。体验主题是指体验营销活动最核心也最能引起顾客共鸣的主题内容，整个体验营销活动都应该围绕体验主题展开。

1.设计体验主题的前提

体验主题的设计必须以目标消费者为中心，努力站在他们的角度来思考问题，全面深入地对目标顾客的心理需求进行调查、分析、研究，引领他们在设定的程序里完成体验活动。一个正确的体验主题可以将企业多方面的优势集中到一个中心点上，大大加深顾客对产品的印象。

2.设计体验主题的出发点

企业在设计体验主题时，应努力使所设计的主题与企业的品牌定位或经营理念保持一致。如果体验主题与企业的产品特性或经营理念完全没有关联，就会使顾客无所适从，即便顾客参与了体验活动，也难以形成明确清晰的体验指向。

（二）设计顾客品牌接触点

品牌接触点是消费者或潜在消费者在接触一个品牌产品的广告、服务、电话咨询和维修等活动时所产生的体验，通过这些体验形成对某品牌产品的认知和判断。在体验营销活动中，消费者对品牌产品的体验来自其每一次与品牌接触的感受，企业必须注意在目标消费者与本品牌产品接触的每一个节点上都能够给顾客营造始终如一的良好印象，从而为本品牌产品在目标消费者心目中建立良好的形象打下基础。

1.设计顾客接触平台

大多数企业与顾客接触的平台包括三种形式，见表6-3。

表6-3　　　　　　　　　　　　　　**顾客与企业接触的平台的形式**

接触形式	说明	表现形式
面对面接触	发生在店内的互动（对于最终用户）；企业的销售人员或服务人员与顾客的接触（对于企业顾客）	心理咨询、娱乐活动等
人与人之间有一定距离的接触	企业的服务人员和顾客不在同一场合发生的接触	电话交流、传真文件、互通信件等
电子化接触	以个人化的面貌出现，属于大众化沟通的一种	网站、电子邮件、微博、微信等

2.设计顾客接触点

从理论上说，消费者与品牌的接触点大致分为三种，即售前接触点、售中接触点和售后接触点。在实际生活中，由于大多数企业还没有建立功能强大的数据库，企业不太可能全部掌握消费者与品牌产品的接触点，更不可能对这些接触点进行有效的管理。不过，企业还是可以通过市场调查和分析，列出目标消费者与本品牌产品的接触点，并判断其中哪些接触点最为关键，在此基础上设计体验营销活动的节点。设计顾客接触点的步骤见表6-4。

表6-4   设计顾客接触点的步骤

步骤	具体内容
了解尽可能多的接触点	列出一张足以影响品牌产品购买的各类接触点的清单，展示消费者接触品牌产品的通常途径，营销人员使用该清单，通过深入访谈，找出诱发顾客联想到品牌产品的重要接触点
确认有效接触点	确认大部分消费者所记得的接触点，如被访者第一次购买某品牌产品的时间、地点以及获知品牌信息的途径等
确认关键接触点	确认对顾客做出购买决定起决定性作用的品牌接触点，包括最能影响顾客决策的关键点，最能说服潜在消费者、传递品牌信息的关键点，最能引发顾客再次购买的关键点等
控制接触成本	计算每一个接触点收集顾客信息的成本
制定决策，确定互动方式和接触标准	通过有效接触点和关键接触点向目标消费者和潜在消费者传递信息并提供服务，同时还应考虑哪些接触点可以传达额外的信息或加强有意义的对话

（三）设计体验环境

企业在确定体验主题之后，就要在体验主题的指导之下设计一个体验环境。体验环境既是顾客进行体验活动的背景，又是顾客体验活动的内容，因此，设计和营造一个良好的环境氛围是体验营销活动成功的重要因素。

1.体验环境的特征

体验营销活动所创造的是"有价值的顾客体验"，这些体验之所以有价值，就在于体验主体在特殊的体验环境中的亲历性、感受性、价值性和回忆性等。具体参见表6-5。

表6-5   体验环境特征

体验环境的特征	说明
亲历性	由环境设计所创造的体验多是在顾客身临其境、亲身经历时所产生的
感受性	顾客接触环境时，受到刺激或有所触动，从而产生一定的实际感受
价值性	环境给予顾客的体验可以给顾客带来具有积极意义的、满足生理需求和精神需求的价值，使顾客拥有愉快的心情
回忆	环境给顾客创造的体验既可以给顾客留下深刻的印象，又可以使顾客长久回味体验活动给自己带来的愉悦感

2.体验环境设计的要求

从某种程度上说，体验环境的设计决定着体验营销活动的成败，因此，在设计体验环境时，企业一定要全面考虑顾客的体验要求。

首先，体验环境的设计一定要以顾客为中心，要以顾客的心理活动和心理需求作为设计的出发点；其次，要努力给顾客营造出一种身临其境的感受；再次，要注意增加对顾客的感官刺激，造成强烈的视觉、听觉等感官冲击，给顾客留下深刻的印象；最后，突出体验主题，围绕体验主题展开想象，使顾客产生的印象能够与体验主题产生紧密的关联。

三、体验营销的主要策略

体验营销的构成要素主要是设施、产品、服务和体验过程，当我们将这些要素单独或混合使用时，就构成体验营销策略组合。这些策略从不同的方面对目标消费者产生作用。对于如何选择和使用这些策略，企业应该根据自身的营销目标和品牌产品的特征予以综合判断。

微课 6-8

体验营销的
主要策略

（一）感官式体验策略

感官式体验营销是指企业利用视觉、听觉、触觉、味觉与嗅觉对顾客实施体验式情境销售，其诉求目的是创造顾客的知觉体验，有效调动顾客的消费欲望。

1.视觉体验策略

通过刺激目标消费者或潜在消费者的视觉器官达到增加品牌产品市场销量的目的。在体验营销活动中，最易刺激消费者产生对某产品购买欲望的感官就是消费者的视觉，视觉器官接收的信息占一个人每天所接收信息的80%。能够引起消费者在瞬间接收信息并做出准确反应的，第一是色彩，第二是图形，第三是文字。企业应该注意在品牌产品的广告传播、产品包装、商场展示、企业 VI 系统、人员服饰、购物袋等所有细节使用统一的色彩或图形创意，向消费者传达出品牌统一的风格个性。

2.听觉体验策略

听觉体验策略是将悦耳的音乐和品牌形成一对一的关系，达到独特的、有别于竞争品牌的传播效果。使用听觉体验策略最为成功的品牌是英特尔，英特尔的广告结尾处与众不同的音乐给受众留下了深刻印象。

3.触觉、味觉及嗅觉体验策略

触觉、味觉及嗅觉体验策略是企业开展的以触觉、味觉、嗅觉为传播形式的感官体验营销活动。如希尔顿饭店在浴室内放置一只造型可爱的小鸭子，客人爱不释手并可带回家留作纪念，还成为客人与周围朋友的谈资。另外，在超级市场购物时许多顾客常常会闻到烘焙面包的香味而产生购买面包的动机。

4.感官体验整合策略

整合视觉、听觉、嗅觉、触觉、味觉的感官体验营销是一种投入不高，效果却很明显的体验策略。如香水的体验营销活动采用的就是典型的感官体验整合策略：在顾客必经之路上喷洒香水吸引顾客注意或靠近香水产品的柜台——利用嗅觉；销售人员专业性极强的现场劝服——利用听觉；设计精美的店面广告和产品包装——利用视觉；造型优美、令人爱不释手的香水瓶——利用触觉，参见图6-6。

（二）服务体验策略

在体验经济时代，企业之间有形产品的竞争逐渐被无形的服务竞争取代。企业不仅要向消费者提供品质优异的产品，还要提供全方位的服务，并努力做到使服务个性化、特色化和品牌化。企业向消费者提供的服务不仅要使消费者满意，更要使他们感动，成为他们难以忘怀的体验。

图6-6　香奈儿香水广告

在体验营销活动中，企业不再是产品与服务的提供者，而是体验活动的策划者与展示者。企业有意识地以服务为舞台，以商品为道具，使消费者融入其中，制造服务体验，并以此作为竞争的基础，将商品、服务、品牌体验化，使企业的服务感性化，建立起品牌独特的个性形象，为品牌创造无形价值。

1.服务与体验的区别

体验经济内生于服务经济，是服务经济发展到相对成熟阶段的产物。服务与体验的本质区别是：服务者与被服务者有着明显的主动性和被动性，即服务者处于主动地位，顾客则是被动接受者；体验活动则是互动的，基本上不存在主体与客体之分，甚至在很大程度上主体与客体发生了反转，即顾客已然成为主体，体验的提供者却成为客体。

2.服务体验策略

在体验经济中，企业的生产和服务发生了很大变化，消费者更加看重在消费过程中获取美好的体验，这种体验既存在于零售环节中，也存在于服务过程中，甚至在顾客的社会交往以及相关活动中也可以体现。消费者在接受服务的过程中，拥有美好的体验，服务体验策略切实贯穿于体验营销的全过程，创造出品牌的真正价值。

（三）思考式体验策略

思考式体验是启发消费者，创造性地让消费者获得认识和解决问题的体验。它运用惊奇、计谋和诱惑，引发消费者产生同样或各异的想法。在宣传高科技产品时，思考式体验策略被广泛使用。由乔布斯主持研发的苹果系列产品开创了移动通信及娱乐产品的新时代，这得益于这些产品的独创性，也得益于苹果公司多年来坚持实施的思考式体验营销策略。例如，与英国作家乔治·奥威尔创作的经典小说《1984》同名的《1984》经典电视广告（这个广告被各大媒体评为"史上最伟大的广告"，在产品完全没有露出的情况下，在播出后100天里就帮苹果卖出了7.2万台电脑，比预期高出一倍）；1997年乔布斯回归苹果公司需要一个广告来抹掉这几年来苹果在顾客心目中平庸的形象，同时要让员工再次为苹果公司感到自豪，此时横空出世的Think Different系列广告作品可以说是完美地实现了该目标。在未推出新品的情况下，该系列广告通过向苹果的"英雄"、那些"相信自己能改变世界的狂人"致敬，告知世界苹果就是具有与众不同想法的不断创新的公司。当广告刺激消费者去思考苹果电脑为何与众不同时，也促使他们思考自己的与众不同之处，使用苹果电脑使他们有成为创意天才的感觉。参见图6-7。

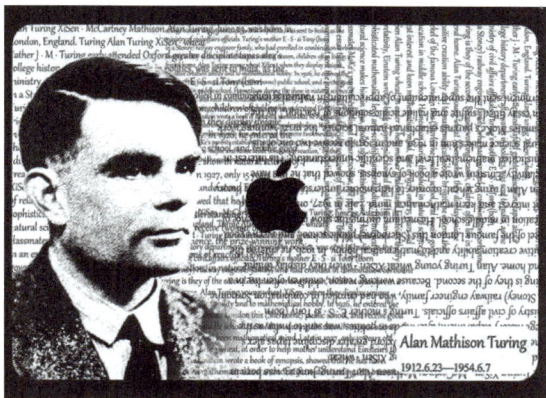

图6-7 图灵——咬下一口苹果的人

（四）娱乐体验策略

娱乐体验策略是以消费者的娱乐体验为诉求，在体验营销中注入娱乐元素，用音乐、舞蹈、影视、游戏、节奏、颜色、形状、宠物等给消费者带来多重感官体验，吸引消费者注意，进而达到刺激消费者购买的目的。

从商业经济发展的趋势来看，娱乐经济蓬勃发展，企业可以将文化资源转化为需要付费的个人经历和娱乐体验以创造财富。娱乐经济要发挥其独特优势，必须具备注意力、参与性和多赢性这三大要素。注意力是指企业将消费者有限的注意力更多、更持久地吸引到自己身上，这也是所有商业项目运作的重中之重，它是娱乐经济的精髓。参与性是指在娱乐体验活动中，消费者不再是被动地接受娱乐，而是主动地参与娱乐，在娱乐中得到自我实现的快感。多赢性是指娱乐体验活动的参与者众多、影响力大，往往可以实现企业、媒体与顾客三方共赢。

【任务实施】

（1）自由分组，每6人一组。

（2）小组成员讨论体验营销的概念、体验营销6P组合、体验营销6E组合、设计顾客体验的步骤、体验营销的主要策略，讨论时间为10分钟。

（3）小组成员根据所学知识，对创建的模拟品牌进行体验营销策划，训练时间为30分钟。

（4）任务评价（见表6-6）。

表6-6　　　　　　　　　　　体验营销策划训练任务评价表

评价指标	评价标准	分值	评估成绩
体验营销策划训练效果	1.理解体验营销的概念、体验营销6P组合、体验营销6E组合、设计顾客体验的步骤、体验营销的主要策略	20	
	2.能识别体验营销策划训练易犯错误	20	

评价指标	评价标准	分值	评估成绩
体验营销策划训练效果	3.能灵活运用体验营销策划的应对策略	20	
	4.讨论积极，效果明显	15	
	5.态度认真，遵守时间	10	
	6.汇报得当	15	
小组综合得分			

任务四　销售促进策划

【任务解析】

销售促进策划旨在通过设计有效的促销策略，刺激消费者的购买欲望，提高销售额。策划者需要分析市场趋势、竞争态势及消费者需求，制订具有吸引力的促销方案，如打折、赠品、抽奖等。同时，注重促销活动的时机选择、渠道布局及执行细节，确保活动效果最大化。通过精心策划的销售促进活动，企业可以有效提升销售业绩，增强市场竞争力。

【知识链接】

在传统的营销组合中，销售促进与人员推销、广告及公共关系一样，被视作营销组合的基本要素之一。销售促进具有其他几种营销方式所不具备的重要特征，那就是它在刺激消费者产生购买行为方面可以发挥重要作用。虽然企业也明白在营销活动中频繁地使用销售促进对品牌形象和产品销售具有双刃剑的作用，但是对大多数企业尤其是以生产快速消费品为主的中小型企业来说，销售促进仍然是它们经常采用的营销方式。

微课6-9

销售促进的基本概念

一、销售促进的基本概念

销售促进是一种重要的营销活动工具。在国内早期的市场营销相关著作中，销售促进被翻译为营业推广、促进销售、营业提升、促销推广、促销等，国内学术界和管理界最常用的表述就是促销。其实，在国外学术性论文中，也有类似的习惯用法。在市场营销理论中，促销与销售促进是有区别的。促销有广义和狭义之分，狭义的促销仅指销售促进，广义的促销则包括销售促进、广告、人员推销和公共关系等。

（一）销售促进的定义

销售促进是指生产商或者批发商在某一时间段内使用打折、让利、赠品、派送、积分等鼓励措施，刺激零售商或消费者尽可能快和多地购买商品。销售促进本质上仍然是一种沟通活动，即企业通过各种媒介向目标消费者或潜在消费者发出刺激信息，以影响他们的态度和行为。

由于企业在使用销售促进时常常需要广告的配合，以引起目标消费者的关注，因而一些人将销售促进等同于广告，显然这是不正确的。销售促进与广告有某种共同之处，即都对目标消费者起着一种信息沟通作用，但是细究起来，我们可以发现，两者在与消费者进行沟通的目标设定上有较大的差异：广告的目的是引导目标消费者或潜在消费者对商品产生认知、理解和兴趣；销售促进的目的则是诱使目标消费者或潜在消费者对所推广的商品采取购买行为。

长期以来，营销人员对于销售促进的基本功能认识仍然停留在"以创造一种即时的销售为主要目的，对销售人员、分销商或终端消费者提供额外的价值或奖励的一种激励"。因此，他们常常将销售促进看成广告或人员销售的补充。但是从实际情况来看，销售促进绝不只是广告和人员销售的补充。美国《促销》杂志关于企业对营销传播投入的一份研究报告显示：企业在销售促进上所投入的资金要大于在广告上投入的资金。因此，将销售促进看成广告的补充显然与事实不相符。另外，从整合营销传播的角度看，该理解也不全面，企业所开展的整合营销传播活动，并不只是希望与消费者建立一种简单的一次性交易关系，而是力求与消费者建立一种长期的关系。如果我们将销售促进看作整合营销传播的一个重要手段，就不应该将销售促进仅仅局限在单纯的短期激励活动上，而是应该将其上升到树立品牌形象和增强品牌关系的高度。

（二）销售促进的作用

在任何社会化大生产和商品经济条件下，一方面，生产者不可能完全清楚哪些消费者或潜在消费者在什么时间、什么地点、愿意支付多少钱购买哪种档次的商品；另一方面，消费者也不可能完全清楚每种商品由谁供应、何地供应、何时供应、价格高低等。正因为客观上存在着这种生产者与消费者之间信息分离的"产"与"销"的矛盾，企业必须通过沟通活动，利用广告、人员推销和销售促进等手段，把品牌产品的相关信息传递给经销商和消费者，以使其了解、信赖并购买本企业的产品，达到扩大销售的目的。随着企业竞争的加剧和产品种类的增多，以及消费者收入的增加和生活水平的提高，买方市场上的广大消费者对商品要求更高，挑选余地更大，企业与消费者之间的沟通就显得更为重要，也更需要进一步开展销售促进活动，以促使消费者尽快采取购买行动。

销售促进是市场竞争中的一把利剑，其基本作用是对产品施加推力，使产品能够更快地进入市场和扩大市场占有率。在市场上并非每一家企业都必须做广告，但是每一家企业几乎都开展过促销活动。这足以证明，销售促进虽然是一种非常古老的营销手段，但是至今仍然扮演着重要的角色。

销售促进的作用具体有以下几个方面：

1.吸引新老顾客分别做出首次购买或重复购买的决定

比如，企业在指定的时间段内开展特价销售的活动，能够有效地吸引和刺激消费者抱着试一试的心理做出购买决定，不管这类新顾客今后是否会继续购买本品牌商品，但是至少在近期他们不太可能去购买同类竞争品牌商品。对于老顾客而言，他们本来对本品牌商品就比较熟悉，如果能够以更便宜的价格购买，他们自然更愿意。

2.增加消费者的购买频率和数量

对大多数消费者而言，在有品质保证的前提下，价格因素或者说消费者在交易中能够获取更多的利益往往是他们选择商品最为重要的依据，因此，企业开展买一送一等销售促进活动，往往会刺激消费者增加对商品的购买数量和购买频率。

3.建立顾客数据库和提高顾客保留率

企业开展销售促进活动除了可以扩大销售之外，更为重要的是还可以借此建立顾客数据库，以便了解和掌握在本品牌商品的顾客中，哪些是长期顾客，哪些是短期顾客，并据此设计一些项目维护那些最具价值的顾客，以便在今后的营销活动中对这些顾客开展更有针对性的沟通，与之建立长期的关系。

4.交叉销售和扩展商品用途

交叉销售是指企业在开展销售促进活动中将企业所生产的新产品以半价或购买老产品配赠新产品向消费者推广的一种营销方法。这种方法之所以比较有效，是因为消费者对该品牌产品的品质已经相当了解，甚至对该品牌的形象也有一定的信任度，爱屋及乌，消费者对该品牌的新产品或其他产品就比较容易接受。

5.巩固品牌形象

在整合营销传播中，开展销售促进绝不仅仅是为了提高销售业绩，还要增进与目标消费者和忠诚消费者的互动关系，赢得他们对品牌的信任和自豪感。

（三）销售促进的优势与劣势

销售促进是一把双刃剑，它的优势与劣势同样明显，企业在具体运用时必须尽可能地发挥其优势，规避其劣势，努力做到扬长避短。

1.销售促进的优势

首先，销售促进能够在短期内有效地推动市场销售，迅速为企业创造销售利润；其次，销售促进能够加强与顾客之间的关系，巩固品牌形象。销售促进作为整合营销传播的一部分，在实施过程中切记不能只重视眼前利益而忽略长期利益。销售促进活动可以增进品牌与顾客之间的互动关系，为提升品牌形象和品牌价值奠定基础。

2.销售促进的劣势

从短期来看，销售促进确实可以显著提升产品的销售业绩，从长期和投资回报率的角度来看，其劣势可以归纳为以下几点：

其一，在很多情况下，企业开展销售促进都是得不偿失的（即使该活动有可能提高品牌知名度）。美国的一项研究表明，2000年以来，美国企业所开展的销售促进活动只有16%为企业带来了收益，其余84%的销售促进活动则企业亏损。另外，销售促进活动因为只能吸引那些看重价格、毫无品牌忠诚度的顾客而受到业界的普遍质疑。

其二，如果企业过多地使用销售促进就有可能培养消费者的期待心理，即消费者对早已看中的品牌产品因嫌价格较高而迟迟不愿购买，只等该品牌开展销售促进活动时才购买；或者反过来说，消费者只认同销售促进活动期间的价格并购买，拒绝认同品牌产品在正常营业期间的价格，这就使企业所制定和开展的正常的营销活动失去了意义。另外，滥用销售促进会对品牌形象造成难以挽回的伤害。

其三，对顾客的诱惑策略可能涉及道德问题。对既没有多少品牌影响力，也不具备大规模生产能力的商家而言，它们并没有多少预算进行营销活动，也不需要去培养忠诚客户或建立自己的品牌形象，它们最关心的就是如何在最短的时间里将产品销售出去，以避免产品积压而导致经营上的亏损。对这些商家来说，销售促进无疑是最理想的营销手段。从表面上看，销售促进力图为顾客创造最大的价值，但实际上有些商家正是利用顾客贪图便宜的心理围绕价格制定"明少暗多、明降暗升"的销售促进策略，其结果是商家占了便宜，许多消费者也明白了有些商家是利用销售促进活动来算计消费者，这在实质上构成了主观上有意识的欺骗行为，触犯了道德标准。比如，以下所列举的销售促进手段就涉及道德问题：

一是"半价销售"。当消费者第一眼看到这个广告时第一反应是该商场所有商品均半价销售，但是当消费者前去挑选商品并准备购买时得到商家对"半价销售"的解释是：当消费者以全价购买了甲商品之后才可以半价购买与甲商品价值相等或略低的乙商品。

二是"全部商品1折起"。商家对此广告的文字处理肯定是尽可能放大"1折"两个字而尽可能缩小"起"字。结果是不仔细看的话，消费者大都会认为该商家所有的商品都按1折销售，但实际上只有部分商品是1折，其他商品并不打折或在5折以上，这里的关键就是一个"起"字。从某种程度上说，销售促进活动实际上已经成为商家与消费者之间的智力比拼游戏。

三是"买200送80"。这种销售促进活动对利益冲动型的消费者来说更有诱惑性，也是许多商家喜欢使用的销售促进活动之一。从字面上看，消费者会认为购买200元的商品只需付出120元即可，但商家肯定不会这样解释，商家的解释是：消费者购买商品满200元并已实际付款之后，可获商家奉送的价值80元但要在指定柜台的指定产品才能使用的折价券。理论上，该消费者只要到指定柜台挑选一件价值80元的商品整个交易活动即告结束，但实际上，商家在指定柜台出售的指定商品的价值往往都高于80元，这就迫使消费者不得不再向商家支付超出80元部分的现金才能获得该"附赠"商品。

从法律的角度讲，商家所开展的这些暗藏玄机的销售促进活动不能说是违法的，但是否触犯了道德底线是一个值得探讨的问题。无论如何，上述这些销售促进活动都会不同程度地损害或降低消费者对品牌的信任与尊敬。与品牌形象受损的结果相比，为企业所带来的短期利润实在微不足道。

二、销售促进的工具

根据销售促进的作用对象，可以将销售促进分为消费者销售促进和B2B销售促进。以下介绍的销售促进工具主要广泛用于消费者销售促进，但这些工具大多数也适用于B2B销售促进。

微课6-10

销售促进的工具

（一）价格折扣

价格折扣是指生产企业或商家在某一指定的时间段内，为鼓励消费者的购买行为而对所出售的商品制定的优惠价格，是商家经常使用也是最为简便和经久不衰的销售促进手段，主要有节假日折扣、季节性折扣、过季产品折扣、老产品折扣、每日特定产品折扣等，具体的折扣形式可以是直接为商品打折，也可以是向消费者返折价券，还可以是买一赠一等。

当市场竞争过于激烈，或者产品库存积压较为严重、资金周转不畅时，企业采用价格折扣是最具杀伤力和最能在短时间里见到成效的方法。

价格折扣的另一种形式是折价券。折价券的基本使用方式是：消费者在商家指定的商品范围内购买了规定数额及以上的商品后，即可获得商家所赠的折价券，如我们在前文中提到过的"买200送80"就属于这种方式。大多数商家都会承诺消费者在获得折价券之后即可当场兑现，也可在商家的促销活动结束之前兑现。大多数消费者都会选择当场兑现，即购买与折价券价值相同或超出其价值的商品。在美国，折价券的运用形式还包括：消费者在购买商品之后，商家承诺在一个月之内将折价现金按消费者所填写的地址寄给该消费者；或者生产商通过大众媒介发布某品牌产品的销售促进活动并附上折价券，消费者可以剪下该折价券到指定的商家以优惠价格购买该产品。

（二）赠品

赠品是指生产企业或商家旨在激励消费者做出某种预期的反应，以免费形式或低于正常市价提供给消费者的商品。运用赠品可以帮助企业或商家达到改善或提升品牌形象、获得良好商誉、扩大顾客基础、即时增加销售额以及回报消费者等目的。赠品的具体实施方式主要有两种：一是将赠品直接放入产品包装物内；二是将赠品附在产品包装物之外。商家经常使用的赠品主要有两种，即消耗品和收藏品。消耗性赠品主要是指那些一次性即可消费完毕的商品，如饮料、食品、牛奶、汽油等。对于消费者而言，这种形式的赠品所体现出来的常常是经济价值。收藏性赠品主要是指那些具有一定纪念意义的小商品，如印有品牌标志的T恤、太阳帽、咖啡杯等，其所体现出来的常常是精神价值。由于收藏性赠品更具有独特性和纪念性，更容易受到消费者的青睐。

与商家所销售的正品相比，附带的赠品成本显然要低于正品，否则商家就要亏本。商家往往会向消费者强调赠品是"免费"的，事实上，消费者要想获得赠品还是要满足商家设定的基本条件，即购买商家指定的全价商品，如此一来，消费者所获得的赠品其实也就不是免费的了。与商家的价格折扣方式相比，附带赠品更容易使商家获利（见图6-8）。

图6-8　张裕利用赠品开展促销活动

如果企业或商家在开展销售促进的过程中使用赠品的方式，需要注意解决好以下几个问题：所选择的赠品能否吸引大多数消费者？能否引起他们对正品的购买行为？能否与季节以及节假日的氛围相适应？是否与品牌形象以及所开展的营销活动主题相适应等。如果这些问题能够得到满意的答案，商家的赠品活动就可以达到较为理想的营销效果。

（三）样品赠送

样品赠送是指企业向目标市场推广所研发的新产品，让消费者在较短的时间里通过对新产品的实际使用而产生购买行为的一种十分有效的销售促进方法。使用这种方法的前提是：第一，样品的所属品牌在消费者心目中具有较高的认知度；第二，企业向消费者所派发的样品具有较高的品质；第三，企业有较为充足的销售促进预算。

以样品赠送方式开展销售促进的企业主要集中在洗发水、化妆品、食品等行业，这些产品通常需要消费者用嗅觉和味觉认知，其他的销售促进方式或者广告都难以满足消费者的这一要求（见图6-9、图6-10）。企业在实施样品赠送的过程中，通常会对精选的顾客在店内或活动现场发放赠品，以瞄准目标市场或潜在客户。研究发现，样品赠送对女性尤为有效（73%的女性会因此做出积极的购买行为，男性的比例只有57%）。

图6-9 美素样品赠送活动

图6-10 潘婷样品赠送活动

（四）纪念品赠送

纪念品赠送是指企业针对现有顾客或老顾客所开展的一种销售促进活动。与其他促销售促进活动有所区别的是，这种销售促进活动的着眼点并不是在短时间内获得更多的销售利润，而是树立良好的品牌形象，希望未来目标消费者能够成为本品牌的忠诚顾客。

纪念品赠送既适用于消费者，也适用于B2B营销或针对经销商开展的销售促进活动。针对消费者市场，企业通常向消费者赠送日历、茶杯、手表、钢笔等低值商品。针对B2B市场，企业可能会对与自身有业务联系的管理人员或其代表赠送较为昂贵的纪念品，如办公用品、字画、手机、公文包、高档皮带、高档手表等。

（五）实物抽奖

实物抽奖是企业和商家利用消费者的边际获利心理所开展的旨在扩大商品销售的一种销售促进活动。从消费者心理学的角度而言，当消费者对购买某件商品犹豫不决时，实物抽奖活动有可能助推消费者采取购买行为，因为买了商品之后消费者还会有一次抽奖的机会，至于能否中奖则是另一回事，关键是多了一次中奖的可能和希望。虽然中奖的概率较低，但是消费者都不会轻易放弃抽奖的机会，这就使得这种销售促进方法容易获得消费者的积极响应（见图6-11）。

图6-11　商家利用实物抽奖方式开展销售促进活动

商家运用实物抽奖方法开展销售促进活动有利于促进消费者对品牌产品的认知与记忆，激发消费者对商品采取即时的购买行为，有利于消费者成为品牌产品的重复购买顾客。企业在实施抽奖活动时必须事先对消费者的中奖概率和实物奖品的价值进行精确的计算和评估。如果想达到刺激消费的目的，中奖率和奖品设置就必须科学合理。中奖率太低，难以刺激消费者参与抽奖；中奖率太高，但奖品过于廉价，会使消费者降低甚至失去抽奖的热情。

（六）顾客竞赛

顾客竞赛是指企业或商家通过组织消费者参加以本品牌产品的产品知识、使用技巧等为主题的比赛活动，使消费者对品牌产品留下积极的良好印象。顾客竞赛与一般意义上的销售促进活动有一定的区别。一般意义上的销售促进活动的目的是刺激目标消费者对所推广的商品产生即时购买行为；顾客竞赛的目的则偏重培养目标消费者对产品和品牌形象的认知，间接地引发目标消费者今后对产品形成持续性购买。

顾客竞赛惯用的形式是要求参与活动的消费者回答有关产品或企业的问题。这种形式既有利于传播产品特点，又便于树立品牌形象。有时为了激发消费者的兴趣，企业会在竞赛活动中有意识地注入产品观念和销售观念。如海南养生堂的女性美容营养保健品朵尔胶囊，其营销传播的观念是推崇女人"由内而外的美丽"。该企业为了传播和推广这种观念，在所开展的顾客竞赛活动中，专门设计了竞赛的主题"女人什么时候最美"，取得了理想的传播效果。还有其他多种多样的顾客竞赛形式，如商品命名、征求广告语等。这些竞赛对企业形象及产品推广的意义要远远大于直接的产品促销。从传播的形态和方式上来说，顾客竞赛与其说是销售促进活动，不如说是一种特殊的广告。

微课6-11

销售促进策划
与忠诚顾客
计划

企业开展实物抽奖和顾客竞赛等销售促进活动，有利之处是能够获得忠诚而稳定的顾客，不利之处则是传播的范围有限且过于依赖广告活动的支持，企业不得不为此投入较高的活动预算。另外，要想使这些活动能够取得成功，企业还要尽可能争取经销商和零售商的支持与协助，否则，这些活动将难以达到理想的效果。

三、销售促进策划与忠诚顾客计划

企业在策划销售促进活动之前，必须首先明确开展销售促进活动的目的是什么。目的不同，企业所制订的计划和执行手段自然也会有所不同。具体而言，企业开展销售促进活动的目的无非有两种：一是增加销售量，刺激消费者产生即时购买行为；二是提升品牌形象，培养目标消费者成为忠诚顾客。从整合营销传播的角度看，如果企业认为有必要开展销售促进活动，其目标显然是后一种。

（一）销售促进的策划步骤

销售促进与广告既有相似之处，又有不同之处。在策划销售促进活动的过程中，企业必须在整合销售促进与广告的各种手段的基础上，对销售促进活动进行全方位的策略思考。一般而言，企业如果提出开展销售促进的设想，总是基于当前的市场营销现状的，当然，也有少数企业开展销售促进活动是基于其品牌整合营销传播的总体策划。无论出于何种考虑，对于一般的销售促进策划，大体上可以分为以下几个步骤：

第一步，确定开展销售促进活动的目的。企业首先应该明了开展销售促进活动想要解决什么问题，这就需要企业事先设定一些可以量化的活动目标。其设定程序和内容主要包括以下几点：销售目标的具体要求；活动范围与目标对象的要求；为达到目标所采用的销售促进工具；销售促进活动的预算额度；销售促进活动的具体起止时间等。企业对上述每一项内容都应该尽可能予以量化。在策划过程中，由于销售促进对象和目的的不同，企业对销售促进工具的选择和投入的预算也会有所不同。

第二步，销售促进工具的选择。企业在这一步主要是对众多销售促进的工具进行评估和分析，以便选择具有较高投资效益、更能体现品牌特征、更能吸引目标消费者的销售促进工具。

第三步，销售促进活动的基本构想。对销售促进活动的每一个步骤进行精心的安排和设计，其核心内容是如何实施和操作。比如，企业在上一步已经确定开展一次样品赠送活动，那么在这一步中，相关人员就要确定样品赠送的对象、时间、地点，促销人员的来源、培训以及活动期间的人力成本预算等。简而言之，企业要对上述问题进行综合考虑，以便制订出较为完善的活动策划方案。

第四步，销售促进活动的实施。策划就是将活动开展过程中的每一个细节都事先周密安排，以尽可能提高销售促进活动的效果，同时，企业所开展的销售促进活动毫无例外地从属于企业的整合营销传播活动。如何将销售促进活动与企业已经开展或即将开展的其他营销传播活动予以整合，如何巧妙地利用媒介推进销售促进活动等都需要企业予以全盘考虑。另外，还要事先分析销售促进活动的实施对中间商和零售商会产生什么影响，影响是积极的还是消极的，如果是消极的，企业又应该怎样应对和解决。最后，开展大型销售促进活动还应事先准备好应急预案，比如，大规模的样品赠送活动在执行过程中稍有疏忽，就有可能在公共场所导致人群拥挤乃至混乱，对此，企业相关人员必须按照应急预案采取补救措施，尽可能避免意外的发生。

第五步，销售促进活动的效果评估。大多数企业开展销售促进活动的目的都与即时销售直接相关。因此，要评估分析销售促进活动的效果，最为简便的方法就是将销售促进活动开展前后的产品销售额进行比较。另外，通过消费者固定样本连续调查方法调查销售促进活动之后消费者对品牌的持续性消费状况的变化，也能反映销售促进活动的实施效果。

（二）忠诚顾客计划

忠诚顾客计划是指企业为将本品牌的现有顾客培养成忠诚顾客所制订的具有针对性的销售促进活动方案。销售促进绝不仅仅是一种在短时间内刺激消费者购买行为的营销活动，作为整合营销传播战略的一部分，销售促进还应该更多地发挥巩固品牌形象和维护与目标消费者持久关系的重要作用，这就涉及营销传播的另一个概念，即针对品牌的老顾客所开展的忠诚度营销。过去企业所制订和开展的忠诚顾客计划大都是对品牌现有顾客或老顾客赠送礼品和提供价格折扣。随着消费观念的转变，许多消费者看重的不再是企业或商家能提供给自己多少物质利益，而是更加看重企业或商家能否提供给自己更多的精神利益。因此，企业在开展销售促进活动时，如果能够重点对现有顾客或老顾客开展一些有针对性、互动性、参与性的活动，增加现有顾客在消费过程中的个人体验和美好回忆，无疑对将现有顾客培养成忠诚顾客有重要的作用。

忠诚顾客计划的设计目的就是尽可能多地保持现有顾客以及增加现有顾客购买本品牌产品的数量。开展忠诚顾客计划的前提是企业必须建立功能强大的数据库，并掌握一定数量的现有顾客的基本资料，否则，忠诚顾客计划将不知对谁诉求而无法实施。

忠诚顾客计划在实施之前，企业应该尊重本品牌现有消费者或潜在消费者的意愿，不应该在未经消费者本人同意的情况下，将其列入忠诚顾客计划的名单，强制性的做法有可能会冒犯现有消费者或潜在消费者，使其产生反感情绪，这种结果显然与企业培养忠诚顾客的初衷背道而驰。

实施忠诚顾客计划的关键在于企业能否有效地控制投入成本。比如，航空公司在实施忠诚顾客计划时常常利用某航线的某班次的空余座位对老顾客进行奖励，但是在航空客流的高峰期则不会提供这种奖励。另外，企业在策划忠诚顾客计划时，还应设计好退出该计划的策略，以便在实施忠诚顾客计划后万一出现无法获利的情况，企业既能够安全退出，又不至于引起顾客的反感。

忠诚顾客计划的优点主要是可以稳固现有顾客，并使这部分顾客在较长的一段时间内成为本企业的忠诚顾客。这对于企业而言，既可以增加产品的销售量，又可以降低产品的销售成本。开展忠诚顾客计划还可以及时了解现有消费者更为全面和详细的信息以及他们对产品还有哪些未满足的需要，有利于企业根据这些信息及时调整营销传播策略，为扩大市场占有率或提升品牌形象奠定坚实的基础。实施忠诚顾客计划还能够在一些特殊情况下化解顾客对企业的不满情绪。比如，飞机航班晚点、行李被错放到其他的航班等，此时，如果航空公司及时根据忠诚顾客计划采取相应的紧急措施，将此种突发事件当作一次与顾客沟通的机会，竭诚为顾客提供优质的服务，相信大部分顾客以后还是会继续选择乘坐该航空公司的航班。

当然，忠诚顾客计划具有一定的局限性，即企业在开展忠诚顾客计划之后，很难评估和计算出投入的成本与产出的效益之间的比值。比如，当飞机晚点时，航空公司通常需要花较高的费用才能平息乘客因为晚点给自己的工作和生活带来诸多不便而产生的怨气，但究竟是投入一大笔资金消除乘客的不满并希望乘客今后继续乘坐本公司的航班更有价值，还是除了口头道歉之外并不采取任何实际补偿措施更有价值，往往是航空公司的两难选择。

【任务实施】

（1）自由分组，每6人一组。

（2）小组成员讨论销售促进的定义、销售促进的优劣势、销售促进的工具、销售促进策划与忠诚顾客计划，讨论时间为10分钟。

（3）小组成员根据所学知识，对创建的模拟品牌进行销售促进传播策划，训练时间为30分钟。

（4）任务评价（见表6-7）。

表6-7　　　　　　　　　　　　**销售促进传播策划训练任务评价表**

评价指标	评价标准	分值	评估成绩
销售促进传播策划训练效果	1.理解销售促进的定义、销售促进的优劣势、销售促进的工具、销售促进策划与忠诚顾客计划	20	
	2.能识别销售促进传播策划训练易犯错误	20	
	3.能灵活运用销售促进传播策划的应对策略	20	
	4.讨论积极，效果明显	15	
	5.态度认真，遵守时间	10	
	6.汇报得当	15	
小组综合得分			

【知识拓展6-1】

如何利用公关活动推广品牌

随着市场竞争的加剧，品牌推广已成为企业发展的关键。公关活动作为品牌推广的重要手段，越来越受到企业的重视。

一、明确目标

在策划公关活动之前，企业需要明确活动的目标。具体来说，企业需要思考以下几个问题：

1.本次公关活动的目的是什么？是为了提升品牌知名度、还是美誉度？

2.活动的目标受众是谁？他们的需求是什么？

3.本次活动是否能够引起目标受众的共鸣？是否符合他们的兴趣和需求？

通过思考这些问题，企业可以更好地规划活动内容，从而提升活动的效果。

二、选择合适的活动形式

公关活动的形式多种多样，包括新闻发布会、论坛、研讨会、展览会、慈善活动等。企业需要根据自己的品牌定位和目标受众的需求，选择合适的活动形式。例如，对于年轻消费者关注的科技品牌，可以举办科技论坛或展览会；对于关注环保的企业，可以举办慈善活动或环保讲座。

三、精心策划活动内容

活动内容是公关活动的核心，直接关系到活动的效果。企业需要精心策划活动内容，包括邀请嘉宾、议程安排、宣传材料等。同时，企业还需要注重活动的互动性和参与性，让目标受众能够积极参与其中，从而更好地了解品牌和产品。

四、注重媒体传播

媒体是传播品牌的重要渠道之一。企业需要注重媒体传播，包括邀请媒体参加活动、提供新闻稿件等。同时，企业还需要与媒体建立良好的关系，以便更好地传播品牌信息。此外，企业还可以利用社交媒体等新媒体平台，扩大品牌的影响力。

五、评估活动效果

在公关活动结束后，企业需要及时评估活动的效果，以便更好地总结经验教训，为今后的品牌推广提供参考。评估活动效果可以从以下几个方面进行：活动参与人数、媒体报道数量、品牌知名度、美誉度等。同时，企业还需要分析活动的不足之处，提出改进意见和建议。

综上所述，利用公关活动推广品牌需要明确目标、选择合适的活动形式、精心策划活动内容、注重媒体传播并评估活动效果。通过这些措施，企业可以更好地塑造品牌形象，提升品牌知名度和美誉度。同时，企业还需要不断探索和创新品牌推广的方式和方法，以适应不断变化的市场环境。

资料来源　佚名.如何利用公关活动推广品牌［EB/OL］.［2024-04-17］.https：//baijiahao.baidu.com/s？id=1796540662341884450&wfr=spider&for=pc.

【项目小结】

品牌推广活动策划是确保品牌在市场上获得广泛认知和认可的关键步骤。直接营销策划是品牌与消费者直接沟通的核心手段，通过广告、社交媒体推广、电子邮件营销等方式，直接传达品牌信息、产品特点和优惠活动，以吸引目标客户的注意力。直接营销策划强调信息的准确性和吸引力，确保在众多品牌中脱颖而出。事件营销策划通过策划和组织各种线上线下活动，如新品发布会、品牌周年庆、行业展览等，与消费者建立更深的联系。事件营销能够创造独特的品牌体验，提高消费者的参与感和忠诚度。体验营销策划注重为消费者提供独特的品牌体验。包括在实体店或线上平台提供试用、体验课程、互动游戏等，让消费者在亲身体验中感受品牌的价值和魅力。体验营销能够增强消费者对品牌的认知和信任。销售促进策划通过打折、赠品、积分兑换等促销手段，刺激消费者的购买欲望，提高销售业绩。销售促进策划需要根据市场情况和品牌定位来制定，确保既能吸引消费者又能保持品牌形象。

总体来说，品牌推广活动策划需要从多个角度出发，综合运用直接营销、事件营销、体验营销和销售促进等手段，以提升品牌知名度和美誉度。同时，策划过程中需要密切关注市场动态和消费者需求，不断调整策略，确保品牌始终保持竞争力。

【项目实训】

各小组根据之前所选定的品牌策划提案，进一步完成该策划案的市场推广活动的创意与实施。

【项目测试】

一、单项选择题

1. （　　　）是指通过把握新闻的规律，制造具有新闻价值的事件，并有步骤地操作，使得品牌产品的相关信息借助新闻事件得以传播，从而达到广告效果。

项目测试6

A.直接营销　　　　　　　　　　　B.体验营销

C.销售促进　　　　　　　　　　　D.事件营销

2.下列各项中，最准确地描述了直接营销特点的是（　　　）。

A.直接邮寄和目录营销是唯一的直接营销形式

B.直接营销仅通过电子邮件和社交媒体进行

C.直接营销强调与消费者的直接沟通和互动，并提供个性化的产品和服务

D.直接营销不适用于所有类型的产品和服务

3.体验营销的构成要素不包括（　　　）。

A.消费者反馈　　　　　　　　　　B.消费者主体

C.产品或服务客体　　　　　　　　D.环境

4.体验营销的主要策略不包括（　　　）。

A.感官式体验策略　　　　　　　　B.消费体验策略

C.服务体验策略　　　　　　　　　D.娱乐体验策略

5.下列各项中，最准确地描述了销售促进策划的主要目标的是（　　　）。

A.通过广告提升品牌形象

B.提供优惠券和赠品吸引新客户

C.专注于产品创新以满足市场需求

D.通过公关活动增强企业社会责任

二、思考题

1.企业开展直接营销需要具备哪些基本条件？

2.企业开展销售促进活动是利大于弊还是弊大于利？

3.事件营销的本质是什么？哪些企业更适合采用事件营销？

4.体验营销所追求的是为顾客提供服务和体验感受，这种营销方式更适合哪些行业的企业应用？

5.中国企业开展公共关系活动的现状和前景如何？为什么？

三、案例分析

酒类事件营销

当前，酒类市场竞争越来越激烈，日新月异的营销模式不断冲刷和影响着消费者的感官及行为，超常规营销武器——"事件营销"的运用也越来越广泛，利用热点、赛事、文化等事件增加曝光率、提升品牌、增加粉丝，成为很多酒类企业所热衷的行为。

（一）事件营销活动花样繁多

"过龙年，喝古井，看春晚"，2024年春节，古井贡酒除了独家特约央视春晚，还独家冠名了安徽和江苏两大省台春晚，至元宵节，古井贡酒继续携手央视元宵晚会、安徽元

宵晚会、江苏元宵晚会，让古井贡酒的年味盛宴持续升级。

此外，春节期间，古井贡酒还独家冠名了中央电视台戏曲晚会、中国诗词大会两大文化盛会。

在过去一年里，古井贡酒还携手安徽卫视冠名了《男生女生向前冲》《活起来的技艺》以及冠名巴菲特股东大会等，都收获了很好的口碑及业绩回报。

2023年11月7日晚，由仰韶酒业冠名的2023"无尽向往"群星演唱会在安阳文体中心体育场举行。在群星的活力演唱中，安阳文体中心体育场观众欢呼雀跃，高潮迭起。仰韶彩陶坊惊艳亮相现场，实现了品牌形象的广泛传播。

作为演唱会冠名方，选择与企业品牌定位和形象相契合的演唱会至关重要，仰韶酒业冠名"无尽向往"演唱会，是一次双赢的选择。

冠名"无尽向往"演唱会，广告、海报、门票等相关物料的广泛宣传，有助于进一步加深消费者对仰韶品牌的情感共鸣与认同感，深化消费者对仰韶品牌的好感度与忠诚度。

更为重要的是，通过演唱会上与粉丝的互动，仰韶酒业可以快速使产品更符合市场与消费者需求，为产品的发展奠定基础。

以"音乐"与"酒"这两大"通用语言"为媒，仰韶酒业与消费者建立起了更深层次的情感连接，传递品牌关爱，释放品牌温度。

2023年9月，丰谷酒业"浓情浅醉 从容有度"高铁冠名列车首发仪式在徐州、上海、南京三地举行。丰谷酒业华东销售分公司总经理何苗表示："我们借力中国新名片'高铁'这一大国重器、营销利器，推出'丰谷酒业'高铁冠名列车，加速提升品牌辨识度和影响力。相信在中国速度的加持下，丰谷酒香必将飘向五湖四海，飘进千家万户。"

"丰谷酒业+中国高铁"的联动，将丰谷酒业"臻情一生"的文化理念融入营销中，既借中国高铁强力拉动产品销量，也以文化吸引消费者关注，提升品牌附加值。

2023年8月，贵州民族酒业集团与王马体育达成第四季度的赛事合作，新春前夕推出一项全新的体育营销市场项目，以足球竞赛为主题，辅以娱乐、游戏、时尚等多重体验式营销模式的活动项目。

（二）精准切入事半功倍

事件营销对于酒类品牌来说，已经成为拉近与消费者之间距离的有效措施，不同的事件有不同的关注群体，这就要求企业在策划事件营销时做到有的放矢。

2月28日上午，山东泰山足球队与济南趵突泉酒业合作签约，这是时隔多年后双方的再次合作。

首先，酒业重点关注并参与的事件营销形式较多，而冠名、赞助大型赛事活动，如体育赛事、越野车争霸赛等较为常见。类似的活动营销主要侧重两点，一是赛事本身的热度和受众，能否引发更多的消费者参与、追捧；二是品牌如何精准切入，并且做好赛前、赛中、赛后的多方位、多频次传播。

赛前、赛中的传播，企业大多比较重视，但往往忽视对赛后的传播，而赛后的多次传播对于品牌的提升以及产品转化为消费行为极为重要。一项赛事结束后，会有很多令人回忆和引发争议的话题，这些内容都可以重复传播，并再次引发消费者关注。

不同的赛事参与者相差甚大，一般来说，足球、篮球比赛涉及面较广，基本涵盖各个层面的消费者，但诸如全国汽车场地越野赛、高尔夫球争霸赛的参与者，多集中在中高收入人群，冠名赞助这样的活动，其亮相产品一定要高端，宣传重点也要与之相匹配。

"足球狂欢派对营造了浓郁的比赛氛围，还有沙滩草裙舞、非洲鼓舞、彩绘画脸等特色活动，在这样一个激情澎湃的追球时刻，感谢青岛啤酒为我们留下了无数难忘的回忆。"在青岛啤酒足球狂欢派对现场，来自湖南的周先生不停地用相机镜头记录并感慨着。

其次是冠名或赞助知名电视栏目或节目，如春节晚会、《百家讲坛》等热门栏目。以近年来古井贡酒冠名的《活起来的技艺》为例，通过挖掘不同的非遗技艺，让观众在了解中国历史文化博大精深的同时，潜移默化地将非遗的内容和古井贡酒进行融合，增强品牌的记忆感、提高品牌信誉度、提高品牌附加值，并获得更多的粉丝和忠实度高的消费者，为品牌带来更多的发展空间。

酒企冠名、参与的每一个事件营销活动，都是其品牌的精神表达。在安徽金种子酒业股份有限公司党委书记、总经理何秀侠看来，金种子冠名的《中国力量》年度人物评选，正是体现其聚传承之力、聚品牌之力、聚生机之力的内涵力量。

互联网时代，新闻尤其是热点新闻和话题的传播速度极快，新闻效应更易扩大。主动策划热门话题或新闻类型的营销，酒企可以借新闻的关注度实现低成本、高效率的品牌传播，有些还能借新闻的公众关注点提升品牌形象。

如2023年冬天哈尔滨旅游火爆，很多酒企在哈尔滨中央大街树冰雕、冰灯来迎合火爆的哈尔滨旅游业，来自全国的游客和粉丝们为其传播造势，恰到好处地展示了品牌形象。

"这些酒品打造的各种冰灯、冰雕不仅给我们带来了额外的惊喜，也让我们深刻地记住了它们的名字。"一位在哈尔滨旅游的广西游客梁女士在五粮液巨型冰雕前拍完照，就转发了朋友圈。

资料来源　卞川泽.这些教科书式的酒类事件营销，做对了什么？[EB/OL].［2024-03-11］.https://baijiahao.baidu.com/s？id=1793181000491021870&wfr=spider&for=pc.

问题：

1.请对以上酒业策划的事件营销活动予以客观评价，如果认为这些策划非常成功，请具体说明原因。

2.这些事件营销策划是否还有不足之处？如果是你为酒业进行事件营销策划，你将如何开展具体的策划？

参考文献

［1］科特勒，凯勒，切尔内夫．营销管理［M］．陆雄文，蒋青云，赵伟韬，等译．16版．北京：中信出版集团，2024．

［2］胡百精．品牌传播学［M］．2版．北京：中国人民大学出版社，2021．

［3］艾克．管理品牌资产（典藏版）［M］．吴进操，常小虹．译．北京：机械工业出版社，2024．

［4］凯勒，斯瓦米纳坦．战略品牌管理［M］．何云，吴水龙．译．5版．北京：中国人民大学出版社，2022．

［5］杨飞．流量池：数字时代的品牌增长方法论［M］．北京：中信出版社，2021．

［6］唐兴通．引爆社群：新媒介时代的品牌营销密码［M］．北京：人民邮电出版社，2022．

［7］马蕾．品牌设计［R］．北京：化学工业出版社，2025．

［8］教育部职业教育发展中心．职业教育产教融合案例集（2022）［M］．北京：高等教育出版社，2023．

［9］王雪莲，张伟．高职院校市场营销专业实训教程［M］．北京：电子工业出版社，2022．

［10］何丹．新国货浪潮［M］．昆明：云南人民出版社，2022．

［11］华与华营销咨询公司．超级符号就是超级创意［M］．上海：文汇出版社，2021．

［12］刘德寰，李雪．Z世代消费行为与品牌年轻化策略研究［J］．中国广告，2023（5）：68-72．

［13］陈刚，周子渊．元宇宙场景下的品牌虚拟营销路径探析［J］．现代传播，2022，44（7）：112-117．

［14］国家市场监督管理总局．品牌评价原则与基础（GB/T 39654-2020）［S］．北京：中国标准出版社，2021．

［15］人力资源和社会保障部．互联网营销师国家职业技能标准［S］．北京：中国劳动社会保障出版社，2023．